# 손현덕의 **구석구석 4차 산업혁명 탐구**

문과 출신도 단박에 이해하는

# 손현덕의 구석구석
# 4차 산업혁명 탐구

손현덕 지음

매일경제신문사

6년 전입니다. 제가 〈매일경제〉 편집국 산업부장으로 있을 때 책
한 권을 썼습니다. 《손현덕의 구석구석 산업탐구》였습니다. 반도체,
전자, 철강, 에너지, 자동차, 항공 등 개별 산업의 원리와 상식에 대한
내용이었습니다.

당시 이런 종류의 책을 써야겠다고 마음먹은 데는 나름의 이유와
고민이 있었습니다. 산업부장으로 있으면서 매일 산업과 관련된 뉴
스를 내보내는데 뭔가 허전한 구석이 있다는 느낌을 지울 수 없었습
니다. 반도체 신제품이 나왔는데 정작 반도체가 뭔지에 대해서는 손
에 잡힌 설명이 없었고, 어떤 자동차 회사에서 하이브리드 전기차를
개발했다고 하는데 이 자동차는 어떤 원리로 굴러가는지에 대한 설
명도 부족했습니다. OLED-TV라는 획기적인 제품이 나왔는데 그건

과거 LCD-TV와는 어떻게 다른지에 대해서도 명확한 그림이 그려지질 않았습니다. 태양광 발전과 태양열 발전은 뭐가 다른지, 휘발유차와 경유차는 어떤 차이점이 있는지도 쉽게 머릿속에 들어오지 않았습니다. 거의 모든 산업 관련 뉴스가 그랬습니다. 기초 없이 응용에 관한 글만 내보내고 있었던 것입니다.

기초가 강해야 그 위에 뭔가를 세울 수 있습니다. 원리를 알아야 다른 사람에게도 쉽게 설명할 수 있습니다. 그래서 당시 정말 초심으로 돌아가 개별 산업의 기초적 원리를 설명하는 글을 썼고 그것들을 모아 책으로 낸 것이 《구석구석 산업탐구》였습니다. 그 책에 격려를 보내주신 분들께 이 기회를 빌려 다시 한번 감사의 말씀을 드립니다. 그때 산업 전체를 다루지는 못했기 때문에 기회가 되면 미처 다루지 못한 분야를 보강하겠다고 약속했습니다. 6년이 지났는데도 그 약속을 지키지 못했습니다.

그러던 차에 4차 산업혁명이라는 새로운 '괴물'이 등장했습니다. 괴물이라고 표현한 이유는 크게 두 가지 이유에서입니다. 기존의 산업을 거의 송두리째 바꾸는 새로운 패러다임이라는 측면에서 괴물이고, 다른 한 가지는 우리 사회 곳곳에 유행처럼 퍼져 나가는데 정작 그 실체에 대해서는 정확히 모르고 있다는 점에서 괴물입니다.

저는 6년 전 산업에 대한 글을 쓸 때와 똑같은 느낌이었습니다. 4차 산업혁명을 말하면서 인공지능AI, 빅데이터, 사물인터넷IoT, 자율주행차, 로봇, 3D프린팅, 5G, 증강현실AR와 가상현실VR, 심지어 블록체인 등에 이르기까지 새로운 용어들과 개념들이 튀어나왔고, 마치 개인들은 이를 모르면 왕따 당하고, 기업들은 이를 경영에 적용하지 않으면 도태될 것 같은 공포마케팅이 시작됐습니다. 정부도 4차 산업위원회라는 걸 만들었고, 산업통상자원부는 《4차 산업혁명 코리아 루트》라는 책을 내기도 했으며 동네방네 4차 산업혁명과 관련된 포럼이 이어졌습니다.

개인적으로 4차 산업혁명이란 이름이 붙은 정부 위원회에도 들어가 봤고, 산업부가 낸 책도 읽고, 몇 차례 포럼에도 참석해봤습니다. 그러나 거의 예외 없이 제가 느낀 건 기초 없는 응용이었습니다. 《구석구석 산업탐구》를 집필할 당시와 같은 상황이었습니다.

혹 나만 모르고 다른 사람들은 다 아는 것 아닌가라는 생각도 했습니다. 인공지능의 기초를 다 아니 알파고에 대해 거리낌 없이 말하고, 빅데이터의 기초를 아니 빅데이터 산업을 육성하려면 이런 식의 정책이 필요하다는 주장을 한다고도 생각했습니다. 그런데 사람들을 만나 이야기하면 할수록 반드시 그런 건 아니었습니다. 일종의 '장님 코끼리 만지기'식으로 인식하고 있다는 느낌을 지울 수 없었습니다. 4차 산업혁명이 3차 산업혁명과 뭐가 다른지에 대해서도 그랬고, 누구는 그 실체를 인공지능이라고 하고, 누구는 빅데이터가 핵심이라고도 하는 것도 그랬습니다. 모든 사람이 4차 산업혁명을 말하는 데 서로 다른 개념을 머릿속에 넣고 말하는 것이었습니다.

인공지능에서 지능이라 하면 지적인 능력인데 도대체 인간이 아닌 기계가 어느 정도 지적인 능력을 가져야 인공지능이냐고 물으면 이에 대한 대답을 명쾌하게 듣기가 참 어려웠습니다. 전문가라고 하지만 그들마다 인공지능에 대해 다른 생각을 하고 있는 것입니다. 빅데이터도 그렇습니다. 데이터가 빅Big한 게 빅데이터인데 어느 정도 커야 빅데이터인지, 스몰Small 데이터와 빅데이터를 구분하는 경계선은 무엇인지에 대해서도 시원한 대답을 듣기 힘들었습니다. 그런 정의定義가 뭐 그리 중요하냐고 하면 참 할 말이 없습니다. 정의를 모른다는 건, 서로 다르게 정의하고 일을 시작하는 건, 와이셔츠 첫 단추를 잘못 끼웠는데 바쁘니 그냥 가자고 말하는 것과 다를 바 없습니다. 나중에 일이 한참 진척된 다음 잡음이 나고 갈등이 불거집니다. 아마 일상생활에서도 이런 경우를 많이 경험해봤을 겁니다.

정의는 그렇다고 칩시다. 그 다음은 원리입니다. 원리를 깨우치지 못하고 응용을 하는 것은 사상누각입니다. 저는 대한민국의 교육이, 그리고 우리가 근무하는 직장이, 우리가 사는 사회가 대부분 이런 기초부실의 함정에 빠져있다고 생각합니다. 다보스 포럼을 창시한 크라우드 슈왑 세계경제포럼WEF 회장이 4차 산업혁명에 관련된 책을 냈습니다. 이 책이 가장 많이 팔린 나라는 대한민국입니다. 2016년, 2017년을 보면 정말 4차 산업혁명에 대한 열기를 대단했습니다. 알파고와 이세돌 간의 바둑 대결 이후 온 국민이 인공지능 전문가가 되고 정부도 인공지능에 대한 예산을 늘리겠다고 나섰습니다. 그런데 정작 우리나라의 인공지능 수준은 어떤가요? 빅데이터 열풍이 불었습니다. 그런데 지금 우리나라 빅데이터 산업 현주소는 어느 정도일까요? 앞에서 세기보다 뒤에서 세는 게 빠를 겁니다. 왜 이런 일이 벌어질까요? 저는 그게 기초부터 다지지 않아서 그렇다고 봅니다. 기초가 없이 진도가 나가다 보면 어느 순간 흥미를 잃습니다. 중간에 턱턱 막힙니다. 그러다 보니 쉽게 포기합니다.

PISA<sub>Programme for International Student Assessment</sub>라고 학업성취도를 국제 비교 연구하는 곳이 있습니다. 여기서 나온 자료 중 읽기(글 이해력), 수학, 과학 능력의 수준을 연령별로 측정한 지표가 있는데 우리는 20대까지는 모든 부분에서 우위를 점합니다. 그리고 30대 정도부터는 수치가 떨어집니다. 속된 말로 '초장 끗발 개 끗발'입니다. 여담입니다만 책을 내려고 출판사와 협의를 하는데 책 제목에 '4차 산업혁명'을 넣을 건가 말 건가를 놓고 의견을 나눴습니다. 저는 넣자고 했는데 출판사는 안 넣었으면 하는 눈치였습니다. 이유인 즉, 이제 4차 산업혁명 하면 좀 식상한 느낌이 든다고 합니다. 그게 우리의 적나라한 현실입니다.

그래서 정확히 6년 전으로 돌아가 스스로 하나하나 원리부터 공부해야겠다는 마음을 굳히게 됐습니다. 기자 생활을 30년 가까이 하면서 체득한 게 한 가지 있는데, 모르는 분야를 공부하기 가장 좋은 방법은 그에 대한 글을 쓰는 거였습니다. 제가 기자 생활하면서 처음 쓴 책이 《알기 쉬운 보험 이야기》인데 이 책의 집필 역시 보험에 대해 정말 내가 아는 게 없구나, 이런 기초실력으로 어떻게 취재를 하고 기사

손현덕의 구석구석 4차 산업혁명 탐구

를 쓸 수 있겠는가라는 강박감 속에서 시작한 것입니다. 그 뒤에 쓴 증권에 관한 책도 그렇고 가장 최근 내놓은 《구석구석 산업탐구》도 그랬습니다.

이번에 낸 《구석구석 4차 산업혁명 탐구》 역시 마찬가지입니다. '4차 산업혁명' 하면 이제 지겹다는 소리가 나오는 시점에서 정말 4차 산업혁명의 기초부터 원리까지 따져보기로 했습니다. 그런데 내심 큰소리치고 시작했지만 글을 써갈수록 부족함을 많이 느꼈습니다. 도저히 소화하기 힘든 영역이 있었고, 소화는 했지만 그걸 쉽게 표현하기 힘든 분야도 많았습니다. 부족함이 많다는 걸 이실직고해야겠습니다. 그래도 이 책을 읽고 나서 도움이 됐다는 분들이 많았으면 하는 바람이 있습니다. 실망이 크다면 그건 전적으로 제 책임입니다.

이 책은 모두 6개의 파트로 구분했습니다. 파트 1은 개요 성격입니다. 4차 산업혁명이라고 할 때 왜 4차인지, 그리고 이게 산업혁명이란 말을 붙일 정도인지부터 시작했습니다. 4차 산업혁명을 구성하는 기반 기술이 참 많습니다. 이걸 하나하나 독립해서 설명하는 것 자체가 큰 오류일 수도 있습니다. 인공지능은 빅데이터와 맞물려 있고, 빅데이터가 되는 가장 큰 요인이 사물인터넷입니다. 로봇은 인공지능과 기계공학의 합작품입니다. 자율주행차는 4차 산업혁명의 기반기술들이 전부 모여서 만든 종합선물세트 같은 것입니다. 다소 중복되더라도 하나하나 뜯어서 살펴보는 것이 이해가 쉽다는 판단하에 편의상 3개 파트로 나눴습니다. 파트 2는 인공지능과 빅데이터, 파트 3

은 사물인터넷과 반도체입니다. 반도체는 4차 산업혁명의 기술은 아닙니다. 오래전부터 있었던 분야입니다. 그러나 4차 산업혁명은 반도체가 길을 열어주지 않으면 아무것도 안 됩니다. 그 중요성을 감안해 별도로 반도체를 다뤘습니다. 파트 4는 이들을 제외한 언론에서 자주 언급되는 분야를 뭉뚱그려서 설명했습니다. 자율주행차, 로봇, 3D프린팅, 5G, AR과 VR, 블록체인까지 언급했습니다. 그리고 파트 5에서는 소위 4차 산업혁명을 말하는 미래학자들의 인사이트를, 마지막 파트 6은 4차 산업혁명을 주도하는 기업들에 대한 취재여록을 실었습니다.

글을 쓰면서 도움을 주신 분들이 많습니다. 6년 전에도 그랬지만 지금도 논설실장이라는 직책을 무기로 그 분야의 최고 고수를 족집게 과외선생으로 모시고 공부하는 기회를 갖게 됐습니다. 인공지능에 대해서 귀한 말씀을 주신 김대식 KAIST 교수님과 SK의 이강원 상무님, 빅데이터와 관련해 이론적이고 실무적인 도움을 주신 차상균 서울대 빅데이터연구원장님, 허일규 SK IoT·데이터 사업부장님, 그리고 강유민 개인정보위원회 조사과장님께 감사의 말씀을 드립니다. 그리고 반도체 학습을 도와준 삼성전자의 지현기 상무님과 신현수 과장님, 5G의 원리를 설명해주신 KT연구소 이원열 팀장님, 로봇의 원리와 로봇산업의 미래에 대해 말씀해주신 퓨처로봇 송세경 대표님, 3D프린팅에 대한 새로운 시각을 열어준 신진국 전자부품연구원 나노소재부품연구센터장님, 그 외에도 여러분들이 저에게 소중한 가르침을 주셨습니다. 이 기회를 빌려 감사의 말씀을 드립니다. 원고에 맞는 그림과 사진 등을 준비해준 논설위원실의 신하경씨와 책 편집에 수고를 아끼지 않은 매경출판 편집팀 직원 분들께도 감사의 마음을 전합니다. 그리고 제 원고를 미리 읽고 격려도 하고, 가끔은 도전적 논쟁을 벌이기도 했던 사랑하는 가족에게도 그동안 미안했던 마음까지 합쳐서 고마움을 표시하고 싶습니다.

한 가지 고백할 게 있습니다. 누군가 제가 이런 책을 냈다고 하면 고개를 갸웃하실 분이 있을지 모릅니다. 저를 잘 아는 사람일 텐데, 저는 제 글에 대한 퇴고 작업을 할 때는 물론 논설위원들이 쓰는 칼럼 데스크를 볼 때도 종이로 프린트 한 다음 볼펜으로 수정한 뒤 컴퓨터 작업을 하는 아날로그적 인간입니다. 블로그는 물론 페이스북이나 트위터 같은 SNS 활동도 안 합니다. 그런 사람이 테크놀로지의 집합체라는 4차 산업혁명에 대해 책을 낸다는 데 대해 웃을지 모르겠습니다. 그런 분들에겐 그래도 사건과 현장을 보고, 사람을 취재해 기록하는 게 저널리즘 아니겠느냐라는 말 정도는 비록 변명일지언정 남겨두고 싶습니다.


2018년 2월
남산 한옥마을이 내려다보이는 필동 사무실에서
손현덕

PART 2

## 인공지능과
## 빅데이터

PART 3

## 사물인터넷과
## 반도체

PART 4

## 자율주행차, 5G, 로봇, 3D프린팅, 블록체인…

# PART 1

# 4차 산업혁명이
# 도대체 뭐기에

4차 산업혁명이
도대체 뭐기에

# 페이스북과 구글을
움직이는 엔진

2017년 7월.

저는 미국 서부의 따스한 햇볕이 내리쬐는 실리콘밸리에 있었습니다. 그날 처음으로 찾은 페이스북 캠퍼스는 환상적인 날씨에 취해 있던 권태로움에 일격을 가했습니다. 안내한 신문사 후배 손재권 특파원은 "아마 들어가시면 디즈니랜드에 온 것 같은 기분이 들 겁니다"라고 했습니다. 손 특파원은 완전 100% 디지털형 인간인지라 아날로그인 저와는 상극이긴 합니다만 대화를 나누다 보면 늘 새로운 것들을 깨닫게 하고 신선한 자극을 주는 후배입니다.

방문자 등록과 간단한 보안 조치를 마치고 문을 열고 캠퍼스에 들어선 순간 가장 먼저 발동된 것은 후각이었습니다. 아직 점심시간이 꽤 남았는데도 음식을 준비하는 노점 카페를 지나자 바비큐를 굽는

냄새가 진동했습니다. 취재고 뭐고 다 때려치우고 그 카페 앞에 있는 노란색 파라솔 아래 의자에 앉아 커피 한 잔을 시키고 책 한 권 읽고 싶은 마음이 굴뚝같았습니다.

권태로움이 긴장으로 바뀌는 데는 그리 오랜 시간이 걸리지 않았습니다. 말로만 듣던 그 유명한 '해커 스퀘어'는 캠퍼스 정중앙에 자리하고 있었습니다. 그 위에 '해커 컴퍼니'라는 간판도 크게 걸려 있었습니다. 샌프란시스코 인근 지역이라서 그런지 금문교 모양을 본떠서 만든 빨간 색깔의 '풋브리지Foot Bridge'가 있고 공원 한복판 분수 앞에는 페이스북 창업자인 마크 저커버그가 해커들의 야성을 건드리지 말라며 즐겨 하는 말 "동물에 먹이를 주지 마시오Do Not Feed the Animals"라는 글귀가 쓰여 있었습니다.

여기가 오늘의 페이스북을 만든 '해커톤'이 열리는 곳이었습니다. 해커톤은 '해킹Hacking'과 '마라톤Marathon'의 합성어이지요. 마라톤을 뛰는 것처럼 프로그램을 해킹하거나 개발하는 행사인데 저커버그가 창업 당시 잠도 안 자고 해커 짓을 했던 그 정신을 그대로 기리기 위한 것입니다. 개발자는 물론 디자이너, 마케팅 담당자들까지도 밤새 간식을 먹으면서 직접 아이디어를 짜내자는 겁니다. 이게 페이스북의 정신이지요. 초고속 성장의 원동력이고요. 한 때 컴퓨터 업계에서 세계를 호령했던 선마이크로시스템스(썬) 건물을 사서 우리가 해커의 정신을 잃으면 썬처럼 될 것이라며 회사 앞 간판에도 썬을 지우지 않은 페이스북입니다.

페이스북 투어를 하는 내내 머릿속을 떠나지 않았던 생각은 "내가 지금 거닐고 있는 이 페이스북의 물리적 공간과 그들이 지배하는 가상적 공간은 어떻게 연결되는가?"라는 다소 철학적인 것이었습니다.

창업 당시 사용했던 콘크리트와 플라스틱, 그리고 노란 철골 구조물들을 솜씨 좋은 건축가의 안목으로 그대로 살려 만든, 손 특파원 말대로 디즈니랜드 같은 이 공간이 저커버그가 인터넷 세상에서 창조한 가상의 공간으로 연장된다는 게 신기했습니다.

페이스북 직원들은 이곳에서 놀이공원에 방문한 애들처럼 공적인 공간을 어슬렁거리다가 그들이 근무하는 사무실 안으로 들어가서는 전 세계 13억 명 유저들의 사적인 공간을 창조하고 있습니다. 그런데 그들에게는 사적 공간이란 게 이곳 페이스북 캠퍼스 같은 공적 공간처럼 누구에게나 허용되는 걸로 인식하고 있다는 생각에 이르게 됩니다.

우리는 우리와 소통하고자 하는 사람이 있으면 그 사람과 같은 네트워크에 있어야 합니다. 친구들이 페이스북에 있으면 나도 페이스북에 들어가야 합니다. 비록 나는 페이스북 말고 다른 공간을 좋아해도 어쩔 수 없이 페이스북으로 이사를 가야 합니다. 그것이 경제학에서 말하는 네트워크의 외부효과라는 것이지요. 페이스북의 모델이 바로 이런 것입니다. 빅데이터를 하는 사람들은 이렇게 말합니다. "이제 나보다 나를 더 잘 아는 데가 페이스북이다."

실리콘밸리에 머무는 동안 아쉬운 게 딱 하나 있었는데 그건 구글 본사를 가보지 못한 것이었습니다. 말로만 들었던 걸 직접 가서 두 눈으로 확인해야 직성이 풀릴 텐데 도저히 다른 일정이 겹쳐서 다음 기회로 미룰 수밖에 없었습니다. 언제 이곳을 다시 와봐야겠다는 기약 없는 다짐만 하고는.

구글의 마운틴뷰 본사를 방문한 사람들은 흔히 이런 말들을 합니다. "구글이라면 세계 최고의 첨단기업일 텐데 정작 회사는 어느 한적한 시골 마을 같다"고 말입니다. 오늘날 50억 인구가 쓰는 인터넷 검색 엔진을 만들고 안드로이드, 유튜브, 자율주행차를 세상에 내놓은 기업이라면 응당 그에 걸맞은 물리적 공간을 구축했을 거란 상상을 합니다. 로봇이 움직이고, 곳곳에서 인공지능 컴퓨터가 작동하고, 사방은 첨단 디지털 설비로 가득해 버튼만 누르면 모든 게 다 해결될 것 같은 영화 속의 공간, 요새 흔히 하는 말로 스마트시티를 구현할 것 같지 않나요? 그러나 실제 가보면 전혀 그렇지 않다고 합니다. 조금은 믿기지 않았습니다.

그런 의문은 서울 역삼역 근처에 있는 구글 코리아를 방문하고서야 다소 풀리게 됐습니다. 구글 코리아는 강남파이낸스센터에 4개 층을 빌려 쓰고 있는데 층마다 휴식공간을 마련해놓고 있습니다. 거기에는 마사지룸, 요가룸, 수면실, 도서실, 게임룸과 악기룸 등 정말 다양한 시설들을 준비해놓고 있습니다. 속으로는 "아니 이 사람들 여기 일하러 온 건가 놀러 온 건가"라는 생각이 들 정도였습니다.

저는 구글 임원과 미팅을 가졌는데 마치 기차 속 객석에서 대화를

손현덕의 구석구석 4차 산업혁명 탐구

나누는 것 같은 분위기였습니다. 구글은 이를 'Huddle Room'이라고 하던데 옹기종기 모여 속닥거리는 분위기라서 그런 별칭을 붙였는가 싶습니다. 뷔페에서 음식을 가져다가 편안한 장소에서 각자 식사도 하고 바리스타가 있는 카페에서 테이크아웃 커피를 들고 이동하는 모습은 정말 매우 아날로그적이었습니다. "실리콘밸리의 구글 본사도 이런 분위기냐"고 물었더니 그렇다고 하더군요.

저는 이런 분위기에서 어떻게 '10×' 철학을 구현할 수 있을까라는 생각이 들었습니다. 10× 철학은 구글 창업자인 래리 페이지가 "구글이 하는 일은 모두 지금까지 경험한 어떤 것보다도 10배는 더 위대하고, 10배는 더 나으며, 10배는 더 빨라야 한다"고 말한 데서 유래합니다. 구글에 중요한 것은 세상을 바꾸는 일입니다.

이렇게 접시에 샐러드와 치킨을 담아 식사를 하고 커피 마시면서 노닥거리는 친구들이 그런 거창한 일들을 하는 전사戰士들일 수 있을까라는 생각에 미치면 소름이 돋습니다.

그렇게 그들은 전 세계 바둑인들을 전율케 한 알파고를 만들었고, 자동차 회사들은 꿈도 꾸지 않던 무인자동차 개발에 10년을 넘게 매달리고, 인간의 수명을 획기적으로 늘리면서 건강하게 살 수 있게 하는 생명연장 프로젝트를 가동하고, 자그마한 나노 위성이 손바닥 보듯 지구를 내려다볼 수 있는 연구에 몰두합니다.

저는 구글을 보면서 프랜시스 베이컨의 소설《새로운 아틀란티스》가 생각났습니다. 16세기 영국 런던에서 태어난 베이컨은 흔히 철학자로 알려져 있습니다. "아는 게 힘이다"라는 명언을 남긴 유명한 사람입니다. 엘리자베스 여왕 치하에서 국회의원을 지냈고, 제임스 1세 때는 법무장관, 검찰총장을 거쳐 대법관에까지 오르는 등 출세가도를 달렸던 정치가이기도 합니다. 그것뿐인가요. 베이컨은 과학자이기도 하고 문필가이기도 합니다. 그는 말년이 불행했습니다. 뇌물수수혐의로 의회의 탄핵을 받아 관직과 지위를 박탈당했으니까요. 그 후론 집에서 칩거하며 저술활동에 열중했습니다.

혹시 그가 어떻게 세상을 떠났는지 알고 있나요? 1626년 눈 내리던 어느 날, 집밖으로 나갔다가 독감에 걸려 사망했습니다. 그가 밖으로 나간 이유는 닭고기의 부패를 방지하기 위한 냉동 효과를 실험하기 위해서였답니다. 그런 이유로 그에겐 과학실험의 첫 번째 순교자라는 명칭도 붙여졌습니다. 어찌 보면 오늘날의 과학자들은 모두 베이컨의 후손인 셈입니다.

《새로운 아틀란티스》는 그가 죽고 나서 1년이 지나 출간된 소설입니다. 소설은 남미 페루를 떠나 중국으로 향하던 영국 선원들이 남태평양에서 거센 폭풍을 맞아 표류하다 외딴섬에 도착하는 걸로 시작합니다. 땅은 비옥하고 물자는 풍부해 모든 사람이 더 바랄 나위 없이 행복하고 외부와 단절된, 지도에도 나오지 않는 유토피아. 이곳이 벤살렘 왕국이었습니다.

이 왕국에는 '솔로몬연구소'라는 국가가 지원하는 학술원이 있어 여기서 인간의 삶을 이롭게 하는 과학과 기술의 연구가 진행됩니다.

지금으로부터 400년 전인 그 때 과연 어떤 연구를 했을까요?

음식을 저장하는 냉장고. 300년이 지난 후에야 세상에 등장한 냉장고를 베이컨은 소설 속에서 상상하고 있었습니다. 멀리 떨어진 사람과 통화할 수 있는 전화. 이 역시 마찬가지입니다. 농작물을 빨리 자라게 하고 과실을 보다 더 크게 키우는 기술, 서로 다른 종을 교배해서 새로운 동물을 만드는 방법, 인공비를 내리게 하는 기술, 근육을 강화하는 음식, 잠수함….

놀랍지 않은가요? 400년 전에 이런 상상을 했다는 사실이. 그에 비하면 지금 구글에서 하는 프로젝트들은 전혀 허황된 것이 아니라고 봅니다. 오히려 베이컨 시대보다 훨씬 구체적이고 실현 가능한 것처럼 생각됩니다. 구글뿐인가요. 아마존, 테슬라, 그리고 이름도 잘 알려지지 않은 많은 기업들이 미래를 꿈꾸며 도전하고 있습니다. 겉으로는 평화롭고 아늑한 공간처럼 보입니다만 그 안에서는 세상을 바꾸는 혁명의 싹을 키우고 있습니다. 구글이나 페이스북처럼 말이지요.

이런 도전을 가능하게 하는 엔진이 바로 4차 산업혁명입니다. 누구는 손에 잡히는 게 없고, 눈에 보이는 게 없고, 결과물이 없다면서 무시하고, 외면하기도 합니다. 불행한 일입니다만 미래는 그런 사람들을 위해 존재하지 않습니다. 한계도 있고, 과장도 있습니다. 그러나 그런 게 있다면 그걸 정확하게 알아야 도전할 목표가 생기고, 현실적 대안을 찾을 수 있을 겁니다.

이제부터 4차 산업혁명을 향한 여정을 시작하고자 합니다.

# 4차 산업혁명
# 정의부터

---

4차 산업혁명에 대한 정의定義부터 알아보고자 합니다. 모든 법률은 1조가 목적이고 2조가 정의입니다. 굳이 법률을 따르자는 건 아니지만, 이 책을 쓰는 목적은 머리말에 밝혔으니 2조 정의를 해야 할 순서입니다.

4차 산업혁명. 일단 4차가 왜 4차인지를 살펴보겠습니다. 그 다음에 나오는 산업에 대해서는 굳이 설명이 필요 없을 것 같고, 마지막 혁명에 대해서는 좀 할 말이 있을 것 같습니다.

4차 산업혁명이라고 하면 지금까지 1차, 2차, 3차 산업혁명이 각각 있었다는 얘기 아니겠습니까? 그러면 그건 언제, 어떤 혁명이었는지를 보고 4차 산업혁명이 과거의 산업혁명과 무엇이 다른지를 알아보면 되겠지요.

## 1, 2, 3, 4차 산업혁명

 1차 산업혁명
- 시기-1784년
- 증기기관 혁명과 기계화 생산 설비

 2차 산업혁명
- 시기-1870년
- 전기 활용한 대량생산

 3차 산업혁명
- 시기-1969년
- 컴퓨터 활용한 정보화, 자동화 생산 시스템

 4차 산업혁명
- 시기-2007년(?)
- 실재와 가상의 통합으로 사물들이 자동·지능적으로 제어되는 가상물리Cyber-physical 시스템 구축

1차 산업혁명은 너무나 잘 알려져 있습니다. 우리가 흔히 산업혁명이라고 하면 이 1차 산업혁명을 말합니다. 18세기 영국에서는 기계의 발명과 기술의 혁신으로 산업상의 큰 변화가 일어납니다. 핵심은 면직물이었습니다. 면직물 산업이 갑자기 발전할 수 있었던 이유는 석탄이라는 에너지가 새로 등장했고, 이를 이용한 증기기관이라는 동

력이 발명됐기 때문입니다. 그러면서 공장 체제가 생긴 것입니다. 농경 중심 사회가 제조업 중심 사회로 바뀌기 시작합니다. 공장에 투자하는 자본가들이 생겨나고, 농업 부문의 유휴 노동력은 제조업으로 이동하게 됩니다.

2차 산업혁명은 좀 더 포괄적입니다. 어느 하나로 특징짓기가 매우 힘듭니다. 핵심은 전기입니다. 1차 산업혁명이 석탄을 에너지로 썼다면 2차 때는 전기라는 새로운 에너지원이 생겨납니다. 그러면서 탄생한 가장 중요한 산업분야는 자동차입니다. 1차가 면직물이라면 2차는 자동차이지요. 그 중심에 있는 인물이 미국 포드 창업자인 헨리 포드입니다. 그는 이런 말을 했습니다. "나의 회사에 다니는 근로자가 이제는 자신의 월급으로 자동차를 탈 수 있는 시대를 열겠다." 포드는 약속을 지킵니다. 자동차는 대량생산체제에 들어갑니다. 그것이 세계 최초의 대중용 자동차인 '모델T'로 1908년에 출시된 이후 폭발적인 인기를 누렸고, 미국 사회는 1920년대에 자동차 대중화 시대에 돌입합니다. 포디즘Fordism이니 테일러리즘Taylorism이니 하는 과학적 생산관리 방식이 도입됩니다. 이게 2차 산업혁명이 일어났던 20세기에 세계를 풍미했던 중요한 주의主義, 즉 이즘ism 입니다. 2차 산업혁명은 1차 산업혁명의 후발주자인 독일과 미국에서 일어납니다. 독일에서의 중요한 변화는 대학입니다. 대학에 개혁 바람이 불고 연구 중심의 대학이 생겨납니다. 여기서는 합성염료에 대한 획기적 발전이 이뤄집니다. 1차 산업혁명이 면직물이라고 했는데 그 당시는 천연염료를 사용했거든요. 이제 합성염료를 쓰게 되니 여기서도 혁명적 발전을 하게 됩니다. 이렇게 해서 탄생한 사회를 우리는 현대산업사회라 합니다. 1차 산업혁명 시기는 근대사회이지요.

이제 3차로 넘어가 볼까요. 이건 대부분 사람들이 잘 아는 겁니다. 인터넷의 탄생이 새로운 세상을 연 것입니다. 이게 왜 혁명적이냐 하면 그건 2차 산업혁명 때까지는 중앙집권식이었거든요. 그게 3차가 되면서 '분산화'되기 시작한 겁니다. 그동안에는 통제다, 질서다, 시스템이다 이런 말들이 유행했는데 3차 때부터는 개별 부문이 다 개성을 갖고 중요해지기 시작한 것입니다. 인터넷이 보편화되면서 통신이 엄청 발달하게 됩니다. 정보의 독점도 의미가 없어지게 된 겁니다.

미국 펜실베니아대 와튼스쿨 교수 제러미 리프킨이 이러한 제목으로 2012년 책을 냈습니다. 그는 저서를 통해 "2012년은 2차 산업혁명의 종말이 온 시기"라면서 "수평적 권력을 기반으로 3차 산업혁명 시대가 왔다"고 말했지요.

그러면 일단 여기까지만 요약해볼까요? 1차 산업혁명은 증기기관을 기반으로 하는 기계화 혁명, 2차는 전기를 기반으로 하는 대량생산혁명, 그리고 3차는 인터넷을 기반으로 하는 디지털 혁명입니다.

그러면 이제 본론으로 들어가 보죠. 4차 산업혁명은 어떤 걸까요? 일단 정의를 해볼까요? 제가 하는 게 아니라 4차 산업혁명을 말하는 사람들의 정의를 인용해보겠습니다. 가장 보편적이고 공통적 정의를 끄집어내면 다음과 같습니다.

"인공지능 기술을 중심으로 하는 파괴적 기술들의 등장으로 상품이나 서비스의 생산, 유통, 소비 전 과정이 서로 연결되고 지능화되면서 업무의 생산성이 비약적으로 향상되고 삶의 편리성이 극대화되는 사회·경제적 현상."

산업통상자원부가 내린 정의입니다. 우리 정부는 4차 산업혁명을 이렇게 보고 있는 겁니다. 그리고 4차 산업혁명을 이끄는 핵심 동력은 인공지능AI; Artificial Intelligence, 사물인터넷IoT; Internet of Things, 빅데이터, 로봇, 3D프린팅 이렇게 다섯 가지로 요약합니다. 꽤나 복잡해졌지요.

혹자는 "이런 기반기술들이 다 디지털 아니냐"고 반문하면서 "우리는 아직도 3차 산업혁명 시대에 살고 있다"고 합니다. 기존의 인터넷이 좀 더 정교해진 것에 불과하다는 것이고 산업의 지형을 바꿀만한 기술의 성숙이 일어나지 않았다는 주장입니다.

하지만 저는 이런 논쟁은 의미가 없다고 봅니다. 이미 우리의 삶과 직장, 그리고 산업현장에 많은 변화들이 몰려오기 시작했고, 앞으로 이런 변화는 가속화될 게 분명하기 때문입니다. 어쩌면 1, 2, 3차 산업혁명보다 더 빠르게, 더 큰 사회·경제적 충격을 줄 것 같지 않습니까?

4차 산업혁명을 비즈니스 모델로 설명하는 전문가들도 있습니다. 사실 이런 개념은 독일에서부터 시작됐는데 산업 1.0, 산업 2.0, 산업 3.0, 산업 4.0이라고 합니다.

산업 1.0은 소품종 소량생산입니다. 아직 대량생산체제가 구축되기 전입니다. 2차 산업혁명이 일어나면서 포드를 시작으로 대량생산체제가 본격화됩니다. 물론 아직 품종은 단순하지요. 포드의 모델T처럼. 산업 2.0은 소품종 대량생산체제입니다. 인터넷이 이끈 3차 산업혁명의 핵심은 집중에서 분산입니다. 그래서 이때의 비즈니스 모델은 '다품종 대량생산'입니다. 대량생산체제를 갖추면서 여러 개의 모델을 뽑을 수 있게 된 것이지요. 경영 측면에서 본다면 고객층을 세분화하고 전 세계적으로 제품의 생산과 유통 과정을 하나의 통합망으로 관리하는 경영전략시스템, 즉 글로벌 SCMSupply Chain Management이 가능해진 겁니다.

그렇다면 산업 4.0은?

여기서부터는 대량생산체제를 기본으로 하되 고객의 개별 수요에 맞춰 제품을 생산하게 됩니다. 2007년 애플이 내놓은 아이폰이 여기에 해당될 수 있습니다. 아이폰은 대량생산체제로 만들어집니다. 그러나 사용자들이 소유하고 있는 각각의 아이폰은 사실 다른 상품입니다. 개인맞춤형으로 사용자들이 환경을 설정해 이용하는 거지요. 최근 대표적 사례로 지목하는 건 아디다스 운동화입니다. 아디다스는 고객에게 어울리는 디자인의 빨간색 신발을 원하면 그걸 만들어줍니다. 그런 고객맞춤형 제품을 대량생산체제Mass Customization로 한다는 게 핵심입니다. 인공지능과 빅데이터 같은 기반기술을 이용해 이미 소비자들이 무엇을 원하는지 알아내고 미리 상품을 만들어 고객에게 제시하는 개념입니다.

세상은 그렇게 바뀌고 있습니다. 아니 이미 그렇게 바뀌었습니다.

# 혁명은
# 서열을 바꾼다

---

이제 '혁명'에 대해 알아보죠.

혁명은 도대체 어느 정도의 사건을 두고 말하는 걸까요?

혁명이 일어나면 무슨 일이 벌어질까요?

2017년은 역사적으로 대단히 의미 있는 해였습니다. 저는 2017년을 한마디로 어떤 해냐고 묻는다면 주저 없이 '혁명의 해'라고 말할 겁니다.

2016년 겨울 광화문 광장에 박근혜 대통령을 퇴출시키자는 촛불의 함성이 있었지만 이것이 결국 혁명으로 승화된 건 2017년이었습니다. 미국 도널드 트럼프 대통령이 당선된 건 2016년이지만 취임은 2017년 1월입니다. 미국에서 백인우월주의의 기치 아래 고립주의란 혁명이 촉발됐다고 볼 수 있을 겁니다. 그것뿐인가요? 아프리카 짐바

브웨에서도 37년간 독재 통치를 해온 무가베가 물러났습니다. 물론 국민들의 희망이 현실로 정착되는 데는 좀 시간이 걸릴 것 같습니다만. 무가베는 자신을 반대하는 신문사의 윤전기를 폭파할 정도로 대단한 독재자였습니다.

영국의 유명한 주간지인 〈이코노미스트〉가 매년 발행하는 세계경제대전망이 있는데요. 2017년판 서문에 다니엘 프랭클린이란 편집자가 이렇게 썼습니다.

"2017년에는 혁명의 기운이 감돌 것이다. 2017년은 러시아에서 볼셰비키 혁명이 일어난 지 100주년이 되는 해일뿐 아니라, 칼 마르크스의 《자본론》 1권이 출간된 지 150주년이 되는 해다. 또한 셀 수 없이 많은 티셔츠 위에 그려진 혁명의 얼굴, 체 게바라가 사망한 지 50주년이 된다. 게다가 2017년은 마르틴 루터의 '95개조 반박문'이 나온 지 500년이 되는 해이기도 하다. 루터는 반박문을 비텐베르크<sup>Wittenberg</sup>성 교회 정문에 붙였고, 이는 결국 종교개혁으로 이어졌다."

그렇다면 혁명이라 함은 그 속도와 범위, 그리고 파괴력 측면에서 과거에는 유례를 찾아보기 힘든 경우라고 보면 될 겁니다. 누구는 4차 산업혁명을 아이작 뉴턴이 만유인력의 법칙을 발견한 과학혁명에 견줄만하다고 하니까요. 인공지능은 진화되는 속도도 빠르고, 그 범위도 모든 산업에 전방위적으로 미치며, 파괴력 또한 대단합니다. 그러면 혁명이란 말을 붙일 수 있겠지요.

그 다음은 혁명이 일어나면 무슨 일이 벌어지느냐? 이건 여러 가지 측면을 봐야 하지만 그중 중요한 건 등수가 바뀌는 거라고 봅니다. 혁명이 일어나지 않으면 1등은 계속 1등입니다. 물론 1등도 쇠퇴하면 2등이 되고 아예 경쟁 대열에서 낙오되기도 합니다만 그건 시간을 두고 천천히 일어나는 경우이고, 혁명이 일어나면 순식간에 1등이 2등이 되고, 어쩌면 아예 도태되기도 합니다.

정치나 사회적인 혁명이 일어나면 지배계급과 피지배계급이 바뀝니다. 러시아의 볼셰비키 혁명은 황제의 권력을 땅에 떨어뜨리고 농민, 노동자가 그 자리를 차지하게 된 겁니다. 촛불혁명이 일어나니 보수세력이 추락하고 진보세력이 지배계급이 되는 것입니다.

그렇다면 4차 산업혁명이 일어나면 그건 산업계에서 그동안 마이너리그에 속했던 기업들이 메이저리그로 진입하게 된다는 얘기입니다.

〈뉴욕타임스〉의 칼럼니스트인 토머스 프리드먼은 최근 그의 저서 《늦어서 고마워》에서 2007년을 기술의 변곡점으로 봤습니다. 그리고 어쩌면 후세의 역사가들은 이 2007년이 4차 산업혁명이 시작된 해로 규정하지 않을까 싶습니다.

도대체 2007년에 무슨 일이 벌어졌을까요? 프리드먼이 그의 책에서 설명한 대사건들을 하나하나 열거해 보겠습니다. 그의 설명을 상당 부분 그대로 인용합니다.

❶ 애플이 아이폰을 내놨습니다. 스티브 잡스는 이렇게 말했습니다. "우리는 이제 하나의 기기 안에 세계 최고의 미디어 플레이어, 세계 최고의 전화기, 그리고 인터넷에 접속하는 세계 최고의

방식을 다 구현한다." 애플의 아이폰은 앞서 말한 대로 4차 산업 혁명을 알리는 팡파르였습니다.

❷ 그 해 '하둡'이란 게 등장했습니다. 이 덕분에 컴퓨터 저장 용량이 폭발적으로 늘어났습니다. 빅데이터 혁명을 가져온 것입니다. 하 둡HADOOP ; High-Availability Distributed Object-Oriented Platform은 오픈 소스 기반 의 분산 컴퓨팅 플랫폼입니다. 일반 PC급 컴퓨터들로 가상화된 대형 스토리지를 형성하고, 그 안에 거대한 데이터 세트를 보관 합니다. 그리고 이를 병렬로 처리할 수 있도록 개발된 자바 소프 트웨어 프레임워크입니다. 상당히 전문적 기술 용어라 어렵지만 지금 구글 같은 글로벌 IT 회사들은 모두 이걸 활용합니다.

❸ 구글이 2006년 말 유튜브를 인수한 후 2007년에 안드로이드를 출범시킵니다. 모바일 기기를 위한 개방형 플랫폼인 안드로이 드는 스마트폰의 세계적 확산을 가져옵니다.

❹ 지금은 SNS의 대명사가 된 페이스북은 대학 캠퍼스와 고등학 교에만 사용됐습니다. 그러나 13세 이상으로 이메일 주소를 가 진 모든 사람에게 사이트를 개방합니다. 이게 2006년 말입니다.

❺ 대부분 일반인들에게는 생소하나 소프트웨어 개발자들 사이엔 메카에 해당되는 게 깃허브GitHub라는 오픈소스 플랫폼입니다. 이 플랫폼 위에 소프트웨어 개발은 새로운 세계로 접어듭니다. 넷스케이프 창업자 마크 앤드리슨의 말마따나 소프트웨어가 세 계를 먹어치우기 시작했습니다.

❻ 2007년에는 온라인 서점으로 출범한 아마존이 '킨들'이란 전자 책을 내놓습니다. 어디서든 수천 권의 책을 다운로드 할 수 있게 됐습니다. 그리고 그 후 10년 아마존은 실리콘밸리에서, 아니 전 세계에서 모든 기업들을 전율케 하는 행보를 거듭합니다.

❼ 미국 뉴욕주 요크타운 하이츠에 있는 IBM 왓슨연구소의 데이비드 펠루치가 이끄는 태스크포스팀이 연구소 이름을 딴 '왓슨' 이란 인지컴퓨터를 만들기 시작했습니다. 그게 〈제퍼디쇼〉에 나가 세계 최고 퀴즈 왕을 꺾고, 진보에 진보를 거듭해 오늘날 인공지능 의사가 나오게 됩니다.

❽ 인텔은 처음으로 마이크로칩에 비非실리콘 소재를 도입합니다. 대단한 기술적 선택인데 이로 인해 정보처리 능력이 기하급수적 성장을 거듭하는 길이 열립니다. 〈뉴욕타임스〉에 이에 대한 기사가 났습니다. "세계 최대 칩 제조업체인 인텔은 정보화시대의 기초적인 벽돌을 완전히 바꾸어 놓음으로써 더 빠르고 에너지 효율성이 높은 새로운 세대의 프로세서로 가는 길을 닦았다."

프리드먼은 이밖에도 2007년에 일어난 여러 가지 사건들을 기술했습니다. 당시에는 알아차리지 못한 사건들이 10년 후 지금 와서 보니 4차 산업혁명의 불씨가 된 것이었습니다. 경제 분야와 산업 분야에서는 그렇게 소리 없이 혁명이 진행됩니다.

# 세 번째 과학혁명, 그 주인공은?

과학자들에게 "역사상 최고 천재 과학자는 누굴까"라는 질문을 던진다면 누구라고 답할까요? 아마도 아이작 뉴턴과 알버트 아인슈타인이란 답이 가장 많이 나올지 않을까 싶습니다. IQ테스트를 하면 더 높게 나오는 사람도 있을지 모르겠지만 어쨌든 인류 과학 역사상 이들 두 사람만큼 큰 족적을 남긴 사람은 없을 것입니다.

과학계에는 기적의 해라고 불리는 때가 있는데 그 첫 번째가 1666년이고 두 번째가 1905년입니다. 첫 번째 기적은 뉴턴이 캠브리지 대학 교수로 있다 잠시 쉬기 위해 고향 집에 머물렀을 때 사과나무에서 사과가 떨어지는 걸 보고 만유인력의 법칙을 발견한 해입니다. 그 이전까지만 해도 힘은 물체의 운동이 낳은 효과라는 게 자연과학의 대원칙이었습니다. 그런데 사과에 힘을 가하지 않았는데도 사과가 운동을 한 것이지요.

또한 아인슈타인이 발견한 상대성이론은 과학전문가가 아닌 저로서는 정말 이해하기 힘든데 어쨌든 그의 위대한 발견은 광속불변의 법칙으로 요약됩니다. 내가 차를 타고 시속 100km로 달리는데 옆에서 기차가 같은 속도로 달리면 그 기차는 멈춘 것처럼 보이지요. 그런데 빛은 그렇지 않다는 겁니다. 누구에게나 항상 같은 값으로 측정된다는 것입니다. 내가 서 있는 상태에서 빛을 봐도, 시속 1만 km의 로켓을 타고 가며 봐도, 심지어 빛의 속도로 날아가며 봐도 빛의 속도는 초속 30만 km입니다.

서론이 좀 길었습니다. 이 얘기를 하려는 건 아닙니다. 만약 아인슈타인 이후 세 번째 과학 기적의 해가 있다면 그건 언제일까라는 생각을 해봤습니다. 공식적으론 아직 없습니다. 그런데 저는 어쩌면 무어의 법칙이 나온 해가 세 번째 과학 기적의 해가 아닐까라는 생각이 듭니다.

그게 1965년입니다. 페어차일드 연구원으로 있었던 고든 무어라는 사람이 한마디 합니다. "마이크로칩 용량이 매년 2배가 될 것이다." 그 후 이 기간은 좀 수정됐습니다. 1975년 24개월로, 그 이후엔 18개월로 바뀝니다. 어쨌든 이 법칙이 나온 뒤 황창규 KT 회장은 '황의 법칙'이란 걸 내놓고 데이터 집적이 기하급수적으로 늘어날 것이란 예측을 했습니다. 황의 법칙이란 반도체 메모리의 용량이 1년마다 2배씩 증가한다는 이론입니다.

저는 무어나 황 회장이 말한 구체적인 법칙이 의미하는 바에 주목합니다. 그게 바로 가속화의 법칙입니다. 단순히 데이터 용량이 아니라 무수히 많은 분야에서 기하급수적인 성장이 일어나는 걸 목격할 수 있습니다. 그래서 그 시발점이 된 무어의 법칙이 어쩌면 과학계에 있어 세 번째 기적의 해가 되지 않을까 저 혼자 생각해본 겁니다.

2017년 여름 실리콘밸리에서 만난 레이 커즈와일 구글 이사의 얘기도 그 근본을 파고들면 가속의 법칙입니다. 기하급수적으로 가면 1, 2, 4로 되는데 그 궤적으로 30번째 가면 얼마가 될까요? 1조가 넘을 겁니다. 이건 직선으로 가는 것과 어마어마한 차이가 납니다. 기하급수적으로 생각하는 사람과 직선형으로 생각하는 사람과는 어떤 차이가 있을까요?

레이 커즈와일이 예를 하나 들었습니다.

"인간 유전자 염기서열 분석을 15년 잡고 프로젝트를 시작했다. 절반쯤 됐을 때 1% 정도 분석했다. 이걸 보고 어떤 사람들은 15년 내에 끝낸다는 건 말이 안 된다. 아마 10배는 더 걸릴 거라고 얘기했고, 또 어떤 사람들은 산술적으로 7.5년에 100분의 1을 했으니 다 하려면 750년이 걸릴 거라고 했다. 당시 나는 게임은 다 끝났다고 생각했다. 결과가 어떻게 된 줄 아나? 그 뒤 4년 정도 돼서 프로젝트는 100% 수행됐다. 이렇게 기하급수적인 생각을 하는 사람은 사고가 다르다."

커즈와일의 얘기는 정보기술에 있어서는 가속의 법칙이 어디서나 발견되며 무어의 법칙은 전체 그림으로 보면 아주 작은 부분이라는 겁니다. 그 역시 30년 전에 이런 이론을 내놓은 것입니다. 하나하나 되짚어 보면 정말 우리 인류는 정보기술 측면에서 최근 엄청난 발전을 했습니다.

1940년대 펀치카드라는 것이 있었습니다. 카드 한 장에 피아노 음악 1곡 정도 저장할 수 있었습니다. 0.12KB킬로바이트입니다. 10년 뒤 마그네틱테이프가 나왔는데 저장용량이 1,920배 늘어났습니다. 20년 뒤 플로피디스크FDD가 나왔죠. 그 작은 FDD에 테이프 6.4개의 분량을 저장할 수 있었습니다. 15년 뒤 나온 CD롬은 그 FDD 486개 분량을, 그 뒤 DVD, USB를 거쳐 이제 클라우드 시스템이 탄생했습니다. 여기에 얼마나 많은 데이터가 저장될지 상상이 갑니까? DVD로 치면 2억 1,787만 2,340개 분량입니다.

인간이 만든 데이터는 어떤 속도로 늘어났을까요? 인류가 태어난 후 2003년까지 생성된 데이터는 5EB엑사바이트입니다. 엑사는 2의 60승입니다. 어마어마한 분량이지요. 그런데 지금은 이걸 이틀만에 만들어냅니다. 5년 후면 어떻게 될 것 같나요? 아마도 몇 시간, 아니 몇 분 내에 만들어질 겁니다.

〈뉴욕타임스〉 칼럼니스트 토머스 프리드먼이 저술한《늦어서 고마워》책에 나오는 한 파트가 〈가속의 시대〉입니다. 그에 따르면 오늘날 모든 컴퓨팅 기기는 5가지 기본적인 구성 요소를 갖고 있는데 그것이 ❶ 연산을 하는 집적 회로, ❷ 정보를 저장하고 검색하는 기억장치, ❸ 한 컴퓨터 안에서, 그리고 컴퓨터들 사이에 소통이 이뤄질 수 있게 해주는 네트워크 시스템, ❹ 서로 다른 컴퓨터들이 개별적으로, 그리고 집단적으로 수많은 과업을 수행할 수 있도록 해주는 소프트웨어 애플리케이션, ❺ 센서, 즉 카메라와 다른 소형 감지장치들입니다.

이중 ❸과 관련한 가속의 법칙을 프리드먼은 중요하게 봤습니다. 마이크로칩의 성능, 즉 연산과 저장능력만 기하급수적으로 늘어난 게 아니라는 거지요. 물론 이 두 가지가 절대적으로 중요하지만 네트워킹, 즉 연결성이 가속적으로 진전되지 않았다면 지금 4차 산업혁명 같은 건 꿈도 못 꿨을 겁니다. 전 세계의 지상과 해저 광섬유 케이블, 그리고 무선통신 시스템의 용량과 빠르기는 휴대폰뿐만 아니라 인터넷의 중추를 이룹니다. 이 분야에서는 지난 20년에 걸쳐 거의 무어의 법칙에 가까운 속도로 발전이 이뤄졌다는 겁니다.

지금 우리나라는 물론 전 세계가 통신에 있어 5G 시대로 접어들고 있습니다. 5G 체제하에서는 $1km^2$ 반경 안의 100만 개 기기에 사물인터넷 서비스를 제공할 수 있고, 시속 500km 고속열차에서도 자유로운 통신이 가능합니다. 다운로드 속도도 일반 LTE에 비해 280배나 빠릅니다. 음성통화만 가능했던 1세대 이동통신이 1984년의 일이니 이 부분 역시 아찔하게 성장을 거듭한 셈이지요.

다시 커즈와일로 돌아가 그는 정보기술의 기하급수적 발전 이론을 바탕으로 147개의 기술들의 완성 시점을 예측했습니다. 놀랍게도 80%가 정확하게 예측과 맞아떨어졌습니다. 나머지 20% 중에서 14% 정도는 예측을 잘못했다고 시인합니다. 그러나 가격 대비 성능

등에 있어서는 비슷하게 맞아 떨어진다고 합니다. 〈타임〉에서 그걸 커버스토리로 다룬 적이 있습니다. 그 핵심이 네트워킹입니다.

프리드먼의 책 중 〈가속의 시대〉 피트 앞에 일종의 제사題詞라고 할까요. 핵심이 될 만한 명언을 적어놓았는데 그게 퀄컴의 좌우명입니다. "삶은 사람들이 연결될 때 변화한다. 삶은 모든 것이 연결될 때 변화한다." 그러면서 인간의 머리로 이해하기 가장 어려운 것들 가운데 하나가 기하급수적으로 성장하는 힘이라고 했습니다. 데이터들이 뭉치고 서로 연결되기 시작하면 정말 지금 보통 사람들이 상상하는 걸 훨씬 뛰어넘는 미지의 세계가 열릴지 모를 일입니다.

무어의 법칙에 대해선 맞다 틀리다 논란이 있습니다. 그러나 분명한 것은 무어가 말하고자 했던 '가속의 법칙'은 4차 산업혁명 시대를 사는 우리 모두에게 바이블이나 다름없습니다.

# 과연 조만장자가
# 탄생할까?

미래를 안다면 얼마나 좋을까요? 누군가가 10년 후의 세상에 가서 뭔가 한 가지 가져온다면 무엇을 선택하겠냐고 물어봤답니다. 여러 가지 답이 나왔는데 그중 재미있는 게 하나 있었습니다. 10년 후 발행되는 경제신문 한 부를 갖겠다는 대답이었습니다. 10년을 앞서 경제신문을 볼 수 있다면 지금 어떤 주식이나 부동산을 구입해 떼돈을 벌거나, 유망한 사업에 투자할 수 있을 겁니다. 미래를 안다는 건 막대한 부를 손에 쥘 수 있다는 얘기겠지요.

우리 주변에 '미래학자'라고 불리는 사람들이 꽤나 있습니다. 《제3의 물결》을 쓴 앨빈 토플러 같은 사람이 대표적인데 2016년에 유명을 달리했지요. 그가 한국을 방문한 적이 있는데 그때 인터뷰에서 좋은 말을 많이 했습니다. 2000년 3월이니 꽤 오래전 일인데요. 당시 토플러 박사의 말 중 "정보통신의 발달 속도가 시속 100mi이라면 우리의 제도, 생각은 시속 10mi"이라는 게 기억납니다.

현존하는 미래학자 중 최고봉이라고 일컫는 토머스 프레이는 구글이 최고의 미래학자로 선정해 유명세를 탔지요. 그는 지금 다빈치연구소 소장으로 있습니다. 이 연구소는 미국 콜로라도주에 위치해 있는데 슬로건이 "우리는 미래를 창조한다We Create the Future"입니다. 그는 지난 1997년 미래학자인 아내와 함께 이 연구소를 설립했습니다. 부창부수라고 남편이 아이디어를 내면 아내가 이를 현실화하는 역할을 합니다. 천재들의 모임인 트리플나인 소사이어티 회원이기도 한 그는 《미래와의 대화》란 책을 썼고 언론에 정기적으로 기고도 합니다.

그가 한국을 방문해 미래에 대해 강연을 한 적이 있습니다. 그 강연 내용에서 충격을 받았던 대목이 하나 있는데 그건 조만 달러 부자에 대한 것이었습니다. 영어로 하면 Trillionaire입니다. 백만장자도, 억만장자도 아닌 조만장자. 아직 지구상에 이런 부자는 없습니다.

먼저 첫 밀리언에어Millionaire는 누구였을까요? 피에르 로릴라드 2세라는 담배회사 오너였습니다. 이때가 1843년입니다. 혹시 켄트라는 담배를 기억할까 모르겠습니다. 그게 이 회사 제품입니다. 미국 뉴욕 북부 턱시도 파크라는 마을이 있는데 그게 이 회사 4대째 후계자가 개발한 것이며, 턱시도를 미국에서 처음으로 소개한 것도 그의 아들이라고 합니다.

그 다음 이보다 1,000배나 되는 부자, 즉 빌리언에어Billionaire는 누가 처음이었을까요? 그건 미국의 석유왕 록펠러였습니다. 1870년 '오하이오 스탠더드 석유회사'를 만들었고, 공급 과잉으로 인해 석유 가격이 떨어지자 경쟁사들을 사들이기 시작합니다. 1882년엔 40여 개의 독립적인 기업들을 모아 미국 내 정유소 95%를 지배하는 '스탠더드 오일 트러스트'를 조직했습니다. 여기서 거둔 막대한 이익으로 광산, 산림, 철도, 은행 등에 투자하여 거대 자본을 형성한 인물이지요. 은퇴 후에는 시카고 대학을 세우기도 하고 각종 자선사업도 했습니다. 그가 사망할 당시인 1937년 그의 재산은 3,360억 달러였다고 합니다.

그럼 이보다 1,000배나 되는 부자는 이제 어디서 나올까요? 그걸 토머스 프레이가 예측했습니다. 그는 아마도 혜성처럼 등장한 회사가 단숨에 1,000만 명, 1억 명의 고객을 끌어모아 부를 쌓을 것 같다고 말합니다. 구글이 그랬고, 페이스북이 그랬고, 애플과 아마존이 그랬습니다. 아마 이들 기업 중에서 조만장자가 나올지 모를 일입니다.

토머스 프레이는 몇 가지 분야를 언급했습니다. 이런 비즈니스를 하는 사람 가운데 조만장자가 탄생할 것이라고요. 그중 많은 분야는 우리 예상을 크게 벗어나지는 않습니다. 인공지능이 그중 하나이고, 인간의 장기를 3D프린팅 하는 것도 초기 단계이지만 이미 진행되고 있는 분야입니다. 노화치료에서 획기적 발전이 조만장자를 만들어낼 수도 있고, 잠깐 수면으로 8시간 잠자는 효과를 가져오는 기술이나 의약품이 개발된다면 그것도 엄청난 부를 가져올 것이라고 예측했습니다. 인스턴트 학습 분야도 있습니다. 이는 지식을 빨리 습득하는 약품입니다. 가상화폐는 가장 유력한 조만장자를 탄생시킬 영역일지 모릅니다.

제가 놀란 건 다름 아닌 지구가 아닌 다른 행성에서 운서을 채굴하는 것입니다. 이건 일종의 신물질 획득입니다. 지구상에 없는 새로운 물질의 획득. 예를 들면 지금 반도체의 원료가 되는 것은 실리콘입니다. 아직 이걸 뛰어넘는 재료는 없습니다. 그런데 지구 밖에서 실리콘 이상 가는 물질을 획득한다면 그야말로 천지개벽하지 않겠습니까?

리튬은 또 어떤가요? 리튬은 배터리를 만드는 가장 좋은 소재입니다. 지구상에 있는 가장 가벼운 고체이고 수소 다음으로 에너지를 많이 낼 수 있는 물질입니다. 만약 리튬을 대체할 만한 배터리 원료를 구할 수 있다면? 이 역시 세상을 바꿀 만한 획기적인 일일 겁니다.

미래의 자동차라고 하는 게 수소차입니다. 지금은 가격이 너무 비싸 대중화가 되지 않습니다. 그 이유는 물에서 수소를 분리하는 작업이 힘들고, 수소라는 기체를 압축하는 데도 돈이 많이 듭니다. 그런데 정작 비용이 많이 드는 건 백금입니다. 수소연료전지에서는 백금이 촉매로 쓰이거든요. 이 백금을 다른 물질로 대체하려는 노력들을 하지만 아직은 진도가 더딥니다. 만약 백금을 대체할 새로운 촉매를 찾을 수 있다면? 아니면 지구 밖에서 다량의 백금을 구할 수 있다면? 지금의 자동차산업은 판도가 확 바뀔 겁니다.

우라늄은요? 우라늄은 핵분열을 일으키는 물질입니다. 원자력발전의 원료이고 여기서 엄청난 에너지를 만듭니다. 폭탄도 만들지요.

이런 물질을 얻는다면 어떻게 될까요?

저는 이런 일들이 단순한 꿈은 아니라고 봅니다. 많은 사람들이 이미 도전하고 있습니다.

일론 머스크 테슬라 창업자는 자신의 화성 정복 계획을 완성해줄 새로운 우주선 개발 계획을 공개했습니다. 이를 위해 만든 회사가 스페이스X입니다. 그는 한 번에 4,000톤을 실어 나를 수 있는 대형 우주선으로 인간을 화성에 보내겠다는 목표를 제시했지요. 7년쯤 후로 예상하고 있습니다.

아마존의 창업자인 제프 베조스는 자신이 보유하고 있던 아마존 주식을 팔아서 '블루 오리진'에 투자합니다. 우주개발업체인 이 회사를 만든 지가 10년 정도 되는데 얼마 전 로켓에 6인승 캡슐을 탑재해 지구 저궤도에서 11분간 무중력을 체험할 수 있는 민간 우주여행 상품을 선보였습니다.

가끔 우주 공간에서 떠돌던 물체가 지구로 떨어지는 경우가 있는데 그걸 총칭해 운석이라고 하지요. 지구상의 암석과는 다른 성격을 지닌 물체입니다. 더더욱 대기권을 뚫고 떨어졌다는 건 엄청난 열에도 견딜 수 있다는 얘기거든요. 약 7,000도의 온도를 견딜 수 있어야 하기 때문에 비싼 값에 팔리고 연구 가치가 높습니다.

제프 베조스나 일론 머스크가 화성 탐사나 우주여행에 관심을 두는 건 결코 단순한 호기심 때문은 아닐 겁니다. 우리나라에서도 이처럼 원대한 꿈을 꾸고 거기에 도전하는 사람들이 많이 나왔으면 합니다.

# 라스베이거스에서 본
# 4차 산업혁명

매년 1월 초가 되면 미국 라스베이거스에서는 가전제품박람회CES가 열립니다. 2017년에는 1월 5일부터 4일간 열렸는데 여기에 매우 독특한 인물이 등장했습니다. 여행사 대표입니다. 해마다 CES를 주관하는 전미소비자기술협회CTA는 누구를 기조연설자로 할 것이냐를 두고 고민을 많이 합니다. 16만 명 이상의 기업인이 참석하고 6,500개나 되는 미디어가 찾는 CES 한 해 장사의 성패가 여기에 달렸기 때문입니다.

CTA가 2017년 기조연설자로 모시기 위해 가장 공을 들인 인물은 크루즈 사업을 운영하는 카니발코퍼레이션의 아널드 도널드 대표였습니다. 여행박람회에나 나타날 인물을 세계 최대 가전제품박람회에 끌어들인 이유가 의미심장합니다.

도널드 대표가 예고편 식으로 글을 올린 게 있습니다.

"우리는 세계적인 크루즈 브랜드 10개를 소유하고, 101척의 크루즈선박으로 매년 1,100만 명의 고객을 700여 곳의 여행지로 안내하는데, 지난 2년 반 동안 마이애미에 있는 경험혁신센터에서 개발한 신개념 여행 솔루션을 올해 CES에서 공개할 예정이다."

카니발은 크루즈를 타는 고객들에게 작은 단말기를 나눠줍니다. 이걸 통해 크루즈를 하나의 거대한 스마트홈으로 만들고 거기서 얻은 정보를 토대로 크루즈 고객 각자에게 개인화된 서비스를 제공하려고 합니다.

CTA가 착안한 포인트가 바로 이것입니다. 일개 여행업자의 경영혁신이 어쩌면 전 세계인의 휴가에 일대 변화를 가져올지 모른다고 생각한 것이지요. 그래서 혁신 플랫폼인 CES에 나와 카니발 기술이 세상의 중심에 설 수 있다는 걸 보여달라고 요청했고, 도널드 대표는 기꺼이 라스베이거스를 찾았습니다.

제2의 나이키를 꿈꾸는 언더아머는 미국 메릴랜드대학교 미식축구 선수였던 케빈 플랭크가 설립한 기업입니다. 2016년 찬조 출연을 해서 개인 맞춤형으로 건강을 모니터링하는 '헬스박스'를 선보였습니다. 운동량, 수면시간, 체지방지수, 영양상태, 행동반경 등을 측정해 고객에게 실시간으로 정보를 제공해주는 디바이스였습니다.

2017년에는 플랭크 대표가 직접 기조연설자로 나서 어떻게 운동선수의 능력을 높이는지, 그리고 일반인의 현재와 미래 라이프스타일에 어떤 영향을 미치는지에 대해 강연을 했습니다. 이런 주제 발표가 가능하게 된 건 그가 1억 8,000만 명의 고객으로부터 방대한 양의 정부를 획득할 수 있었기 때문입니다. 이제 언더아머는 여기에 인공지능 기술을 접목해 고객이 원하는 맞춤형 상품을 상상초월의 속도로 개발하고 시장에 내놓고 있습니다.

2016년 다보스포럼이 전 세계에 '4차 산업혁명'이란 화두를 던졌다면 2017년 CES는 4차 산업혁명이 어떻게 우리 생활 속에 파고들어 혁신을 가져올 수 있는지 보여주려고 했습니다. 혁신은 바로 우리 생활 주변에, 아주 작게 시작됩니다. 빅데이터, IoT, 인공지능 같은 것은 일종의 4차 산업혁명을 일궈내는 요소일 뿐입니다. IBM에서 인공지능 왓슨의 솔루션을 총괄하다 2016년 10월 삼성전자로 옮겨 생활가전사업부 스마트가전 팀장으로 있는 구성기 상무는 이렇게 말합니다.

"세상을 바꾸는 것은 인공지능 그 자체가 아니라 수많은 기업들이 인공지능을 활용해 내놓는 제품과 서비스다. 그게 4차 산업혁명의 본질이다." 구 상무는 "인공지능 기술 자체는 누군가 어디에서 지금도 계속 발전시키고 있다"며 "기업은 오히려 이런 상황에서 인공지능을 제대로 활용할 수 있도록 기업 내 프로세스와 기업 문화를 바꿔놓아야 한다"고 말합니다. 대부분 한국 기업이 못하는 게, 그리고 우리 정부가 생각하지 못하는 게 이런 것들입니다.

10년 전 아이폰이 출시됐을 때 삼성전자나 노키아 같은 경쟁사들은 애플을 비웃었습니다. 그러나 아이폰이 쇼크로 다가오는 데는 그리 오랜 시간이 걸리지 않았지요. 돌이켜 보면 아이폰은 다품종 대량생산의 3차 산업혁명 시대에서 고객맞춤형 대량생산이라는 4차 산업혁명의 패러다임으로 바뀌는 신호탄이었습니다. 이제 철저히 개인화된 모바일 중심의 세상에서 4차 산업혁명은 인류에게 거대한 변화의 물줄기를 만들어낼 게 분명합니다. 여행사, 의류회사 대표가 CES에서 기조연설을 한 것은 결코 우연이 아닙니다.

아이폰 쇼크는 삼성전자에 '위장된 축복'이었습니다. 갤럭시 신화는 아이폰이 없었으면 불가능했을 것입니다. 그런데 지금 대한민국에 '카니발 쇼크', '언더아머 쇼크'가 온다면 여전히 위장된 축복일까요? 지금 우리 정부나 기업이 4차 산업혁명을 주도할 수 있을까요? 냉정하게 말한다면 '아니요'라고 해야 할 것 같습니다.

대표적으로 자율주행차를 예로 들어볼까요. 자율주행차는 인공지능, 센서, 빅데이터, IoT, 5G 등 4차 산업혁명의 거의 모든 요소들을 집약해 만드는 제품으로 흔히 4차 산업혁명의 종합선물세트라고 합니다. 자율주행차는 수많은 시뮬레이션을 거쳐야 합니다. 수정에 수정을 거듭해 소프트웨어의 완성도를 높입니다. 그래서 미국은 자율주행차를 디트로이트가 아니라 실리콘밸리가 주도합니다.

일단 구글의 정밀 지도가 있습니다. 구글이나 애플은 필요한 소프트웨어를 모두 무료로 풀고 이용자를 끌어모은 다음 지속적으로 업그레이드해서 소비자들을 붙들어 놓습니다. 테슬라는 본질적으로 전기차 이전에 소프트웨어 중심의 차입니다. 소프트웨어를 업그레이드만 하면 자율주행차가 됩니다. 실리콘밸리가 자율주행차를 주도하는 이유는 규제를 최소화하거나 없앴기 때문입니다. 캘리포니아주는 문서로 허가만 받으면 200달러 정도만 내고 자율주행차를 실험할 수 있습니다. 제가 라스베이거스에 취재를 갔을 때 현대자동차는 기자들을 대상으로 자율주행차 시범운행을 선보였습니다. 기본 중의 기본이지만 의미 있는 출발로 볼 수 있을 겁니다. 이 자율주행차가 한국에서 성공할 수 있을까요?

한국에는 수준 높은 지도가 없습니다. 외국기업에 대한 속 좁은 배척주의인지, 국가 안보인지 정부는 어쨌든 지도 반출을 막았습니다. 아직 제대로 된 자율주행차 실험도 해보지 못했습니다. 우리는 지금 '구글 자율주행차 쇼크'가 현대자동차에 약이 될 수 있을까라는 질문을 심각하게 던져야 할 때라고 봅니다.

지난 정부는 물론 지금 정부도 '4차 산업혁명 대응'이란 주제로 상당히 많은 분량의 대책을 발표했습니다. 예산지원도 언급하고 선도사업으로 육성하겠다 하고, 인재육성 전략도 언급했습니다. 그러나 주눅 든 기업 경영환경과 겹겹이 쌓아놓은 정부 규제, 고리타분한 사회 관습으로는 도무지 4차 산업혁명이 불가능할 것 같아 걱정입니다. '퍼스트 무버'는 이미 놓쳤습니다. '패스트 팔로어'라도 가능해야 할 텐데 말입니다.

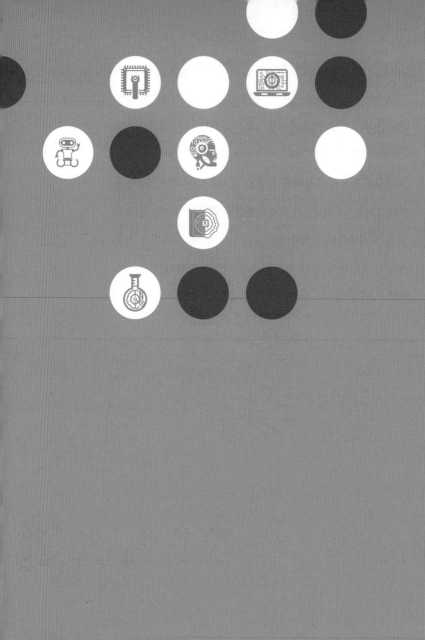

**PART 2**

# 인공지능과
# 빅데이터

인공지능과
빅데이터

# 인공지능
# 얼마나 알고 있나?

4차 산업혁명을 말할 때 가장 많이 거론되는 것이 인공지능AI: Artificial Intelligence일 것입니다. 4차 산업혁명의 가장 기본이 되는 기술, 그리고 3차 산업혁명과 가장 차별화되는 요소가 바로 인공지능입니다. 4차 산업혁명으로 일자리가 사라질 것이라고 예측할 때 그 이유가 되는 것도 인공지능이고, 4차 산업혁명으로 기존의 구식 공장이 스마트 공장으로 된다고 할 때도 그 중심에 인공지능이 있습니다. 사물인터넷, 로봇, 빅데이터, 3D프린팅 같은 것이 4차 산업혁명의 기반기술이라고들 하는 데 이 모든 게 인공지능과 결합돼야 진정한 혁명을 가져온다고 볼 수 있을 겁니다.

학교나 직장을 다니면서 하루에도 몇 번씩 듣는 인공지능, 그런데 여러분은 이 인공지능에 대해 얼마나 알고 계신지요? 혹시 현존하는 바둑 고수인 이세돌과 커제를 꺾은 알파고가 인공지능이라는 정도로만 아시는 건 아닌지요? 인공지능의 세계는 복잡하기도 하거니와 그 적용 범위도 매우 넓습니다. 어느 회사의 최고경영자가 신년사에서 우리도 이제 인공지능 기술을 도입해 생산 혁명을 가져오자고 말했다면, 그게 도대체 무슨 소리인지 알아듣고 행동에 옮길 수 있을까요?

어려운 문제에 부닥칠 때면 저는 정의定義부터 내리는 습관이 있습니다. 인공지능은 뭐야? 이런 질문을 던지는 거죠. 어려울수록 기본부터 잘 다지는 게 중요하다고 봅니다.

네이버 지식백과에 들어가 볼까요? 이렇게 정의돼 있습니다. "인간의 학습능력과 추론능력, 지각능력, 자연언어의 이해능력 등을 컴퓨터 프로그램으로 실현한 기술." 무슨 뜻인지 이해되나요? 솔직히 좀 어렵습니다. 용어설명에 대한 용어설명이 몇 개는 더 나와야 할 것 같습니다.

저는 이렇게 정의 내리고 싶습니다.

"인간이 인간이 아닌 존재에 부여한 인간 같은 지능." 인간이 아닌 존재는 기계입니다. 그러니까 인간이 인간의 지능을 가진 기계를 만드는 거죠. 좀 쉬워졌나요? 아직 아니라고요? 그럼 질문을 하나 더 하지요. 지능은 무엇인가요? 글자 그대로 풀면 지적인 능력입니다. 그럼 무엇을 지적이라고 할까요? 그건 인지하고, 학습하고, 판단하는 겁니다. 인지라는 건 인식해 안다는 뜻입니다. 인간이 인지하는 건 소위 오감(오감이란 말은 동양적 개념인데 사실 인간은 몇백 개의 감이 있습니다)

을 동원해서 하는 작업인데 가장 중요한 것이 보고 듣는 겁니다. 인공지능의 핵심도 여기에 있습니다. 그래서 '인지컴퓨팅Cognitive Computing'이란 용어가 탄생했습니다. 컴퓨팅이라 하면 컴퓨터를 통해서 어떤 활동을 하는 것을 말하는데 인지컴퓨팅은 컴퓨터, 즉 기계가 인간과 같은 감각을 가지고 사용자의 의도를 정확히 인식해서 작동하도록 하는 것입니다.

그러려면 인간처럼 보고 들어야 하는데 일단 보는 것부터 할까요. 이와 관련해서는 널리 알려진 사례가 바로 개와 고양이를 구별하는 겁니다. 실물을 보거나 사진을 보거나 사람은 개와 고양이를 금세 식별합니다. 컴퓨터가 이렇게 할 수 있을까요? 이를 위해 개와 고양이에 대한 지구상에 있는 거의 모든 정보를 컴퓨터에 입력해놓고 알아맞춰보라고 했습니다. 그랬더니 처음에는 에러가 많이 났습니다. 그러나 3년 전부터는 인간보다 좋은 성적을 냅니다.

또 우리는 상대방의 표정을 보고, 그 사람이 화가 났는지, 기분이 좋은지, 걱정이 있는지 등을 눈치챕니다. 그걸 컴퓨터가 할 수 있을까요? 할 수 있습니다. 이제 상당 수준에 올라왔다고 봐야 합니다. 잠시 옆으로 새서 "이런 걸 알아서 뭘 하려고 하는데?"라고 생각할지 모르겠네요. 할 일이 아주 많습니다. 컴퓨터가 주인의 감정을 안다면 개인 비서로 제격이겠지요. 환자를 간호하는 일도 잘할 겁니다.

두 번째는 듣는 겁니다. 보는 것보다 듣는 게 훨씬 중요합니다. 대부분 의사소통을 언어로 하기 때문입니다. 기계가 인간의 언어를 알아듣는 게 쉬울까요? 결코 쉽지 않습니다. 말 한마디 한마디는 알아들을지 모르겠습니다. 그러나 문장으로 이뤄진 말들의 맥락까지 다 파악히는 건 결코 쉬운 일이 아닙니다. 인공지능의 최대 난제가 바로 여기에 있습니다. 그건 사람의 음성 패턴을 이해하는 작업입니다. 이걸 전문용어로 '자연어 처리<sub>natural language processing</sub>'라고 합니다. 이게 된다면 이제 사람이 컴퓨터와 대화하며 정보를 교환할 수 있는 세상이 되는 겁니다. 컴퓨터 사용에 혁신적인 변화가 오게 될 것입니다. 언어의 장벽도 없어질 겁니다. 인지 분야는 이 정도만 하지요.

그 다음은 학습입니다. 이제 관찰에서 성찰의 단계로 넘어가는 겁니다. 학습은 컴퓨터의 전문 분야입니다. 알파고를 보면 알 수 있지요. 한 번 배운 걸 까먹을 리도 없고 무지무지한 양의 정보와 지식을 소화제 한 알 없이 다 먹어치울 수 있습니다. 사람이 도저히 따라갈 수 없는 분야입니다. 그런데 사람의 뇌는 종합 능력이 있습니다. 단어, 문장 등을 100% 파악한다고 해도 개념을 이해하는 것, 그리고 기존의 이론과 엮어서 생각하는 건 결코 쉬운 작업이 아닙니다. 이걸 과거에는 기호적 인공지능이라고 했는데 시간이 지날수록 놀라울 정도의 발전을 거듭하고 있습니다.

이건 이성理性의 분야이고 컴퓨터가 도저히 할 수 없을 것 같은 경험의 분야가 있습니다. 과거 개개인이 경험한 것들을 컴퓨터는 알 수가 없거든요. 사람은 이런 경험에 의해 판단하고 의사결정을 하는데 컴퓨터가 인간의 과거 경험을 제대로 알 수가 없지요. 《순수이성비판》

으로 유명한 독일 철학자인 임마누엘 칸트가 이런 말을 했습니다. "이성은 생각을 생산하는 각종 장비를 갖춘 공장이고 경험은 그것들에 들어가는 각종 연료"라고. 그렇다면 컴퓨터는 공장만 있지 원료는 없는 셈입니다.

그러나 인공지능은 이제 놀랍게도 이 경험의 분야에도 도전장을 냅니다. 예를 들어 이런 겁니다. 피카소란 유명 화가의 화풍을 스스로 학습합니다. 그리고 지금 어떤 상황을 주고 피카소의 그림을 그려보라고 하면 정말 피카소 같은 그림이 나온다는 겁니다. 소위 말하는 신경망neural net을 적용한 컴퓨팅입니다. 수학·논리학이 아닌, 네트워크로 구성된 신경망 구조를 이용해 작업하는 겁니다. 그래서 왜 그런 그림을 그렸는지 인간은 모릅니다. 어쩌면, 아직은 가능성에 불과하지만 인공지능이 피카소가 경험했던 여러 단편적 일들과 그 때의 심리상태를 나름 파악할지도 모를 일입니다.

2017년 10월 독일 뮌헨에서 열린 'GTC 유럽' 행사에서 '빈센트'라는 인공지능 애플리케이션이 공개됐습니다. 기본 스케치만 제공되면 미술 대가의 스타일로 예술작품을 완성시키는 인공지능입니다. 캠브리지 컨설턴트 인공지능 연구실인 '디지털 그린하우스'가 수천 시간을 들여 연구한 결과입니다.

음악도 작곡합니다. 대표적인 것이 구글의 '마젠타Magenta 프로젝트'입니다. 마젠타가 작곡한 80초짜리 피아노곡이 블로그에 공개된 적이 있는데요. 이는 4개의 첫 음표를 준 상태에서 머신러닝 알고리즘

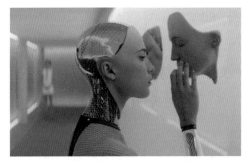

영화 〈엑스 마키나〉의 한 장면

으로 작곡됐다고 합니다. 피아노 이외의 반주는 사람이 했습니다. 인간과 기계가 협주를 한 것이지요. 미국 구글 본사에서 이 프로젝트를 이끄는 더글러스 에크라는 사람이 한국에서 열린 AI 포럼에서 화상 강연을 한 적이 있습니다. 그는 강연에서 "알파고를 개발한 영국 딥마인드와 협력해 '엔신스NSynth, 신경신디사이저'란 툴을 만들었다"며 "1,000여 가지 악기와 30여만 가지의 음이 담긴 데이터베이스를 구축하고 이를 AI에 학습시켜 새로운 소리, 음악을 만들어낸다"고 설명했습니다. 궁극적으로는 사람들이 좋아하는 소리를 내는 새로운 악기를 창조하는 게 목표입니다. 어떤가요? 이런 일들이 지금 우리 눈앞에서 벌어지고 있습니다. 그것도 놀라울 정도로 빠르게 변화가 진행됩니다.

2015년 〈엑스 마키나〉라는 영화가 개봉돼 화제가 된 적이 있습니다. 인공지능 분야의 천재 개발자인 '네이든'이 비밀 프로젝트를 수행하는데 매혹적인 미녀 'AI'를 개발하는 일이었습니다. 그 이름이 '에니바'였습니다. 그 영화에 이런 대사가 나옵니다.

손현덕의 구석구석 4차 산업혁명 탐구

"언젠가는 AI들이 인간을 멸종한 원숭이쯤으로 기억하게 될 것이다."

현존하는 세계 최고의 물리학자인 스티븐 호킹 박사도 이런 말을 했습니다.

"인공지능은 인류보다 빠르게 진화될 수 있을 것이며 이는 인류의 종말을 의미한다." 좀 무시무시하게 들리지 않습니까?

# 인공지능,
# 축복인가 저주인가

'인간이 기계에 부여한 인간 같은 지능'

앞서 인공지능에 내린 정의입니다. 그리고 '인지컴퓨팅'이란 새로운 세계를 설명했습니다. 즉 컴퓨터, 기계가 인간과 같은 감각을 가지고 사용자의 의도를 정확히 인식해서 작동하도록 하는 것. 이제 이런 인공지능이 도대체 우리 삶에 어떤 영향을 미칠지 살펴보겠습니다. 우리 미래가 인공지능으로 인해 어떻게 바뀔지를 예측하기란 결코 쉬운 일은 아닙니다. 다만, 지금 일어나는 변화를 보면서 조심스럽게 미래를 점쳐보는 정도지요.

스티븐 호킹 박사의 비관적 견해를 소개했는데 그 반대 의견도 있습니다. 구글 에릭 슈미트 회장 같은 사람이 그렇습니다. 그는 이렇게 말했습니다. "사회적 혼란을 야기할 수는 있지만 결국 인간 삶의 질을

손현덕의 구석구석 4차 산업혁명 탐구

높일 것이다." 좀 마음이 편해지셨나요?

가장 기초적인 것부터 시작해보지요. 1단계가 인지라고 했습니다. 듣고 보는 건데 그중 더 중요한 건 듣는 것이지요. 현재 가장 보편화된 것이 자동번역 시스템입니다. 저도 자주 이용합니다. 우리말을 영어나 중국어, 일본어로 알아서 번역해줍니다. 우리말을 입력하면(이건 쓰거나 말을 하는 두 가지 방법 다 가능합니다) 인공지능이 자동적으로 그걸 다른 나라 언어로 번역해 화면에 글로 보여주거나 말로 들려줍니다. 이미 실용화됐고 갈수록 정교해질 것으로 예상됩니다.

1년 전쯤 업무차 일본을 간 적이 있습니다. 저는 일본어는 그야말로 까막눈입니다. 영어도 잘 안 통하는 나라인지라 길을 찾아가는 것도 저에겐 쉬운 일은 아니었습니다. 그런데 인공지능 덕을 아주 톡톡히 봤습니다. 스마트폰에 우리말로 "아침에 따뜻한 어묵을 파는 가장 가까운 식당이 어디 있습니까?"라고 입력해 그걸 일본어 음성으로 주위 사람에게 물어볼 수 있었습니다. 그랬더니 일본 사람이 알아듣고 친절하게 길을 가르쳐주었습니다. 그 말을 제가 알아들을 리 없죠. 제 휴대폰에 대고 말을 하라고 하고 그걸 우리말로 번역하니 아주 쉽게 정보를 얻을 수 있었습니다. 이런 게 기본이죠.

2017년 1월 초 미국 라스베이거스에서 열린 세계가전박람회에 간 적이 있었습니다. 여기서 세계인의 이목을 집중시킨 단 하나의 아이템을 꼽으라면 그건 아마존의 알렉사였습니다. 음성인식서비스지요. 음성인식에는 두 가지 방식이 있습니다. 하나는 스마트폰 기반이고 다른 하나는 스피커 기반입니다. 삼성전자의 빅스비, 애플의 시리, 마이크로소프트의 코타나는 스마트폰 기반이고 구글의 어시스턴트는 스피커 기반입니다. 알렉사도 스피커 기반입니다. 이 모두가 인공지능이 만들어낸 음성인식서비스입니다.

이 중 알렉사를 살펴보지요. 스피커 기반이니 스피커가 있어야 하는데 그게 에코Echo입니다. 이 에코라는 스피커가 알렉사라는 음성 서비스Alexa Voice Service와 연결됩니다. 에코는 하드웨어, 알렉사는 소프트웨어라고 보면 됩니다.

담당자의 설명은 이렇습니다. "알렉사는 연결된 전자제품 어디에나 음성 지원 서비스를 제공할 수 있는 똑똑하고 확장성이 뛰어난 클라우드 서비스입니다. 마이크와 스피커만 있으면 누구나 사용 가능합니다." 그는 사용자가 알렉사 지원 제품에 대고 말하면 음악 재생, 질문 응답, 뉴스 및 지역 정보 검색, 그리고 스마트홈 제품 조종 등이 가능하다고 자랑합니다. 제가 테스트해본 건 날씨, 스포츠 경기 결과, 음악 재생 등이었습니다. 그런데 아직은 초보 수준입니다. 예를 들어 "오늘 서울 날씨 어때" 이런 질문엔 쉽게 답하지만 조금 어렵게 들어가면 알아듣지 못 합니다. "오늘 아침 〈매일경제〉 1면 톱에 뭐가 나왔지"하면 대답을 못 합니다. 그래서 〈뉴욕타임스〉는 이를 두고 "꽤 멍청한 수준"이란 평가를 내렸나 봅니다. 그러나 알파고가 1개월 만에 바둑의 천하고수가 됐듯이 이런 음성인식서비스가 어느 날 인간의 능력을 훌쩍 뛰어넘을지 모를 일입니다. 우리도 가끔 다른 사람의 말

**인공지능이 변화시키는 미래 사회 예상도**

| | | |
|---|---|---|
| 2020년 | • 영상진단으로 인간의 질병을 발견<br>• 소설·시·작곡 등 창작활동<br>• 기계 이상을 스스로 감지해 수리·교체<br>  시기를 판별 | |
| 2025년 | • 무인자율 주행자동차 본격 상용화·보급 | |
| 2030년 | • 자연스러운 번역 기술 완성<br>• 인간을 교육 | |

자료 : 마쓰오 유타카 도쿄대 교수 보고서, 보스턴 컨설팅 보고서 종합

을 못 알아들을 때가 있지요. 그런데 그걸 인공지능은 알아들을 수 있다고 하면 그야말로 놀랄 일 아니겠습니까?

이제부터는 응용 단계입니다. 인지 단계를 넘어서 나름 분석하고 판단하고 결정을 내리는 고차원의 작업입니다.

인공지능은 크게 두 가지로 구분합니다.

첫째, 전문가시스템expert system 분야. 컴퓨터가 현재 인간이 하고 있는 여러 가지 전문적인 작업들을 하는 것인데 말은 전문가시스템이지만 보다 정확하게 말하면 규칙기반형rule based 인공지능입니다. 인간이 규칙을 가르쳐주고 그 규칙에 따라 컴퓨터가 일을 처리합니다. 의사결정의 가지치기를 하는 겁니다. 영어로는 'if, then, else'입니다. 만약 이런 경우 맞으면 then으로 가고 틀리면 else로 갑니다. 이런 가지가 매우 복잡하게 여러 갈래를 칩니다.

두 번째는 신경망입니다. 인간의 두뇌를 모방하여 인공지능이 인간보다 훨씬 더 창조적인 과제에 도전할 수도 있다는 건데 이건 인간의 뇌 구조를 비교하면서 설명해야 할 것 같습니다. 그건 다음 장에서 좀 더 자세히 알아보도록 하지요. 결론은 전문가시스템형 인공지능은 막을 내렸습니다. 지금의 인공지능은 모두 신경망 컨셉입니다. 그리하여 인공지능이 인지를 해서 스스로 내용을 파악하고 추론하고 결정을 한다는 겁니다. 이미 이런 세상이 열리고 있습니다.

IBM은 '왓슨 포 온콜로지Watson for Oncology'라는 인공지능 의사를 만들었습니다. 로봇 의사입니다. 이미 엄청난 양의 의학 전문지식을 습득했습니다. 현존하는 모든 의학 관련 정보를 다 가지고 있다고 보면 됩니다. 인간은 죽었다 깨나도 할 수 없는 일입니다. 몇 만 년을 산다면 모를까. 그렇다 해도 기억력의 한계가 있으니 그것도 불가능합니다.

이런 인공지능 의사가 나오면 인간은 그저 보조역할만 하게 될지 모릅니다. 인간 의사는 환자 나이와 키, 몸무게 등 기초적 신체 정보와 함께 지금까지 어떤 병을 앓았는지, 그 치료법은 무엇이었는지 등을 인공지능 의사에게 알려주게 되겠지요. 그리고 환자의 혈액 및 조직 검사, 유전자 검사 결과 등의 정보를 입력한 뒤 "이제 어떤 치료를 하면 되나요?" 라고 묻기만 하면 됩니다. IBM 인공지능 의사인 왓슨은 2012년부터 세계 최고 수준의 암 진료기관인 미국 메모리얼 슬론 케터링 암센터MSKCC에서 레지던트 생활을 시작한 후 지금까지 암 환자 진료 경험을 축적하고 있습니다. 한국 가천대 길병원을 비롯해 전 세계 병원들이 왓슨 의사를 도입해 협업 진료를 하고 있지요.

100년 역사를 자랑하는 미국 뉴욕 대형 로펌 베이커앤드호스테틀러는 인공지능 변호사 로스ROSS를 고용했습니다. 세계 첫 인공지능 변호사인 로스도 왓슨 의사와 비슷합니다. 엄청난 법률 지식을 축적해 놓았습니다. 인간 변호사는 법조문과 판례를 찾으려면 제법 시간이 걸리는데, 인공지능 변호사는 몇 초 안에 뚝딱 해치웁니다. 그리고 시간이 지날수록 똑똑해지고 있습니다. 이제 법정에서 로봇 변호사를 볼 날이 멀지 않은 것 같습니다.

인공지능 회계사도 나옵니다. 일본은 인공지능을 사용해 분식회계를 단 몇 초 만에 잡아내는 인공지능 회계사를 개발 중입니다. 신일본 감사법인은 2~3년 안에 이를 실용화할 계획이라고 발표했습니다.

로봇이 사람의 노동을 대체할 것이란 우려가 있습니다. 단순하고 반복적인 노동을 하는 일자리는 이제 사라질 것이라고 예상하고 있습니다. 그런데 전문직 일자리마저 위태롭습니다. 인간이 인공지능으로부터 지킬 수 있는 일자리가 어떤 것인지가 궁금해집니다.

이렇게 된다면 인공지능은 인류에게 축복일까요, 아니면 저주일까요? 지금 우리 인류가 직면한 가장 큰 질문일 겁니다.

# 인간의 뇌
## vs.
# 인공지능

우리가 지금 말하는 인공지능은 신경망을 적용하는 방식이라고 말했습니다. 즉, 인간의 뇌처럼 인지하고, 학습하고, 추론하는 인공지능입니다. 그러면 여기서 두 가지 질문을 할 수 있습니다.

첫 번째 질문은 "인간의 뇌는 어떻게 작동하는가?"라는 것입니다.

두 번째는 앞에서 전문가시스템, 즉 규칙기반형 인공지능에 대해 언급하면서 지금은 사라진 방식이라고 했습니다. "그럼 왜 이런 방식은 통하지 않을까?"라는 질문입니다.

이게 기본적 질문이고 여기서 파생되는 질문이 나올 수 있는데 그건 위의 두 질문에 답을 먼저 한 다음 해보지요.

첫 번째 질문 "인간의 뇌는 어떻게 작동하는가?"입니다.

이에 대한 답은 정말 안타깝게도 "모른다"입니다. 우리나라 뇌과학

1인자라고 하는 김대식 KAIST 교수 답변이니 제가 감히 토를 달기 어렵습니다. 다만 이 정도는 대답할 수 있습니다. "우리가 뇌가 어떻게 작동하는지에 대해 어느 정도 이해는 있다." 이렇게 말입니다.

인간의 뇌에는 뉴런neuron이라고 하는 신경세포가 있습니다. 무지무지 많습니다. 몇 개나 되는 지도 모릅니다. 추정키로 $10^{12}$ 정도 된다고 합니다. 이런 신경세포가 정보처리를 합니다. 즉, 컴퓨터로 치면 정보처리를 하는 중앙처리장치CPU가 무려 $10^{12}$이 있다는 말입니다. 상상이 되나요? 그리고 신경세포와 신경세포는 시냅스로 연결돼 있습니다. 나중에 반도체에서 보다 자세히 설명하겠지만 이런 정보처리장치들이 병렬로 동시에 움직인다는 것입니다.

그렇다면 인공지능을 그렇게 만들면 되겠지요? 가능할까요? 이게 첫 번째 질문에서 파생되는 질문인데 가능하다는 낙관론자와 불가능하다는 비관론자가 공존합니다. 지금은 이 정도 답변이 가능합니다. "인간의 뇌와 근접하게 만들고 있고 시간이 흐를수록 진화한다"고.

두 번째 질문을 해보죠. "규칙기반형 인공지능은 마치 공룡처럼 멸종했는데 왜 그랬을까요?" 이 질문이 지금의 인공지능 비밀을 푸는 열쇠인 동시에 인공지능 역사를 아우르는 질문입니다.

인공지능이 나온 건 사실 꽤 오래됐습니다. 역설적이게도 과학이 가장 발달하는 시기는 전쟁을 할 때이지요. 제2차 세계대전이 한창일 때 인공지능의 기초가 되는 암호해독기술이 나오지요. 그걸 발명한 사람이 영화로도 유명해진 앨런 튜링이란 사람입니다. 여담입니다만

인공지능 로봇 '소피아'
사람과 거의 흡사한 피부를 가진 소피아는
감정표현은 물론 자연스러운 움직임을 통
해 인공지능의 가능성을 한 차원 높였다는
평가를 받고 있다

그는 동성연애자로서 박해를 받자 청산가리를 주사한 사과를 먹고
자살했다고 합니다. 그 한입 베어 문 사과를 애플이 로고로 썼다는 설
도 있습니다.

그러면서 컴퓨터의 활용이 본격화되기 시작합니다. 컴퓨터를 만든
사람은 수학자입니다. 그리고 수학은 논리의 학문이고요. 이들이 당
초에 가졌던 생각은 "사람이 하는 일 중 어려운 걸 풀어보자"는 거였
습니다. 사람한테 어려운 것 중 대표적인 게 계산입니다. 그리고 기억
입니다. 컴퓨터를 만들어 보니 기계는 그걸 정말 쉽게 하더라는 겁니
다. 빠르고, 정확하게. 이런 계산기는 어떻게 만들었을까요? 그건 인
간이 기계에 가르쳐준 겁니다. 그게 알고리즘이고 이 알고리즘을 짜

는 게 코딩이라는 겁니다. 즉, 프로그래밍만 하면 되는 일이었습니다.

그러면 이제 인간이 어려운 일도 하니 나머지는 쉽지 않겠는가라는 생각을 하게 됩니다. 그런데 이게 턱하고 막혀 버린 겁니다. 그 대표적인 예가 개와 고양이의 분류입니다. 사람은 개가 누워있든 돌아앉아 있든 그냥 직관적으로 그게 개라는 것을 압니다. 그런데 컴퓨터는 그걸 쉽게 알지 못하는 것이었습니다. 개에 대한 모든 정보를 다 입력하는 게 쉽지 않습니다. 눈은 두 개고, 다리는 네 개고, 털은 긴 놈이 있고, 짧은 놈이 있고, 꼬리가 세워진 놈도 있고, 처진 놈도 있고, 덩치가 송아지만 한 놈도 있고, 고양이만 한 놈도 있고…. 인간이 기계에 규칙을 가르쳐줘야 하는데 그 규칙을 가르치기가 어려웠던 거죠. 그래서 "뭔가 잘못됐구나"라는 생각을 하게 된 것입니다. 인간에게는 어려운 게 기계는 쉽고, 기계는 어려운 게 인간은 쉽다는 걸 알게 된 겁니다. 일종의 '모라벡의 역설'이라고 합니다. 그래서 '전문가 시스템', 규칙기반형 인공지능은 공룡처럼 사라지게 된 겁니다. 이때 인공지능의 빙하기가 옵니다.

한 가지 예를 더 들어볼까요. 미분, 적분은 컴퓨터가 쉽게 하는데 인간의 언어처리야 뭐가 어렵겠느냐고 달려들었습니다. 여름방학에 똑똑한 학부생 2~3명이 연구하면 되지 않겠느냐고 생각했죠. 그런데 지금까지도 완벽하게 처리하지 못합니다.

왜 이런 일이 발생하느냐? 파고들어갔더니 인간의 경우 언어의 해상도가 인식의 해상도보다 훨씬 낮다는 사실을 알게 됩니다. 사람이 머리로 인지하는 걸 언어로 표현할 수 있는 건 기껏해야 10% 정도에 불과하다는 겁니다. 그건 느낌이고, 감입니다. 수학과 과학에는 없는 영역입니다. 고도의 수학방정식을 푸는 것과 오른손을 드는 것을 실현하는 건 다릅니다. 누군가 인간에게 오른손을 들어보라고 하면 그냥 듭니다. 내가 어떻게 들었는지는 모릅니다. 그냥 드는 거죠. 이걸 언어로, 알고리즘으로 코딩해서 기계가 실현한다는 건 참 어렵습니다. 그래서 전문가시스템은 죽은 것입니다.

그러면 뭐냐? 그래서 등장한 것이 '신경망' 방식입니다. 인간의 뇌처럼 해보자. 기계에 규칙을 주지 않고 다양한 예제를 주면서 스스로 학습하게 하는 방식입니다. 사람이 공부하는 방식을 따른 겁니다. 아이디어는 좋았습니다만 결과는 신통치 않았습니다. 두 가지 심각한 문제점에 봉착했습니다. 하나는 새로운 건 못한다는 겁니다. 학습한 것만 하고 추론이 불가능하다는 점이었습니다. 그 다음은 이건 좀 전문적인데 뇌는 무수히 많은 신경세포들의 연결인데 즉, 엄청나게 층수가 높은 빌딩인데 기계로는 3, 4층 정도의 빌딩만 지을 수 있다는 것이었습니다. 이건 나중에 반도체 편에서도 설명할 예정이지만 인간은 동시다발로 병렬 정보 처리를 하는데 컴퓨터는 한 가지씩 순차적으로 처리하는 직렬 정보 처리만 가능하고 이걸 붙여도 3~4개가 고작이라는 거였습니다. 그래서 모든 인공지능 연구가 여기서 끝나는가 싶었습니다. 1차 빙하기보다 더 혹독한 빙하기가 온 것입니다. 모든 연구진이 다 철수했습니다. 그때가 1990년대였습니다.

이때 미련을 버리지 못하고 연구를 붙잡고 계속한 사람이 있습니다. 영국 출신 인지심리학자 제프리 힌튼은 미국도 영국도 아닌 캐나다 토론토 대학에서 인공지능을 파고들었습니다. 그리고 2004년 그는 신경망 방식의 새로운 학습 알고리즘을 제안하면서 주목받았습니다. 그리고 브랜드를 바꿨지요. 딥러닝으로. 바로 그게 오늘날의 인공지능입니다.

그렇다면 그동안 인공지능에 어떤 돌파구가 마련된 걸까요?

세 가지입니다. 첫 번째는 수학적 해결입니다. 바로 2차 빙하기를 초래했던 두 가지 문제점을 해결했습니다. 여러 층을 쌓을 수 없던 걸 나눠서 쌓은 것입니다. 비유하자면 선행학습을 한 겁니다. 대학 가서 한꺼번에 배우는 게 아니라 학원에서 영어도 배우고, 수학도 배우고, 물리학도 배우고 하는 식입니다. 그 다음 추론을 못하는 문제는 소위 무작위 학습으로 해결합니다. 역발상을 했습니다. 아예 무작위하게 신경세포를 일부 꺼버리는 겁니다. 그러면 당황한 컴퓨터가 스스로 살 길을 모색하더라는 겁니다. 두 번째 돌파구는 빅데이터입니다. 이제 어마어마한 분량의 학습을 미리 할 수 있게 된 것입니다. 마지막은 컴퓨팅 기술의 발전입니다. 정보처리를 하는 반도체의 성능이 좋아지고 알고리즘도 한층 정교해집니다.

인공지능, 이제 길은 열렸습니다. 어디까지 갈 수 있을까요? 얼마나 인간과 같은 지적능력을 갖게 될까요? 혹시 인간의 능력을 뛰어넘을까요?

# 알파고가 알려준
# 인간의 한계

바둑을 제법 둘 줄 안다는 저에게 알파고는 놀라움으로 다가왔습니다. 알파고가 이세돌과 둔 다섯 차례의 바둑을 복기해보면서 거대한 산처럼 다가온 게 알파고였습니다. '과연 인간이 고안한 가장 지적인 게임에서 어떻게 저런 괴물 같은 고수가 탄생했을까'라는 경외감이 들었습니다.

그러나 그건 서막에 불과했습니다. 이세돌을 꺾은 알파고는 인간 고수들이 두었던 바둑 기보 16만 건을 숙지하고 그 후에 새로운 수手를 찾는 방식으로 학습을 진행한 인공지능입니다. 그토록 빠른 시간에 고도의 학습을 했다는 게 참 놀랍습니다.

제가 보기에도 실착失着이 있었으니 완벽하지는 않았지요. 그런데 그 후 현존하는 세계 최고수인 중국 커제 9단과의 대국에서는 그야말로 놀라움을 넘어 '전율'로 다가왔습니다. 그걸 보고 개인적으로는 인간 최고수라 할지라도 알파고와 둔다면 두 점은 붙여야 할 것 같았습니다. 두 점도 솔직히 보수적으로 잡은 것입니다. 프로기사들이 들으면 화를 버럭 낼 것 같지만 저

## 알파고 제로 VS. 알파고 리

| 이름 | 신알파고(알파고 제로) | 구 알파고(알파고 리) |
|---|---|---|
| 상대 전적 | 100승 | 100패 |
| 초기 데이터 | 없음 | 16만 개 기보 습득 |
| 학습 방법 | 독학<br>* 자기와 두면서 약점 보완 | 독학과 레슨 병행<br>* 인간의 사전 데이터 학습 |
| 대국 횟수 | 500만 번 | 3,000만 번 |
| 학습 시간 | 3일 | 40일 |
| 컴퓨터사양 | 4TPU | 48TPU |
| 딥러닝 신경망 | 한 개로 통합 | 두 개로 분리<br>(가치망·정책망) |

는 세 점을 붙여도 이길 수 있겠는가라는 의문이 듭니다.

꽤 오래전인데 일본 어느 프로 기사가 이런 말을 한 적이 있습니다. "바둑의 신이 있다면 두 점을 두겠다. 만약 나보고 목숨을 걸라고 한다면 네 점을 두겠다." 알파고가 바로 바둑의 신입니다.

그런데 이제 이런 알파고와는 전혀 다른 성격의 알파고 제로가 나왔습니다. 인간의 기보를 하나도 보지 않고 오직 바둑의 기

이세돌 9단과 데미스 하사비스 딥마인드 CEO

본 규칙만 알고 프로그램된 인공지능입니다. 이 알파고 제로가 3일 만에 이세돌을 꺾은 알파고(알파고 리)를 넘어섰고, 21일 만에 커제를 완파한 알파고(알파고 마스터) 수준에 이르렀습니다. 알파고 제로를 고안한 허사비스 딥마인드 CEO는 "인간의 행동심리학을 적용했다"며 알파고 제로를 일종의 '비어 있는 서판tabula rasa'이라고 표현합니다. 무작정 바둑을 두기 시작하고 잘 두면 칭찬해주는 로직입니다. 칭찬받기 위해 승리해야 하니 100% 최적의 수만 찾도록 프로그램된 것입니다.

10년 전쯤 〈매일경제〉가 주최하는 바둑 대회에서 우승한 이창호 9단을 인터뷰한 적이 있습니다. 그가 숱한 좌절을 경험하고

손현덕의 구석구석 4차 산업혁명 탐구

나서 터득한 이치가 있습니다.

첫째, 누구든 완벽할 수는 없다는 점. 실수는 나오는 법입니다. 그 크기가 작고 빈도가 낮더라도 한판의 바둑을 두면서 100% 완벽함이란 없습니다. 그래서 항상 언젠가 어려움이 닥칠 것임을 알고 마음의 준비를 한다고 합니다. 그게 인간입니다. 알파고는 그렇게 안 둡니다.

둘째, 화가 나면 단명국短命局이 됩니다. 이창호 9단도 100수 정도에 돌을 던진 대국이 제법 됩니다. 그의 기억으로는 한 열 번은 그랬다고 합니다. 그런 대국에는 공통점이 있는데 그게 '흥분'입니다. 바둑이 안 풀린다고 화를 낸 경우라고 합니다. 인간이기에 그럴 수 있습니다. 알파고는 그렇지 않죠.

마지막 셋째, 상황이 좋으면 물러서기 쉽고 상황이 나쁘면 비관에 흐르기 쉽습니다. 판세가 유리하다 보면 한 수 두 수 물러서 결국에는 균형에 이르고 그러다가 보면 초조해지는 게 바둑이고 세상 이치입니다. 반대로 나쁜 판은 비관에 흐르기 쉽고 그러다가 자포자기하거나 무리하게 달려들어 망치는 게 바둑이고 세상 이치입니다. 알파고는 이런 이치를 거스릅니다.

알파고는 감정이 없습니다. 격정도, 흥분도, 좌절도, 낙관도, 비관도 모든 게 없습니다. 바둑을 즐길 줄도 모릅니다. 오직 알고리즘에 의해 계산하고 분석하고 판단합니다. 알파고만의 창의적인 해법을 내놓습니다. 어디서 배운 것도 없이 오로지 이기는 수를, 최선의 수를 둡니다. 그게 인간이 보기엔 독창적입니다. 인간은 경험 속에 존재하고 그 경험이 쌓여 고정관념을 생성해왔는데 알파고는 모든 걸 백지에서 그려내니 인간 세계와는 다른 것이지요.

바둑만 갖고 놀라면 인공지능의 미래를 제대로 읽어내지 못합니다. 이렇게 어마어마하게 무서운 속도로 진화하는 인공지능이 가져올 미래가 두렵기조차 합니다. 알파고는 우리 인간에게 "상상력 좀 키우세요"라는 교훈을 던지고 있습니다.

# 데이터를 만드는 자,
# 세상을 지배한다

4차 산업혁명을 얘기할 때 빅데이터는 거의 약방의 감초격입니다. 안 끼는 데가 없습니다. 중요성 면에서도 빅데이터는 늘 상위에 자리 매김합니다. 한국경영학회에서도 빅데이터 문제를 해결하기 위해 별도로 조직을 마련했고 서울대학교는 빅데이터연구원을 설치하고 활발한 활동을 벌이고 있습니다.

최근 우리나라 최대기업인 삼성그룹이 자체적으로 4차 산업혁명과 관련된 내부 프로젝트를 한 적이 있습니다.

"4차 산업혁명이라고 말들은 많이 하는데 우리 삼성그룹이 4차 산업혁명과 관련돼 단 한 가지 일에 집중한다면 그것은 무엇인가?"

이게 프로젝트 시작 배경입니다. 결론은 다름 아닌 빅데이터였습니다. 물론 이는 삼성그룹의 내부 역량과 다른 글로벌 기업과의 경쟁

관계, 그리고 삼성의 고객 등을 감안해서 진행된 경영 측면의 특별 프로젝트이긴 합니다만 아마도 상당수 다른 기업도 같은 결론에 도달할 것 같습니다.

흔히들 빅데이터를 디지털시대의 원유에 비유합니다. 기름은 우리 생활에 필수불가결한 에너지원입니다. 기름이 없으면 자동차나 선박, 비행기가 움직이지 못하고, 공장도 대부분 멈춥니다. 원유는 이 모든 것을 움직이게 하는 원료입니다. 빅데이터 역시 디지털경제를 움직이게 하는 원료입니다. 빅데이터라는 원료를 통해 디지털경제에 맞는 상품과 서비스를 생산합니다. 그래서 미국의 시장조사기관인 가트너는 "데이터는 미래 경쟁력을 좌우하는 21세기 원유"라며 "기업들은 다가오는 데이터 경제시대를 이해하고 이에 대비해야 한다"고 강조했습니다.

그런데 좀 이상하다는 생각이 들지 않습니까? 첫 번째, "그동안에는 데이터가 없었느냐? 기업들이 데이터 가지고 경영했지, 주먹구구로 경영했느냐"는 겁니다. "고객관리, 인사관리도 다 데이터베이스로 했는데 새삼스럽게 무슨 데이터가 중요하다고 말하느냐"는 거지요.

두 번째, "빅데이터라고 하면 그 전에는 스몰데이터였느냐? 빅과 스몰을 구별하는 기준은 뭐냐?" 이런 의문이 들지 않습니까?

일리 있는 질문이나 대답은 별로 신통치 않습니다. 과거에도 데이터는 있었는데 기업들이 비즈니스를 하는데 크게 활용되지 못했고, 그런 의미에서 과거는 스몰데이터라고도 할 수 있습니다. 분명 언제부터인가 데이터와 관련된 비즈니스가 변곡점을 지났고 어마어마한 진화가 일어났습니다. 그리고 지금은 데이터를 얼마나 잘 모으고 활용하느냐에 따라 기업의 성패가 좌우된다고 할 수 있을 겁니다.

두 번째 질문과 관련해, 빅데이터는 글자 그대로 '빅Big'과 '데이터Data'의 합성어입니다. 그러나 통상적으로 빅데이터 하면 소위 세 가지 특징이 있다고 하는데 그게 3V입니다. 데이터의 양Volume, 데이터 생성 속도Velocity, 그리고 형태의 다양성Variety입니다. 세계 공통의 정의입니다.

좀 학문적이라 따분할 수 있지만 그래도 기초 정리라 생각하고 설명하자면, 먼저 양Volume은 말 그대로 데이터의 물리적 크기를 말합니다. 일단 죽이 됐든 밥이 됐든 많이 쌓아놓아야 합니다. 그 다음은 속도Velocity로 이는 데이터 처리능력을 말합니다. 데이터를 수집·가공·분석하는 일련의 과정을 빠르게 처리할 수 있어야 합니다. 거의 실시간으로 하거나 정해진 주기 내에 해야 합니다. 마지막으로 다양성Variety은 데이터의 형태입니다. 숫자로 된 것도 있고, 문자로 된 것도 있고, 이미지나 동영상 데이터도 있습니다. 고객들의 정보를 모은 데이터도 있고, 소위 웹 로그Web log라고 웹 서버에 남은 사용자 데이터도 있습니다. 요즈음 사람들이 움직이는 동선을 파악하는 위치 정보도 있고, SNS상에 흘러 다니는 수많은 데이터 중 특정 기업에 대한 긍정적, 부정적 시그널을 데이터로 만들기도 합니다. 이런 모든 데이터를 포함한다는 의미에서 빅데이터입니다. 단순히 데이터가 크다고 빅데이터라고 하는 건 아닙니다.

기업들이 데이터 비즈니스를 하기 시작한 건 컴퓨터가 보편화되면서부디입니다. 판매실적이라든지, 고객의 구매형태라든지 정형화된 자료를 기업의 데이터베이스에 넣어놓고 이를 분석하고 사업계획을 짜는 데 참고했습니다. 과거에 모두 하던 일입니다. 엑셀 파일 같은 걸 만들어서 자료를 집어넣고 필요하면 주물럭거리면서 작업을 했습니다.

그런데 기업 규모가 큰 곳은 국내에도 영업점이 있고 해외에도 영업점이 있습니다. 어떤 기업은 수백 개의 체인점을 두고 있기도 합니다. 이제 이런 걸 다 모은 데이터베이스를 구축하기 시작했습니다. 드디어 데이터가 커지기 시작했습니다. 이전에는 한 지역의 데이터만 별도로 보면 큰 그림이 보이지 않는 경우가 많았습니다. 그러다 보니 전체적으로 재고도 많이 생기고 제때 생산물량을 대지도 못하는 경우가 많았거든요.

특히 모바일 사용이 급증하면서 데이터는 급속히 늘어나기 시작했습니다. 사람들이 도처에 발자국을 남겨 놓기 때문이죠. 쇼핑을 예를 들면 과거에는 백화점이나 편의점 같은 데서 물건을 살 때만 그 회사의 데이터베이스에 기록이 남았습니다만 지금은 인터넷쇼핑이 본격화되면서 자동으로 데이터가 만들어집니다. 물건을 사지 않아도 데이터는 남습니다. 웹 사이트에서 무엇을 살까 고민하면서 돌아다니는 흔적도 남거든요. 기업들은 고객이 어떤 상품에 관심이 있는지, 얼마 동안 인터넷쇼핑몰에 머물렀는지를 알 수 있습니다. 어디 쇼핑뿐 인가요? 금융기관도 그렇고, 교육 분야도 그렇고, 여행도 그렇고, 자료 검색도 그렇습니다. 유튜브, 트위터, 페이스북에 남긴 글들을 통해 그 사람의 성향이 다 드러납니다. 이런 것들이 모여서 빅데이터가 되고 그걸 기업들이 이용하는 겁니다.

그런데 데이터를 한 군데 쏟아부어도 이걸 제대로 처리하는 능력이 없으면 그야말로 쓰레기 더미에 불과합니다. 모아 놓기만 하면 아무 소용이 없습니다. 그걸 제대로 처리해야지요. 이에 대한 기술이 2000년대 들어 급속히 발달하기 시작했습니다. 대표적으로 앞서 언급한 하둡 같은 기술이고 독일의 유명한 SAP의 ERP시스템입니다. ERPEnterprise Resources Planning는 우리말로 '전사적 자원관리'라고 하는데 생산, 판매, 자재, 인사, 회계 등 기업 전 부문에 걸쳐 있는 인력, 자금, 정보 등 모든 경영자원을 하나의 체계로 통합, 계획, 관리하는 시스템입니다. 기업이 비용을 절감하고 이익을 극대화하는, 즉 생산성을 높이는 종합경영 관리시스템입니다.

기술적인 얘기를 잠깐 하자면 빅데이터를 모으고 처리하는 기술의 핵심을 소위 '분할 점령Divide and Conquer'이라고 합니다. 즉 데이터를 독립된 형태로 나누고 이를 병렬적으로 처리하는데 이런 개념은 인공지능이나 반도체에 있어서도 똑같이 적용됩니다.

일종의 빅데이터 초기 버전이라고 보면 될 것 같습니다. 정작 중요한 것은 그 다음입니다. 기업이 어떤 목적을 갖고 어떤 데이터를 모으느냐가 중요합니다. 데이터를 모으려면 돈이 듭니다. 수집 비용도 있고, 그걸 저장하기 위한 데이터베이스도 구축해야 하고, 또 데이터를 신속하게 처리하기 위한 소프트웨어도 있어야 하겠지요.

돈이 되게 하는 게 비즈니스 모델이고 가치 창출입니다. 데이터를 모으는 건 돈을 벌기 위해서입니다. 빅데이터를 이용해 돈을 벌고, 그렇게 번 돈으로 데이터베이스를 더 키우는 선순환이 일어나야 합니다. 그러려면 참고 기다릴 줄 아는 게 중요합니다. 말은 쉽지만 이게 참 어렵습니다. 저는 개인적으로 기업들이 정부에 빅데이터와 관련한 규제를 풀어달라고 줄기차게 요구하고 있지만 정작 자신들의 문제점은 보지 못하고 있는 게 아닌가 하는 생각을 합니다.

데이터를 모으는 단계에서는 돈이 안 됩니다. 투자입니다. 그리고 데이터를 모아 분석도 해야 합니다. 그것도 돈입니다. 분석이 끝나고 그걸 활용해 영업을 해야 합니다. 그때부터 돈이 들어올 겁니다. 그런데 반드시 데이터가 돈이 된다는 보장은 없거든요. 이 역시 시간이 필요합니다. 그래서 기업의 최고경영자들이 데이터를 담당하는 부서장에게 "도대체 그거 언제 돈 돼?" 이렇게 묻는 순간 빅데이터 작업은 종말을 고하게 됩니다. 우리나라 대부분 기업이 그렇습니다. '빨리빨리' 기업문화는 빅데이터에 관한 한 최고의 적입니다. 기업만 그럴까요? 정부도 마찬가지입니다. 장관이 1년마다 바뀌고, 정권이 5년마다 교체되면서 과거 정책을 뒤엎는 경우가 다반사입니다. 빅데이터 사업은 희생양이 될 수밖에 없습니다.

## 급성장한 전 세계 빅데이터 시장

922억 달러

273억 달러

76억 달러

2011년      2016년      2026년
(예상)

자료 : 스태디스타

예를 들어 구글의 자동번역시스템이 있습니다. 이 자동번역시스템을 만들려면 엄청난 데이터가 필요합니다. 구글은 수천만 권의 도서 정보와 유엔과 유럽의회, 웹 사이트의 자료를 활용해 64개 언어 간 자동번역시스템 개발에 성공했습니다. 이렇게 데이터를 모으는 데는 시간과 돈이 필요합니다. 이익은 한 푼도 안 납니다. 구글은 그걸 기다릴 줄 아는 기업입니다. 물론 쌓아놓은 돈이 많아 가능했습니다. 그리고 플랫폼 비즈니스는 단기 이익을 많이 내느냐가 아니라 누가 방대한 네트워크를 구축하느냐의 싸움이거든요.

이런 문제점 못지않은 게 또 하나 있습니다. 그건 데이터를 어떻게

## 아직 시작 단계인 한국의 빅데이터 시장

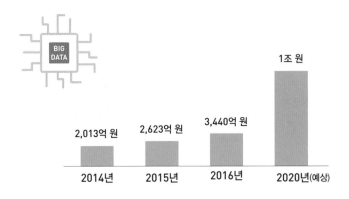

자료 : 한국데이터진흥원

모으고 활용할지에 대한 개념이 없는 기업이 태반이라는 점입니다. 그런 전문가들도 별로 없고요. 앞에서 빅데이터 3요소를 설명했지요. 3V라고. 그런데 정작 중요한 또 하나의 V가 있다고 봅니다. 그게 가치Value입니다.

이것도 예를 들어 보겠습니다. 미국 괴짜 경영자인 일론 머스크가 만든 테슬라는 전기차 회사입니다. 그렇다면 전기차만 잘 만들면 되지 않겠느냐고 생각할지 모르겠습니다. 그런데 테슬라는 전기차보다 데이터를 모으는 회사라고 봐야 합니다. 전기차에 각종 센서들이 있어서 고객들의 행동과 자동차 상태 등을 다 데이터화 합니다. 운전자

손현덕의 구석구석 4차 산업혁명 탐구

가 어디서 차를 타고 어디로 가는지, 어느 부품이 잘 고장 나는지, 어떤 소프트웨어가 잘 작동되지 않는지…. 이런 건 기본입니다. 이전에는 차가 고장 나면 정비센터로 가서 차를 고쳤습니다. 그때야 문제점이 발견되고, 자동차 회사들은 그 데이터를 바탕으로 어떤 부품을 더 많이 조달해야 할지, 또 다음에 차를 만들 때는 어떤 점에 유의해야 할지를 결정합니다. 테슬라는 데이터를 미리 파악하고 분석해 바로 대처합니다. 제품의 라이프 사이클이 크게 빨라지고 있습니다.

그뿐만이 아닙니다. 어디서 배터리를 충전하는지, 어떤 아파트 단지에서 배터리 충전을 많이 하는지 등의 데이터도 수집합니다. 그러면 이를 이용한 비즈니스 모델이 나올 수 있을 겁니다. 테슬라는 이를 통해 나중에 에너지 분야로 진출하는 방안을 모색할 게 분명합니다. 자동차 회사인지 에너지 회사인지 그 경계가 모호해질 수 있습니다. 참고로 4차 산업혁명의 최고 선진국은 미국입니다. 그런데 미국에서는 4차 산업혁명이란 말을 쓰지 않습니다. 디지털전환Digital Transformation이라고 하지요. 간혹 우리나라 일부 학자들은 4차 산업혁명이란 말을 한국처럼 많이, 그리고 자주 사용하는 나라가 없다면서 우리가 호들갑을 떤다고도 하지요. 하나는 알고 둘은 모르는 사람들입니다. 다들 4차 산업혁명에 맞춰 전력 질주하고 있습니다.

파트 1에서 2017년 라스베이거스에서 열린 CES에 기조연설자로 나온 인물을 소개했습니다. 그는 크루즈 사업을 운영하는 카니발코퍼레이션의 아널드 도널드 대표입니다. 이 회사는 크루즈 사업자라

기보다는 빅데이터 회사라고 할 수 있습니다.

카니발코퍼레이션은 크루즈를 타는 고객들에게 작은 단말기를 나눠줍니다. 이 단말기에 고객의 각종 정부가 쌓이거든요. 카니발은 이를 통해 얻은 정보를 빅데이터로 만들고 고객 각자에게 개인화된 서비스를 제공하겠다는 겁니다. 도널드 대표에게 선실이나 잘 꾸미라든지, 멋진 여행지나 잘 소개하라든지, 음식이나 잘 준비하라든지, 선상 디너쇼나 멋지게 하라든지, 이런 주문을 한다면 아마도 웃고 말겁니다. 업業의 본질이 다르거든요.

아마존과 애플의 스마트 스피커 싸움을 지켜보면 현재 진행되는 글로벌 비즈니스 전쟁의 본질을 알게 됩니다. 결론부터 말하면 스피커 전쟁에서 애플은 아마존에 완패했습니다. 2014년 아마존이 에코 Echo를 내놓자 애플 오디오 엔지니어들이 면밀 분석에 들어갔습니다. 제품을 완전 분해하고 부품 하나하나, 소프트웨어 하나하나를 다 뜯어봤습니다. 결론은 '우습다', '음질이 형편없다', '우리는 이보다 훨씬 좋은 물건 만든다'였습니다.

그 이후 3년간 아마존 에코는 시장에서 인기를 끌게 됐습니다. 소비자들은 질문에 대답하고, 피자를 주문하고, 조명을 켜고 끌 수 있다는 사실에 감명받았습니다. 아직 초보적인 수준이지만 말입니다. 애플은 오디오 애호가 수준의 품질 좋은 스피커를 내놓으려고 기술 개발에 매달렸지만 아마존은 빅데이터를 구축하려고 한 것입니다. 그러면서 스마트홈 시장으로 뛰어들었고 이 분야의 독보적 플랫폼이 됐습니다. 애플은 땅을 쳤습니다. 애플이 홈팟으로 이 시장에 뛰어들었지만 이미 상당수 고객을 아마존이 휩쓸어 간 뒤입니다. 싸움의 본질은 스피커의 품질이 아니라 빅데이터였습니다. 더 나아가서는 생태계 구축 싸움이었습니다.

빅데이터가 이렇게 중요한 줄은 다들 아는데 정작 빅데이터가 잘 안 되는 나라가 바로 대한민국입니다. 정보통신 기술이라면 결코 선진국 어떤 나라에 견주어도 뒤지지 않는데 정작 이를 통한 부가가치는 제대로 창출하지 못하고 있습니다. 데이터가 많고 통신망이 좋은 것과 빅데이터 비즈니스를 잘하는 건 완전 별개의 문제입니다. 앞서 잠깐 개별 기업들이 제대로 된 비즈니스 모델을 만드는 실력이 없고, 또 장기적인 관점에서 투자하고 기다리는 인내심도 없다는 점을 지적했습니다.

그러나 정작 빅데이터 비즈니스를 가로막고 있는 건 다름 아닌 정부 규제이고, 부처 간 칸막이고, 국민들의 인식입니다. 이는 사실 개인 프라이버시와의 충돌과 직결된 이슈입니다. 이걸 풀지 않고선 빅데이터는 한 발짝도 나갈 수 없습니다. 무엇을 우선할지는 국민의 몫입니다. 프라이버시 보호가 더 중요하다는 국민이 많으면 빅데이터 산업 육성은 조금 희생될 수밖에 없습니다. 문제는 이에 대한 공론화 작업을 하고 문제가 발생할 때 공정하게 해결할 수 있는 제도적 틀을 마련해야 합니다.

# 빅데이터가 프라이버시와
# 충돌할 때

---

　빅데이터가 21세기 원유라고 하면서 이와 관련된 비즈니스 활성화를 강조할 때 반드시 제기되는 이슈가 개인정보보호입니다. 산업계에서는 우리나라의 엄격한 개인정보보호 제도가 빅데이터 활용을 가로막고 있다고 주장합니다. 동전의 양면 같은 이슈입니다.

　정부가 아무리 빅데이터 산업을 육성한다는 방침을 천명한다고 해도 개인정보보호의 이슈를 명쾌하게 해결하지 않는다면 그건 허공에 대고 주먹질하는 것과 마찬가지입니다. 빅데이터를 말하려면 이 문제를 직시해야 하고 어떤 형태로는 국민적 공감대가 형성되어야 합니다. 안 그러면 백약이 무효입니다. 과장하자면 빅데이터는 한 발짝도 못 나갑니다.

　빅데이터 산업이 활성화돼 일자리도 늘어나고 국민소득이 개선된다 하더라도 어느 순간 개인정보가 침해되는 사건이 발생하면 원위치로 돌아갑니다. 빅데이터 산업 육성은 경제면 1단 기사이고 정보유출이나 사생활 침해 사건은 1면 톱이 됩니다. 개인정보보호는 헌법에 보장된 인격권이지만 비즈니스 활성화는 그에 비하면 작은 경제 이슈에 불과합니다. 백번 잘해도 한 번 삐끗하면 다시 낭떠러지로 굴러 떨어질 수밖에 없습니다.

2017년 말에 대형 사건이 하나 터졌습니다. 구글의 위치정보에 관한 사건이었습니다. 아마 대부분 사람들이 민감하게 생각하는 것이 바로 위치정보일 겁니다. 누군가 내 휴대폰 위치추적 기능을 통해 내가 어느 날 몇 시부터 몇 시까지 도서관에 있다는 사실을 알아냈다면 그거야 큰 문제가 안 될지 모릅니다. 또 가정주부가 동네 마트에 간 걸 안다고 해도 별문제 삼지 않을지 모릅니다. 그러나 이런 위치정보 파악으로 누군가 내가 알리고 싶지 않은 것까지 알게 된다면 그야말로 심각한 사생활 침해가 되겠지요? 예를 들어 저녁에 단란주점에 갔다는 사실, 그보다 더 은밀한 곳을 갔다는 사실들을 안다면 곤란하겠지요? 그래서 남의 위치정보를 수집하는 것은 엄격하게 금지돼 있습니다. 그게 위치정보보호 및 이용 등에 관한 법률<sub>위치정보보호법</sub> 입니다. 제18조에 이렇게 나와 있습니다. "위치정보사업자가 개인위치정보를 수집하고자 하는 경우에는 미리 개인위치정보주체의 동의를 얻어야 한다." 매우 세세한 내용까지 약관에 명시해놓고 있어야 합니다. 그리고 "당신의 위치를 내가 파악해도 괜찮겠냐"고 동의를 구하는 겁니다. 이걸 어기면 5년 이하 징역, 5,000만 원 이하 벌금형에 처해집니다.

그런데 많은 사람들이 구글 서비스를 이용하면서 자신의 위치를 자발적으로 알려주는 경우가 많습니다. 자동차 운전을 하면서 구글맵을 내비게이션으로 사용할 때나 '포켓몬고'와 같은 위치기반 게임을 할 때는 구글은 고객이 어디에 있는지를 파악해야만 하죠. 그래서 동의해줍니다. 이게 싫은 사람들은 위치정보 기능을 해제합니다. 이걸 전문적 용어로는 스마트폰에서 위치정보 기능을 비활성화시킨다고 하죠. 그러나 이렇게 한다 해서 본인의 위치정보를 알 수 없다고 생각한다면 오산입니다. 그건 GPSGlobal Positioning System 방식으로 알 수 없다는 것이지, 기지국에서 신호를 받아 파악되는 위치정보는 남습니다. 그걸 구글이 수집합니다. 소위 '셀 ID 코드'라고 하는데 기지국 정보를 알면 사용자 위치를 반경 수백 미터 수준으로 추적 가능합니다. 영화에서 보면 흔히 나오는 장면인데 경찰은 범죄자를 추적하거나 인명구조를 위해 이런 정보를 통신사를 통해 얻어냅니다.

주제에서는 좀 빗나가긴 하나 참고로 위치추적 방식 두 가지를 좀더 자세히 설명해볼까요. 이건《구석구석 산업탐구》에서도 기술했지만 다시 한번 요약해보겠습니다.

먼저 GPS방식. 이는 지구 위를 떠도는 위성과 GPS를 수신하는 사용자 간의 신호전달에 의해 위치를 측정하는 방식입니다. 지구 위에는 약 30개의 위성이 돕니다. 예비로 몇 개가 더 있습니다. 비상시를 대비해서이지요. 과학적으로는 설명이 복잡하나 4개의 GPS 위성에 동시에 신호가 잡히면 해당 신호를 해독하여 바로 위치 계산이 가능합니다. 통상적으로 위성 신호가 6~8개 수신되면 위치 오차는 30m 내외라고 합니다. 위성 4개의 환경에서는 50m, 최대 100m까지 오차가 날 수 있습니다. 3개 이하의 위성신호만 잡히면 위치 계산은 안 됩니다. 그런데 이 위성은 지상 2만 km 이상에 떠 있습니다. 그래서 하늘이 막힌 환경, 즉 터널에 있거나, 고가도로 아래거나, 실내나 숲속 같은 데서는 신호를 받을 수 없습니다. 이게 GPS입니다.

휴대폰 통화로 위치추적을 하는 것은 GPS와는 다른 개념입니다. 그건 통신을 중계하는 기지국에서 휴대폰 ID를 추적해 위치를 파악하는 방식입니다. 아버지가 고등학교 다니는 딸에게 휴대폰으로 전화를 한다고 합시다. 이걸 다르게 표현해보지요. 아버지가 딸에게 전화를 걸면 먼저 통신사는 신호를 잡습니다. 가까운 기지국이 나올 것입니다. 그리고 딸이 있는 곳을 찾습니다. 딸 근처에 있는 기지국에서 전화를 받으라는 신호를 보냅니다. 그걸 전문 용어로 '페이징'이라고 합니다. 딸이 응답하면 음성이 전파로 가고 다시 전파는 음성으로 변환되는 원리로 서로 통화를 하게 됩니다. 이런 과정에서 당연히 아버지와 딸의 위치는 파악될 수 있습니다. 부녀간에 어떤 기지국을 통해 신호를 주고받는지가 실시간으로 파악되는 것입니다. 단, 기지국의 전파 도달 반경에 따라 위치 오차가 발생할 수 있습니다. 통상 500m에서 2~3km까지라고 합니다. 오차를 줄이기 위해서는 펨토셀 방식이나 와이파이 방식을 활용할 수 있는데 여기까지 나가면 너무 복잡해지니 여기선 생략하기로 하겠습니다.

흔히들 이런 질문을 합니다. 그럼 전화기를 끄면 위치추적이 안 되지 않느냐고요. 그러나 이런 경우는 있습니다. 휴대폰을 끄는 순간 통신사는 당시의 위치를 저장해둡니다. 왜 그러냐 하면 누군가 전원이 꺼진 휴대폰에 전화를 걸 때 전화 건 사람에게 이 사실을 알려주기 위해서는 전원이 차단되는 신호를 기지국에 전송하는 절차를 밟아야 하기 때문입니다. 그래서 전원을 끌 때 교신한 마지막 기지국이 어디인지를 알 수 있는 것입니다.

얼마 전 결혼식장에서 휴대폰을 잃어버린 적이 있습니다. 통신사에 연락해보니 마지막으로 없어진 장소가 어디인지 나왔습니다. 잃어버린 휴대폰은 그 장소에서 멈춰 있었습니다. 누군가 그 휴대폰을 습득해서 거기서 전원을 끄고 가져간 겁니다. 통신사 직원은 아마도 중국 어딘가로 갔을 거라고 합니다.

주제에 벗어난 말이 좀 많아졌지만 어쨌든 개인의 위치정보를 파악하는 건 공익적 목적에서 이뤄져야 하는데 구글은 그렇지 않았다는 거지죠. 나는 동의를 하지 않았는데 구글이 그걸 빼내가 돈을 번 것입니다.

대한민국 헌법 제10조는 "모든 국민은 인간으로서의 존엄과 가치를 가진다"고 돼 있습니다. 자신의 개인정보가 털리면 그건 인간으로서의 존엄과 가치가 훼손되는 결과를 야기합니다. 그리고 헌법 제17

조는 "모든 국민은 사생활의 비밀과 자유를 침해받지 아니 한다"고 돼 있고 18조는 "모든 국민은 통신의 비밀을 침해받지 아니 한다"고 돼 있습니다. 아무리 경제적 이익이 크다 한들 이런 헌법상의 명분을 뛰어넘을 수는 없습니다. 그래서 사회적 합의와 명확한 법 체제의 정비가 필요한 대목입니다.

요컨대 개인정보보호와 안전한 빅데이터 활용 문화는 모두 우리가 추구해야 할 명제입니다. 그래야 4차 산업혁명 시대를 맞아 우리도 빅데이터 산업을 제대로 육성할 수 있습니다.

문제는 개인정보보호라고 할 때 그 개념이 너무 모호하다는 점입니다. 개인정보의 정의는 법에 잘 나타납니다. 그 법이 개인정보보호법입니다. 제2조 정의定義 조항을 보면 다음과 같이 나옵니다. "개인정보란 살아 있는 개인에 관한 정보로서 성명, 주민등록번호 및 영상 등을 통하여 개인을 알아볼 수 있는 정보(해당 정보만으로는 특정 개인을 알아볼 수 없더라도 다른 정보와 쉽게 결합하여 알아볼 수 있는 것을 포함한다)를 말한다." 이게 참 애매합니다. 괄호 속의 문장이 그렇습니다. 해당 정보만으로는 알지 못해도 다른 정보와 쉽게 결합하면 알아볼 수 있는 것. 바로 이 대목입니다. 그래서 본인의 휴대폰 번호 뒤 4자리도 개인정보에 해당됩니다. 이런 거 마음대로 수집 못 합니다.

그래서 늘 개인정보 수집은 논란의 와중에 있습니다. 개념적으로 설명하면 어려울 것 같아 상징적인 사례를 하나 들지요. 바로 건강보험심사평가원심평원이 민간 보험사에 데이터를 제공한 사건입니다. 수

수료도 받았습니다. 시민단체들이 기자회견을 열어 의료정보 유출 가능성을 제기했습니다. 정확하게 심평원이 보험사에 준 데이터는 '표본 데이터 셋'이라고 하는 겁니다. 이건 우리 국민의 특성을 대표할 수 있는 표본을 뽑아 이들의 성별, 나이, 병명, 진료내역, 처방내역 등을 담은 빅데이터입니다. 심평원은 그걸 한 건당 30만 원의 수수료를 받고 넘겼습니다. 시민단체들은 개인정보가 담긴 공공데이터가 영리 목적에 활용됐다고 주장합니다. 물론 심평원의 자료에 이름은 나와 있지 않습니다. 그러나 어찌 보면 다른 정보와 결합해 개인의 신상이 파악될 수도 있다는 것입니다. 예를 들어 주민등록번호 같은 것이 그런 예일 겁니다.

그런데 심평원이 넘긴 데이터가 과연 개인정보에 해당하는가라는 점은 논란입니다. 일단 심평원의 주장은 이렇습니다. "우리가 제공한 표본 데이터 자료들은 '비식별화'돼 있어 개인을 특정할 수 없다. 그리고 그 자료는 학술연구 등 공익을 위해 준 것"이라는 겁니다. 그리고 이번에 문제된 게 아니라 2009년부터 그렇게 해왔다고 말합니다. 정부 3.0이라고 박근혜 정부 때 정부운영의 패러다임을 바꾸자는 정책이 있었습니다. '신뢰 받는 정부, 국민행복 국가'라는 비전을 갖고 이를 실현하기 위해 공공정보를 적극 개방·공유하고, 부처 간 칸막이를 없애 소통, 협력함으로써 국민 개개인에 대해 맞춤형 서비스를 제공하자는 취지였습니다. 방향이야 백번 맞지요. 심평원은 정부 3.0의 우수 기관이었으니 억울한 측면이 있을 겁니다.

이런 사건이 터지면 결과는 어떻게 될까요? 통상 법은 큰 틀에서 취지와 목적을 정하고 구체적인 것은 시행령이나 시행규칙에 위임하게 됩니다. 그러면 상식적으로 판단해 시행령이나 시행규칙에 '다른 정보와 쉽게 결합해 알아볼 수 있는 개인정보'에 대한 규정이 있을 법합니다. 그러나 없습니다. 그러다 보니 문제가 생기면 사법부의 판단에 따라 좌우됩니다. 케이스 바이 케이스인 셈입니다. 이것이 빅데이터의 가장 심각한 리스크입니다. 즉, 사법리스크가 있는 것입니다. 판사의 재량에 따라 들쭉날쭉 할 수 있습니다.

그럼 기업들은 어떤 선택을 하게 될까요? 가장 안전한 쪽을 택합니다. 그래서 빅데이터 비즈니스가 우리나라에서는 활성화되지 못하는 겁니다. 이게 가장 큰 이유입니다.

심평원 사건이 터진 후 심평원은 민간 보험사는 물론 대학 등 연구기관에도 일체의 의료 데이터를 제공하지 않습니다. 심평원만 그런게 아닙니다. 고용노동부 산하에 한국고용정보원 역시 데이터 제공에 난색을 표명하고 있습니다. 나중에 문제될 일은 하지 말자는 '몸조심'인 거지요.

아닌 게 아니라 원칙을 엄격하게 적용한다면 빅데이터는 불가능합니다. 기업들은 거의 모든 정보, 데이터를 수집할 수가 없습니다. 과거와 달리 지금은 개인정보라는 게 도처에 널려있습니다. 도로를 가다 보면 수많은 CCTV들이 있습니다. 하루에도 몇 번씩 내 얼굴이 CCTV에 찍힙니다. 사물인터넷이 활성화되면 나의 일거수일투족이

거의 그대로 드러날 겁니다. 특정한 목적을 정하고, 거기에 사회적 합의가 있는 경우를 제외하면 개인정보 수집은 참으로 어렵게 돼 있습니다.

그래서 2017년 말 이효성 방송통신위원회방통위 위원장이 이런 말을 했지요. "개인정보보호에만 치중해서 개인정보가 아닌, 비식별 조치를 취한 정보비식별 정보까지 너무 민감하게 보호하면 4차 산업혁명시대에 뒤처지게 될 수밖에 없다. 개인정보를 보호하면서도 어떻게 활용할 수 있도록 하느냐는 방통위의 과제이자 우리 사회의 과제다."

이런 고민이 어제 오늘의 일이 아닙니다. 그래서 2016년 행정자치부 주관으로 방통위, 금융위원회, 미래창조과학부, 보건복지부, 국무조정실 등 관계부처가 합동 회의를 열어 이에 대한 가이드라인을 마련한 적이 있습니다. 기업들이 빅데이터 활용을 하는데 있어 불확실성을 제거하자는 취지였지요. 이걸 해야 빅데이터 산업도 발전하고 개인정보 침해도 막을 수 있다는 데 공감대가 형성된 것입니다. 그래서 개인정보에 해당되면 가명처리, 총계처리, 데이터삭제, 데이터 마스킹 등 다양한 비식별 기술을 활용한다는 것인데 그럼에도 불구하고 여전히 걸림돌이 많다는 지적들입니다. 명확하지도 않고요. 비식별화라는 게 말이 쉽지 산업별로는 아주 다양한 케이스가 발생할 수 있거든요. 또 비식별화됐다고 하더라도 이를 이용하는 과정에서 식별 가능한 개인정보가 생성될 수 있거든요. 그러면 다시 비식별화를 해야 하는지, 아니면 그대로 써도 되는지 여기에 대해서도 명확한 지

손현덕의 구석구석 4차 산업혁명 탐구

침이 없습니다.

그러다 보니 이런 가이드라인을 믿고 개인정보를 수집했다가 소송이라도 걸리면 그에 따른 리스크는 누가 책임질 수 있겠습니까? 기업들은 몸을 사릴 수밖에 없습니다.

그래서 빅데이터는 '원칙적 금지'라는 난관이 있고 이를 피해 '예외적 허용'이라는 작은 울타리에서 움직입니다. 특정한 공익적 목적을 위해 빅데이터를 만드는 것입니다. 크게 데이터를 모으는 주체는 세 군데입니다. 하나는 정부나 지방자치단체, 그리고 공기업 같은 곳일 겁니다. 이들이 데이터를 모으는 건 공익적 활동이겠지요. 정확한 통계를 작성에 국민들의 편의를 돕고 시의 적절한 정책을 시행하기 위해서일 겁니다. 국가안보를 위해서, 치안을 위해서, 국가경제 발전을 위해서…. 다들 고상한 명분입니다.

두 번째는 학계가 있을 수 있습니다. 연구 목적으로 한다는 것이지요. 학문의 발전을 위해서도 필요하고, 사회 현실을 정확히 진단하기 위해서도 필요하다는 주장입니다.

마지막 세 번째는 기업입니다. 이게 문제입니다. 기업은 아무리 사회적 가치를 높인다 한들 기본적으로는 돈을 벌기 위해 하는 것이죠. 그래서 반발이 있는 겁니다. 나는 정보를 그냥 주는데 기업들은 그걸로 돈을 번다는 사실이 불쾌한 겁니다. 그래서 안 된다는 것입니다. 이런 주장을 하는 시민단체들이 많습니다. 물론 기업들은 항변합니다. 돈을 버는 건 맞는데 나만 돈을 버느냐, 국부가 증가하고, 일자리도 생기고 국민소득도 높아진다는 것입니다. 돈 벌면 세금도 많이 내지 않느냐고 항변합니다. 나름 일리가 있는 주장이지요.

그리고 정말 중요한 게 하나 있습니다. 바로 데이터 결합입니다. 서로 업종이 다른 기업들 간의 데이터 교환입니다. 통신과 금융 데이터의 결합, 카드회사와 유통업체 간의 데이터 결합도 이 모든 업체들 간의 데이터 결합입니다. 이런 데이터의 네트워크가 일어나면 그야말로 빅데이터가 됩니다. 데이터가 양적, 질적 측면에서 기하급수적으로 커질 게 분명합니다. 그리고 정말 책상에 앉아서는 상상하기 힘든 다양한 비즈니스가 탄생할 수 있습니다. 비즈니스의 다양화뿐만이 아니죠. 기업의 고객들에게도 보다 질 좋은 서비스가 제공될 수 있을 겁니다. 맞춤형 서비스이지요.

데이터는 이질적인 것이 결합할 때 오히려 새로운 가치를 창출하는 경우가 많습니다. 새로운 통찰력도 생기고요. 그것이 빅데이터를 하는 이유이기도 합니다.

그런데 이것 역시 취지와는 달리 개인정보가 악용될 수 있습니다. 예를 하나 들어볼까요? 통신회사와 은행이 고객 데이터를 서로 공유합니다. 그럼 이런 데이터가 나올지 모릅니다. 휴대폰 통신 요금은 비싼 걸 사용하는데 은행 대출은 연체하는 고객이 있을 수 있습니다. 은행이 그 고객에게 "귀하는 통신비는 많이 내면서 대출은 갚지 않고 계시네요"라고 물을 수 있습니다. 만약 그런 질문을 받는다면 기분이 어떻겠습니까? 어떤 반응이 나올까요? "그런 정보를 어떻게 얻었느냐?

내가 통신비 많이 쓰는 게 당신하고 무슨 상관이냐? 사생활 침해다.”
이러지 않을까요? 이런 건 하나의 작은 예에 불과합니다.

개인 신용평가회사를 전문으로 하는 기업들은 통신사의 정보를 얻고자 합니다. 명분은 '대학생 및 사회 초년생들에게 보다 좋은 대출 등급을 제공하기 위해서'입니다. 그러나 이 역시 나중에 어떻게 될지 몰라 못 하고 있습니다. 이런 예들은 부지기수로 열거할 수 있습니다. 이게 대한민국 빅데이터 비즈니스의 현실입니다.

빅데이터 비즈니스가 활성화될 수 있느냐의 관건은 결국 '신뢰'인 것 같습니다. 내가 개인정보 제공을 동의하더라도 이를 악의적으로 이용하지 않을 것이란 믿음이 있는 사회라면 선뜻 '동의합니다'에 클릭할 겁니다. 그러나 '이 정보가 혹시 새나갈지도 몰라' 또는 '누군가에 의해 해킹될지도 몰라' 또는 '다른 곳으로 팔아넘길지도 몰라' 이런 의심이 들면 동의하지 않게 되지요. 사회심리를 연구하는 학자들에 따르면 우리나라가 미국보다 현저하게 '동의'하는 비율이 낮다고 합니다. 못 믿겠다는 겁니다.

개인정보 수집에 대해 동의를 구하는 방식은 두 가지가 있습니다. 하나는 옵트인opt-in이고 다른 하나는 옵트아웃opt-out입니다. 옵트인은 정보제공 주체의 동의를 받아야 개인정보를 수집할 수 있는 겁니다. 사전 동의 방식이라고 할 수 있습니다. 옵트아웃은 거부 의사가 없다면 개인 동의 없이도 가능한 방식입니다. 어찌 보면 사후 동의 방식입니다. 국가마다 다르지만 빅데이터 산업이 가장 발달된 미국의 경우

## 주요국의 개인정보보호 관련 규정

| | | |
|---|---|---|
| 🇰🇷 | 한국 | 수집 등 처리에 사전 동의 |
| 🇯🇵 | 일본 | 2017년 5월부터 비식별 조치 거친 정보는 상품·서비스 개발 용도로 매매 허용 |
| 🇪🇺 | EU | 비식별 조치 정보는 개인정보보호지침 규제서 제외 학술·통계 등 목적에 동의 없이 이용 가능 |
| 🇺🇸 | 미국 | 비식별 조치 정보 제한 없이 이용 |

개인정보 전체 수집·처리에 사전 동의 방식 적용은 한국이 유일함

는 공공기관은 옵트인 방식을, 민간 분야에서는 옵트아웃 방식도 가능하도록 돼 있습니다. 유럽은 옵트인이고요. 그래서 빅데이터는 미국에서 활개를 치고, 유럽과는 분쟁에 직면해있는 것입니다. 우리나라는 물론 옵트인 방식입니다.

또 한 꺼풀 더 들어가면 법적으로도 애매모호한 구석이 많습니다. 아주 단순한 사례를 지적하자면 휴대폰 등 정보통신망을 통해 광고성 정보를 전송하려면 기업들은 2단계의 동의 절차를 거쳐야 합니다. 정보통신망법 50조에 따른 광고수신 동의를 받아야 하고, 개인정보

보호법 22조 3항에 따라 개인정보 처리 동의 절차를 밟아야 합니다. 그런데 현실은 거의 대부분 사업자들이 통합해서 동의를 받고 있는 실정입니다.

이쯤 되면 눈치챘겠지만 우리나라엔 개인정보보호와 데이터 수집에 대한 법이 여러 개 있습니다. 기본적으로 개인정보보호법이 있고, 위치정보와 관련해서는 위치정보의 보호 및 이용 등에 관한 법률<sub>위치정보법</sub>이 있습니다. 통신망 사용과 관련해서는 정보통신망 이용 촉진 및 정보보호 등에 관한 법률<sub>정통망법</sub>이 있습니다. 이밖에 금융거래를 할 때는 전자금융거래법<sub>전금법</sub>이 있고 신용정보의 이용 및 보호에 관한 법률<sub>신용정보법</sub>이 있습니다. 금융실명거래 및 비밀보장에 관한 법률<sub>금융실명법</sub>도 있네요. 엄청난 혼란이 있을 것 같지 않습니까? 그렇습니다.

예를 들어 인터넷뱅킹에서 수집된 고객의 개인정보가 유출됐다면 어떤 법의 적용을 받을까요? 개인정보법, 정통망법, 신용정보법 다 적용받는다고 봐야 합니다. 그렇게 보수적으로 생각해야 안전합니다. 또 각 법률상 정보보호 조항이 경쟁적으로 도입되면서 무의미한 규제의 경쟁이 발생하기도 합니다. 예를 들어 신용정보법상 징벌적 손해배상제도가 도입되면 순차적으로 개인정보법이나 정통망법에서도 도입됩니다.

모름지기 신뢰가 부족할수록 법과 제도가 명확해야 합니다. 그리고 누구나 "그렇게 하면 법 위반이 아니다. 위반이다"라는 논란의 여지가 없어야 합니다. 그게 사법 리스크를 줄이는 방법입니다. 아주 솔직한 개인적 생각은 그 전까지 우리나라 빅데이터 비즈니스는 잘 되지 않을 것 같습니다. 다른 나라들은 하루가 다르게 앞을 보고 달려가는 걸 보면 갑갑하긴 합니다만.

# 데이터가 크다고
# 빅데이터인가

빅데이터가 되려면 3V라는 요건을 갖춰야 한다는 걸 말했습니다. 물리적 크기를 말하는 볼륨, 처리능력이 빠른 속도, 마지막으로 데이터 형태의 다양성입니다. 그런데 빅데이터 비즈니스 세계에서 이런 건 별로 중요하지 않습니다. 이렇게 말하면 빅데이터 이론을 연구하는 교수나 연구원들에게는 좀 미안한 점도 있지만 그건 그냥 책에나 있는 말입니다.

그것 가지고 돈 벌어? 그러면 할 말이 별로 없습니다. 그러면 빅데이터가 돈이 되려면 뭐가 필요한데? 이렇게 거꾸로 물으면 무엇이라고 답할 수 있을까요?

빅데이터 사업을 하는 사람들은 세 가지를 언급합니다. 첫째, 데이터를 활용할 수 있는 포맷. 둘째, 나만의 데이터인가, 그리고 셋째, 얼마나 개인화할 수 있는가. 이게 빅데이터 비즈니스의 3요소라고 할 수 있습니다.

첫 번째부터 시작해보지요. 데이터 포맷팅입니다. 흔히 일반 기업 CEO들이 이렇게 말을 합니다. "우리 회사가 데이터가 얼마나 많은데, 그게 다 빅데이터 아니냐, 그런데 왜 우리 회사는 빅데이터 비즈니스를 못 하는 거야?" 데이터의 양은 많다고 좋은 것은 아닙니다. 그리고 그 많다는 데이터가 정말 쓸 수 있는 데이터인지도 구별해야 합니다.

현대카드 정태영 부회장은 빅데이터에 참 관심이 많은 CEO입니다. 실제 비즈니스도 데이터 관련입니다. 그런데 이런 고백을 합니다. "정작 우리 회사가 데이터가 많은 줄 알았는데 쓸 수 있는 데이터는 그렇지 않더라"고.

일단 데이터가 '디지털화'돼야 합니다. 언어를 텍스트로 만들어야 합니다. 그림이나 그냥 인쇄물로 돼 있다면 그걸 텍스트로 만들어야 합니다. 이건 거의 모든 사람이 아는 기본적인 사항이지요. 우리나라 기록물 중 정말 대단한 게 조선왕조실록입니다. 이게 데이터가 될 수 있을까요? 디지털 작업을 해야 진정한 데이터입니다.

100년 된 도서관이 있습니다. 엄청난 데이터가 있을 것 같지요. 100년 동안 책이 쌓이다 보면 오죽이나 많겠습니까? 그런데 그게 다 데이터가 아닙니다. 우리가 빅데이터라고 말할 때 그 수백만 권의 책을 디지털로 전환하지 않으면 데이터 제로입니다. 예를 들어 100년 동안 우리나라 여성들의 패션 변화를 알아낼 수 있습니까? 도서관에 얼마나 많은 여성 패션에 대한 책과 논문과 자료들이 있겠습니까? 그걸 다 뒤지려고요? 범위를 좀 더 좁혀볼까요? 문재인 대통령에 대한 국민들의 인식 변화를 파악할 수 있을까요? 쉽지 않을 겁니다. 이런 걸 알 수 있게 하는 게 포맷팅입니다. 데이터나 프로그램을 사용할 수 있도록 디지털로 준비하는 과정이 포맷팅입니다. 내가 갖고 있는 데이터는 다 소중하다고 생각들을 합니다. 그러나 그건 엄청난 착각입니다.

두 번째는 나만의 데이터입니다. 아주 엄밀한 의미에서 모두가 다 아는 데이터는 돈이 안 됩니다. 만약 어느 누가 그런 것을 가지고 사업 모델을 만들었다고 합시다. 그게 돈이 된다고 생각하면 다른 사람이 바로 카피할 것입니다. 데이터가 다 공개돼 있으니까요.

세 번째는 두 번째와 사실 어느 정도 연관성이 있는 건데 개인화된 정보여야 비즈니스가 된다는 점입니다. 앞서 심평원의 의료정보 예를 들었지요. 공공데이터입니다. 그걸 보험회사에 제공하고 수수료를 받았습니다. 보험회사는 그 정보로 무엇을 할 수 있을까요? 연령별로 최적화된 보험 상품을 개발할 수 있습니다. 그게 정말 아주 훌륭한 상품이라면 다른 회사도 따라 할 거고요. 그런데 만약 그게 개인화된 정보였다면 얘기는 180도 달라집니다. 개별적으로 적합한 의료서비스를 제공할 수 있을 겁니다. 건강식품회사가 이 정보를 가질 수 있으면 큰돈을 벌 수 있을 겁니다.

네이버나 구글이 검색으로 돈을 번다고 하지요. 그런데 그 검색이 왜 돈이 될까요? 검색은 데이터를 만드는 과정입니다. 개인화된 데이터를 얻을 수 있습니다. 어떤 사람이 음식점을 검색하는데 이탈리아 식당만 검색한다고 합시다. 그럼 그 사람이 이탈리아 음식을 자주 먹는다는 정보를 얻을 수 있습니다. 이런 정보가 돈이 되는 겁니다.

검색보다 더 돈이 될 수 있는 건 어떤 걸까요? 통신 기록입니다. 만약 통신회사가 개인 고객들이 전화를 건 기록들을 데이터화해서 이 고객은 어떤 음식점에 예약을 자주 하더라, 무슨 서비스를 많이 이용하는지를 안다면 그것처럼 확실한 비즈니스 데이터는 없을 겁니다. 단순히 검색하는 것보다 직접 예약한 게 훨씬 농도가 짙은 데이터이겠지요. 검색은 했는데 예약은 안 할 수도 있으니까요.

우리나라에서 가장 경쟁이 심한 곳이 치킨집일 겁니다. 그래서 고객들을 끌어들이려고 광고를 많이 합니다. 신문에 전단지를 끼워 넣어 광고를 하고 블로거들을 동원해 홍보용 글도 올립니다. 그런데 이게 어느 정도 효과가 있는지 측정이 될까요? 잘 안 됩니다. 치킨 먹으러 오는 사람 붙잡고 "혹시 어떻게 우리 치킨집을 찾아 왔습니까?"라고 물을 수도 없는 노릇입니다. 검색 광고를 하는 이유도 이런 데 있습니다. 검색을 한다는 것은 그 서비스를 이용하거나 상품을 구입할 상당한 의사가 있다는 것이니까요. 그래서 성형외과에서는 네이버에 광고를 내고 광고 클릭 횟수에 비례해 비용을 지불합니다. 생각보다 비싼 광고비를 지불합니다. 검색은 개인화된 데이터를 만드는 과정

손현덕의 구석구석 4차 산업혁명 탐구

이라는 말이 이제 이해가 되나요?

데이터가 돈이 된다는 사실을 인식하면서 데이터 전문가들의 몸값이 치솟고 있습니다. 국가마다 데이터 전문가들을 키우기 위한 전략도 수립하고 있습니다. 중국은 2008년 천인千人계획이라고 향후 5~10년간 세계적 수준의 과학자를 영입하겠다는 구상을 발표했습니다. 빅데이터 전문인력이 핵심입니다. 여기서 한 걸음 더 나아가 만인萬人계획도 세웠습니다. 실리콘밸리에서 나오는 소식들을 보면 데이터 사이언티스트라는 직업이 각광을 받는다고 합니다. 우리나라에서도 빅데이터를 공부하려는 젊은이들이 많이 나오고 있습니다. 어떤 기업은 이제 해외 MBA 출신들은 안 뽑는다고 합니다. 대신 빅데이터 전문가들만 스카우트하는 쪽으로 방향을 바꿨다고 합니다.

그런데 빅데이터 전문가라고 하면 그 범위가 좀 애매합니다. 그래서 이를 좀 구별할 필요가 있습니다. 보통 세 종류의 전문가 그룹으로 나눌 수 있습니다.

첫째는 빅데이터 컨설턴트입니다. 이 부류에 속하는 사람들은 데이터를 갖고 그 기업의 문제가 무엇인지 찾아내는 사람들입니다. 기업경영을 컨설팅하듯이 데이터 비즈니스를 컨설팅하는 겁니다. 새로운 비즈니스를 찾는 것만 하는 건 아닙니다. 기업이 보유하고 있는 데이터를 보고 어떻게 하면 경영을 효율화하고 비용을 절감하고, 조직을 활성화할지 연구합니다. 그래서 이렇게 빅데이터를 만들면 돈을 벌겠다, 또 비용을 절감할 수 있겠다는 걸 찾아내는 사람입니다. 우리

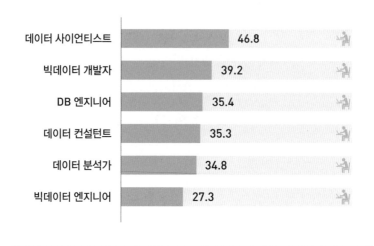

| | |
|---|---|
| 데이터 사이언티스트 | 46.8 |
| 빅데이터 개발자 | 39.2 |
| DB 엔지니어 | 35.4 |
| 데이터 컨설턴트 | 35.3 |
| 데이터 분석가 | 34.8 |
| 빅데이터 엔지니어 | 27.3 |

*필요 인력 대비 현재 인력                              자료 : 한국데이터진흥원

나라에서는 이런 데이터 컨설턴트가 턱없이 부족합니다. 가장 취약한 부분입니다.

두 번째 그룹은 데이터 매니저입니다. 이는 정보통신 기술자입니다. 데이터 컨설팅 결과 그걸 실제로 기업경영에 적용할 수 있도록 소프트웨어를 개발하거나 분석의 틀을 짜고, 앞으로 계속 데이터를 활용할 수 있는 업데이트 프로그램 같은 걸 만드는 사람들입니다. 이 분야는 대한민국이 나름 경쟁력이 있습니다.

마지막 세 번째는 데이터 사이언티스트입니다. 이 부류의 인재들이 가장 몸값이 비싼데 그건 기술도 알아야 되고 경영전략에 대한 통찰력도 있어야 합니다. 실제 빅데이터 기반으로 비즈니스가 될 수 있는지를 파악하는 사람이기 때문입니다. 가설을 세우고 그게 맞는지 검증합니다. 여러 가지 기술을 써보고, 시행착오를 거쳐 비즈니스 모델을 만들어야 하거든요. 우리나라가 집중적으로 육성할 필요가 있는 분야이기도 합니다.

# GfK라는
# 빅데이터 기업이 있다고?

아마 대부분 사람들에게 생소한 기업일 겁니다. GfK. 일단 이름부터 특이합니다. 앞의 G와 K는 대문자로 쓰고 가운데 f는 소문자로 씁니다. 풀네임은 'Gesellschaft fur Konsumforschung'입니다. 독일 회사입니다. 영어로는 Society for Consumer Research인데 독일식 이름의 앞자를 따서 GfK라고 합니다.

흔히 빅데이터 기업이라고 하면 구글이나 페이스북 같은 회사를 머리에 떠올립니다. 우리나라의 경우 네이버 같은 기업이겠지요. 그런데 이름도 모를 독일 기업을 빅데이터 기업의 모범이라고 말하는 전문가들이 많습니다. 그 이유는 빅데이터 비즈니스의 기본을 이 회사에서 배울 수 있기 때문일 겁니다. 구글 같은 회사는 이미 규모의 경제에 도달해서 감히 따라잡을 엄두가 나지 않습니다. 배울 게 많지만 그걸 우리 기업에 적용하겠다고 하면 뱁새가 황새 쫓아가다 가랑이 찢어지는 사태가 발생할지 모릅니다. GfK는 이들 글로벌 기업과는 비즈니스 모델이 좀 다릅니다. 업태도 다르고요.

GfK는 1934년 설립된 독일 뉘른베르크에 소재한 시장조사업체입니다. 지금은 프랑크푸르트 증시에 상장돼 있는데 닐슨컴퍼니, 칸타그룹, 입소스에 이어 글로벌 4위 시장조사업체로 알려져 있습니다. 주요 업무 영역은 자동차, 소비재, 거시경제 등 시장조사입니다.

당초 GfK는 학자들의 모임에서 출발해 오늘에 이르렀는데 초기에 GfK 모임에 가담한 학자 중 한 명이 전후 독일경제를 설계해 '라인강의 기적'을 일궈낸 루트비히 에르하르트(아데나워 총리 시절 초대 경제부장관)입니다.

이 회사가 한 일은 기업들의 판매기록을 현장 조사하는 것이었습니다. 베스트바이나 월마트, 우리나라의 경우엔 하이마트 이런 곳에 가서 기업들의 상품이 얼마에 몇 개가 팔렸는지를 세었습니다. 수십 년간 했습니다. 그리고 그걸 두꺼운 책자로 만들어 팔았습니다. 요즘 세대 젊은이들은 잘 모를 겁니다. 전화번호부나 회사연감 같은 책입니다. 이게 돈이 되냐? 시장의 참고자료가 된 것입니다. 돈이 좀 됐습니다. 예를 들어 삼성전자와 LG전자는 늘 시장점유율 전쟁을 벌입니다. 우리 기업이 생산하는 냉장고가 유럽에서 얼마나 팔렸다고 말합니다. 그런데 시장에서는 그 수치를 믿기보다는 GfK 자료에 신뢰를 보냅니다.

GfK는 언제부턴가 이 자료를 자신의 플랫폼에 집어넣기 시작했습니다. 데이터를 포맷팅하기 시작한 겁니다. 데이터는 커갈수록 뒤로 후퇴하는 법은 없습니다. 계속 쌓입니다. 그걸 얼마나 비즈니스에 적합한 데이터로 만드느냐가 관건입니다. 빅데이터 비즈니스의 요체이지요. 지금은 이 분야의 전 세계 독점기업이 됐습니다. 왜냐? GfK만 갖고 있는 데이터이니까요. 그리고 그건 모두 개별화된, 그러니까 기업들의 데이터입니다.

GfK는 지금 전 세계 100개국에 1만 3,000명을 고용하는 기업으로 한국에도 들어와 있습니다. 영업은 주로 유럽 베이스입니다. 그 시장이 대략 53%이고 아시아는 16% 정도입니다. 빅데이터를 스마트데이터로 바꾸자는 기치하에 2012년부터 GfK를 'Growth from Knowledge'라 풀어쓰는 캠페인을 벌였습니다. 큰 성공을 거뒀다고 보기는 힘듭니다. 디지털 전용 마케팅 리서치 회사들이 많아진 탓이지요. 〈파이낸셜타임스〉는 GfK가 경쟁사에 비해 혁신이 부족하다고 비판하면서 시장점유율을 잃어가고 있다고 분석합니다. 영국 신문이라 독일 기업에 대해 쌀쌀맞은 평가를 한 지는 모르겠으나 그렇게 폄하 대상 기업은 아니라고들 말합니다.

GfK는 2011년 미국 캘리포니아주 팔로알토에 있는 '놀리지 네트워크KN;Knowledge Networks'란 기업을 인수해 업무 영역을 확장했습니다. KN은 의류, 제약, 미디어, 공공정책 등 다양한 분야에 대한 온라인리서치를 하는 회사입니다. 이 회사의 '다임스토어 플랫폼'이란 프로그

독일의 GfK 로고

램이 디지털광고 캠페인의 효율성을 리얼타임으로 측정하는 도구로 널리 인정받고 있습니다.

GfK가 성공적인 빅데이터 기업이냐 아니냐 논란을 벌이는 건 그리 의미가 없어 보입니다. 여기서 우리가 배울 점이 무엇이냐를 찾는 게 중요하겠지요. 미래에 대한 확신을 가지고 오랜 시간을 투자해 자료를 모으고 그걸 포맷팅해 비즈니스 기회를 찾은 과정은 우리나라 기업들이 충분히 벤치마킹할 가치가 있다고 생각됩니다.

**PART 3**

# 사물인터넷과
# 반도체

사물인터넷과
반도체

# 4차 산업혁명의 척수, 사물인터넷

4차 산업혁명의 정의를 내릴 때 세계경제포럼wef의 클라우스 슈밥 회장이 말한 걸 기억하나요? 매년 스위스 산골마을인 다보스에서 세계 최대 규모의 포럼을 여는 슈밥 회장은 이렇게 정의했습니다.

"물리적 세계, 디지털 세계, 생물학적 세계의 경계가 사라지는 기술적 융합"이라고. 그래서 지능형 사이버 물리시스템cps;Cyber Physical System 을 구축하는 것이 4차 산업혁명이라는 건데 이건 독일이 주도하는 '인더스트리 4.0'을 염두에 둔 말로 보입니다. 이 정의를 아주 좁혀서 해석하자면 주로 사물인터넷에 관련된 센서 등과 이를 통제하는 컴퓨팅적 요소의 결합으로 볼 수 있고 그렇다면 가장 중요한 4차 산업혁명의 요소는 인공지능과 사물인터넷이 되는 셈입니다. 더 나아가 사물인터넷에서 모인 데이터가 빅데이터가 되는 거고요. 그래서 혹자는 4차 산업혁명의 3요소를 인공지능, 사물인터넷, 빅데이터라고 말하기도 합니다.

인공지능과 빅데이터는 살펴봤으니 이제 사물인터넷에 대해 알아보기로 하지요. 사물인터넷이란 용어는 1999년 MIT 오토아이디센터Auto-ID Center 소장으로 있던 케빈 애쉬턴이란 사람이 제일 먼저 사용했습니다. 이게 옥스퍼드 사전에 등재된 건 이로부터 14년 뒤의 일입니다.

그는 당시 프록터앤드갬블P&G이라는 화장품 회사의 프로젝트를 수행하고 있었습니다. 무슨 프로젝트냐 하면 립스틱에 RFIDRadio Frequency IDentification를 부착했는데 이를 인터넷에 연결한 것입니다. 그래서 생산에서부터 소비에 이르기까지 전 과정을 추적한 것입니다.

그래서 사물인터넷을 확실하게 이해하려면 RFID를 알아야 하고, 그 전신이라고 할 수 있는 바코드를 먼저 알아두는 게 좋습니다.

바코드는 아마 모르는 사람이 없을 겁니다. 편의점에서 물건을 사거나 서점에서 책을 사면 점원이 스캐너를 상품 귀퉁이에 대지요. 막대로 표시되어 있는 것, 그게 바코드입니다. 이걸 보면 똑같은 길이의 수직 막대가 굵기가 다르게 여러 개 있는 걸 알 수 있습니다. 왜 그럴까요? 거기에 그 상품 정보가 담겨져 있는데 그걸 글자나 숫자로 표시하면 기계가 읽어내기 힘들기 때문입니다. 스캐닝만 하면 이 상품의 신원조회가 끝나는 거지요. 이 상품 가격은 얼마이고, 재고는 어떻게 되는지 알 수 있습니다. 이게 중앙 서버와 연동돼 전체적으로 상품이 언제, 어떻게, 얼마의 가격에 팔려나갔는지 등의 정보가 데이터화되는 것입니다.

이걸 무선통신으로 이용한 게 RFID입니다. 이를 통해 다양한 상품이나 동물 등의 정보를 관리합니다. '전자태그', '스마트 태그', '전자라벨', '무선식별' 등으로 불리는데 기업들은 생산에서 판매에 이르는 전 과정의 정보를 초소형칩인 IC칩에 내장시켜 이를 무선주파수로 추적합니다. RFID는 간단히 말하면 센서의 한 종류라고 생각하면 됩니다. 신분증 역할을 하는 것이 RFID이고 RFID칩에 저장된 정보를 읽는 리더Reader가 센서입니다.

그래서 사물인터넷이라 하면 그거 RFID 아니냐, 우리 주변에 흔히 볼 수 있는 것 아니냐는 사람들이 있습니다. 예를 들어 고속도로 톨게이트에 설치된 하이패스를 볼까요. 이건 톨게이트에 센서가 있어 톨게이트를 통과하는 차량들의 라벨을 읽습니다. 그게 RFID 방식인데 그런 게 사물인터넷 아니고 뭐냐는 거지요. 사물에 센서를 부착하고 실시간으로 서로 소통하지 않느냐는 것입니다. 내 차가 톨게이트를 지나갔는데 톨게이트 요금이 3,000원이면 잔고에서 3,000원이 빠지고 도로공사가 관리하는 서버에 그 정보가 저장됩니다.

맞습니다. 그런데 그 정보는 도로공사가 관리하는 특별한 망에 의해서만 관리됩니다. 그런데 이게 인터넷으로 연결된다면 얘기가 다릅니다. 그러면 일본 도로공사와도 연결이 가능합니다. 내 차를 일본으로 가져가 일본에서 고속도로를 달리면 똑같이 쓸 수 있다는 얘기입니다. 극단적이고 비현실적인 사례이긴 합니다만 이렇게 생각하면 개념을 이해하기 쉽습니다.

그렇다면 사물인터넷의 가장 큰 특징은 무엇일까요? 센서들이 엄청나게 많은 사물에 다 붙어있어 사람 없이 사물 간에 연결되는 것입니다. 무엇으로? 인터넷으로. 그게 서버라고 하는 클라우드에 전달되는 것입니다. 이게 핵심입니다. 스마트폰과 냉장고가 연결되고, 알람시계와 커피머신이 연결되고, 병원과 약병 뚜껑이 연결됩니다. 냉장고에 유통기한이 지난 음식이 있으면 그게 바로 스마트폰으로 정보를 제공하고, 알람시계가 울리면 커피머신은 바로 모닝커피를 준비하고, 병원은 환자가 약 먹을 시간이 되면 약병 뚜껑에 불이 들어오는 것들이 가능해집니다.

언론에 자주 등장한 사례들을 소개하고자 합니다. 사물인터넷 창시자가 MIT 소속이라고 했는데 이곳에서는 기숙사 화장실과 세탁실에 센서를 설치하고 그걸 인터넷으로 연결했습니다. 학생들은 사물 간에 주고받는 정보를 통해 어떤 화장실이 지금 비어 있는지, 어떤 세탁기와 건조기가 사용 가능한지를 실시간으로 파악할 수 있습니다.

멕시코 수도인 멕시코시티는 범죄가 많이 발생하는 도시로 악명이 높습니다. 그런데 이 도시에서의 범죄율이 급격히 낮아졌습니다. 경찰 인력이 늘어나서도 아니고, 시민들의 의식이 높아져서도 아닙니다. 그 이유는 다름 아닌 사물인터넷입니다. 도시 전역을 아우르는 감시 시스템에 장착된 센서가 범죄를 줄인 1등 공신이었습니다. 이 센

## 냉장고에 적용된 사물인터넷과 센서

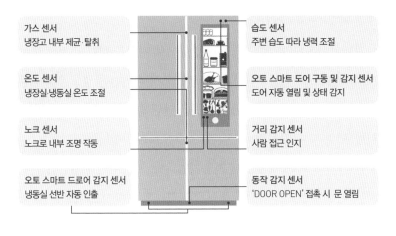

가스 센서
냉장고 내부 제균·탈취

온도 센서
냉장실·냉동실 온도 조절

노크 센서
노크로 내부 조명 작동

오토 스마트 드로어 감지 센서
냉동실 선반 자동 인출

습도 센서
주변 습도 따라 냉력 조절

오토 스마트 도어 구동 및 감지 센서
도어 자동 열림 및 상태 감지

거리 감지 센서
사람 접근 인지

동작 감지 센서
'DOOR OPEN' 접촉 시 문 열림

서는 주변에 설치된 CCTV 카메라를 통해 사운드를 수집하는 방식으로 총소리나 비명 소리 등을 잡아내고 이는 치안당국에 있는 중앙통제시스템과 실시간 연결된 것입니다.

　스마트시티는 사물인터넷 없이는 불가능합니다. 스마트시티의 필수불가결한 요소 중 하나가 '교통'일 겁니다. 즉 지능형 교통정보시스템인데 이건 교통과 관련된 여러 가지 사물이 인터넷으로 연결돼야 가능해집니다. 일단 도로에 설치된 센서들이 신호등의 센서와 서로 소통해야 합니다. 그래야 도로가 안 막히는 길로 차량을 유도해 교통 흐름이 원활해지지 않겠습니까? 스피드를 제한하는 도로 표지판이 있지요. 그것 역시 차량이 막히면 늦추고 차량이 뜸하면 빨리할 수 있을 겁니다. 기상 상황에 따라, 눈이나 비가 올 때는 속도를 줄일 수 있도록 자동 제어될 것입니다.

가변차선은 어떨까요? 막히는 방향으로 차선을 하나 더 만들어주며 실시간으로 변할 것입니다. 긴급재난 시 대피하는 것도 안내해주고, 주차도 자동적으로 비어있는 곳을 안내해주지 않을까요? 그렇습니다. 이 모든 게 사물과 사물 간의 소통으로 가능합니다.

한 가지 빠뜨린 게 있는데 자동차입니다. 자율주행차 시대가 되면 자동차는 어찌 보면 인터넷에 연결된 하나의 디바이스라고 할 수 있습니다. 자동차 안에 수많은 센서들이 있어 외부의 각종 교통과 관련된 센서들과 연결됩니다. 차량과 차량 간의 센서가 연결되면 사고가 발생하기 직전에 충돌을 예방할 수 있습니다. 그래서 자율주행차 시대에는 교통사고가 10분의 1 수준까지도 줄어들 수 있다는 보고서가 나왔는데 정말 그럴 것 같습니다.

스마트시티에 대해 설명했지만 사물인터넷은 너무나도 많은 분야와 관련이 있습니다. 인류의 삶이 송두리째 바뀐다고 봐도 무방합니다. 기관마다 다른 예상을 하지만 앞으로 어느 정도 사물인터넷이 활성화될 것이냐에 대해 4년 전쯤 미국 유명 통신 및 네트워크 전문 기업 시스코는 2020년이면 인터넷에 연결된 사물 수가 500억 개에 달할 것으로 내다봤습니다. 감이 잘 안 올 텐데 1인당 약 10개 정도의 사물이 연결되는 것입니다. 2030~40년에는 이게 몇 개까지 늘어날까요? 시스코는 무려 1인당 200개로 예측했습니다. 이 정도 되면 우리 삶은 어떻게 될까요? 상상을 넘어설 겁니다.

이런 게 어떻게 해서 다 가능해질까요? 그만큼 기술이 발전했다는 얘기고 그것들이 다 4차 산업혁명이라고 말할 수 있습니다.

기본적으로 사물인터넷에 필요한 핵심 기술은 세 가지입니다.

첫 번째는 '센서'입니다. 가장 중요한 하나를 꼽으라면 그게 바로 센서입니다. 사람과 사람 간에는 어떻게 소통하나요? 대화를 해서 서로의 생각을 알 수 있게 되지요? 눈으로 보고 그 사람의 심리상태를 알 수도 있습니다. 그러면 사물과 사물은 어떻게 소통하나요? 기본적으로 상대방부터 파악해야 합니다. 그러려면 사람마다 이름이 있듯, 사물마다 이름이 있어야겠지요. 그게 아이디나 IP주소입니다. 그 다음 생각을 읽고 의사 표현을 해야 합니다. 그걸 담당하는 게 센서입니다. 이른바 물리적 센서입니다. 온도, 습도, 열, 밝기 같은 것부터 사물이 다가오는 걸 알아차리는 원격감지, 레이더, 위치, 움직임 등 갖가지 정보를 사물끼리 주고받아야 합니다. 그건 통신으로 해야겠지요. 이걸 사물 간 네트워크라고 하는데 WPAN, WLAN 등 근거리 통신기술이나 이더넷, BcN 등의 이동통신 및 유선통신기술 같은 네트워크 인프라가 있어야 합니다. 그러나 기본은 센서이고 이 센서에 네트워크 기술이 포함돼 있다고 보면 됩니다.

삼성전자에서 나온 갤럭시 휴대폰이 있다면 '*#0*#'을 눌러보면 됩니다. 그러면 여러 가지 기능이 나오는데 그중 'Sensor'라는 게 눈에

띌 겁니다. 그걸 누르면 센서의 종류가 나오고 각각 마치 암호 같은 숫자들이 수시로 바뀌는 걸 볼 수가 있습니다. 맨 위에 아마 '가속도 센서'라는 게 있을 겁니다. 이건 휴대폰을 지니고 걸을 때 몇 보를 걷는지를 감지하는 센서입니다. 그래서 운동량 체크 같은 게 가능해집니다.

센서가 보내는 정보는 한 곳으로 모이게 됩니다. 이 정보들이 많을수록, 그리고 빠르게 처리할수록 제대로 된 의사소통이 됩니다. 그래서 사물인터넷에 필수적인 나머지 두 가지 요소는 '빅데이터'와 '클라우드'입니다. 빅데이터는 정보를 모으고 그 정보를 분석합니다. 이런 걸 언제 어디서든 쉽게 뽑아 쓸 수 있어야 하는데 그게 클라우드입니다.

예를 들어 집에 있는 전기·전자기계들을 모두 통제할 수 있는 스마트홈을 구비했다고 합시다. 전구, 출입문, 냉장고, TV 같은 각각의 기기에 다 센서가 붙어있습니다. 이 센서들은 네트워크로 연결돼야 합니다. 그러려면 센서에 직접 통신할 수 있는 시스템이 있어야 합니다. 그걸 그냥 편하게 네트워크라고 했습니다. 어떤 기기는 이런 게 없을 수도 있습니다. 일종의 와이파이 같은 시스템으로 허브로 보내고 허브에서 중앙서버 그러니까 클라우드로 정보를 보냅니다. 그러면 그런 정보들이 모여 빅데이터를 이루게 됩니다.

시스코 존 체임버스 회장은 몇 년 전 라스베이거스에서 열린 CES에서 사물인터넷에 대해 "단순히 기술적인 문제가 아니며, 인류 생활

방식 자체를 바꾸는 혁명적인 일"이라고 말했는데 세상은 벌써 그 혁명의 한가운데로 들어서고 있습니다. 그동안 공상과학영화에서나 볼 수 있었던 장면들이 실제 우리 눈앞에서 벌어지고 있습니다. 2017년 라스베이거스 CES는 어찌 보면 사물인터넷이 4차 산업혁명이 주인공으로 등극한 행사였습니다.

# 사물인터넷이 만드는
# 무시무시한 세상

---

사물인터넷에서 중요한 게 세 가지가 있는데 그건 센서와 빅데이터, 클라우드라고 했습니다. 그런데 이 세 가지의 중요성은 각각 어느 정도 될까요? 조금 과장하자면 센서가 90%는 될 겁니다. 나머지는 그냥 액세서리입니다. 사물인터넷의 핵심은 센서를 얼마나 광범위하게 장착하느냐가 관건입니다.

2017년 미국 미래학자 비벡 와드와의 《선택 가능한 미래》가 한국에서도 번역됐습니다. 원제는 《*Driver in Driverless Car*》입니다. '운전자 없는 차 안의 운전자'로 번역되는데 제목이 재미있어 읽어봤습니다. 저는 개인적으로 번역한 책의 제목이 마음에 안 듭니다. 원제가 훨씬 와 닿는 것 같습니다.

저자는 사물인터넷에 대해 다소 부정적입니다. 일단 처음 시작하

손현덕의 구석구석 4차 산업혁명 탐구

는 문장 자체가 매우 냉소적입니다. "사물인터넷은 우리가 일상적으로 사용하는 가전제품과 전자기기, 자동차, 가정, 사무실, 공공장소에 갈수록 많은 센서가 설치되는 것을 고상하게 일컫는 말일뿐이다"라고 했습니다.

이런 센서는 앞서 언급한 네트워크 인프라와 연동돼 첨단기업이 관리하는 중앙 정보 저장소로 전송될 것입니다. 센서는 갈수록 작아지고, 설치되는 장소는 갈수록 많아지고, 그리하여 데이터는 기하급수적으로 쌓여갈 것입니다.

저자의 걱정은 이 센서가 인간 몸 안으로 들어오는 겁니다. 한 예로 인기 있는 미국 TV드라마 〈홈랜드〉를 들었습니다. 이 드라마의 한 에피소드에서 테러리스트가 미국 부통령 심장에 있는 박동기를 해킹해서 암살하는 장면이 등장합니다. 해커는 원격장치를 이용해 부통령의 심장박동수를 높여서 치명적인 심장마비를 일으킵니다. 심장박동기는 의사가 건강상태를 확인할 수 있도록 인터넷에 연결되어 있었습니다. 사물인터넷이었던 것입니다.

사물인터넷은 이렇게 심장박동기에서부터 혈압과 호흡을 체크하는 모니터에 이르기까지 우리 몸 구석구석까지 파고들 것입니다. 이유는 간단합니다. 기업은 이를 통해 돈을 벌고, 사람들은 보다 더 건강한 삶을 누릴 수 있다고 생각하기 때문입니다. 윈윈이지요.

파트 2 빅데이터 편에서 언급했듯이 데이터는 개인화된 정보일수록 가치가 커집니다. 자신의 신체에 대한 정보를 기업이 갖는다는 것은 보물단지 수익원을 확보하는 것과 다름없습니다. 신체는 민감한 영역인지라 반론이 큽니다. 건강과 질병 예방을 위해 기꺼이 자신의 신체정보를 기업에 제공할 수도 있습니다만 이런 정보가 유출되거나, 범죄에 악용된다면 그야말로 소름끼치는 일입니다. 〈홈랜드〉 드라마와 같은 일들이 실제 벌어질 수도 있을 겁니다. 제가 워싱턴특파원으로 있을 때 미국 부통령이 딕 체니였습니다. 그는 늘 심장이 문제였습니다. 대통령 취임식이 1월에 있었는데 그때 워싱턴 날씨가 매우 추웠습니다. 취임식 행사를 국회의사당 앞에서 하는데 추운 날씨에 밖에 오래 서 있는 건 심장이 약한 사람으로선 고역입니다. 그래서 체니 부통령은 이때 코트 깃을 한껏 세우고 몸을 움츠리고 있었습니다.

〈홈랜드〉 영향일까요? 그는 심장박동기를 무선으로 연결해 병원에서 늘 체크하는데 테러 위험성이 있다는 사실을 알아차리고는 그 연결 기능을 꺼달라고 요청했습니다. 잘 알려진 일화입니다.

거대 글로벌 정보통신기업들은 다 '플랫폼' 비즈니스입니다. 구글, 아마존, 페이스북 등이 다 플랫폼 사업자입니다. 이들은 단기적인 이익에 큰 관심이 없습니다. 그보다는 얼마나 네트워크 규모를 키우느냐가 더 중요합니다. 데이터를 쌓아놓으면 그게 돈이 된다는 사실을 알고 있는 겁니다. 그들은 인터넷에서 서비스를 무료로 제공합니다. 자선사업일까요? 전혀 그렇지 않습니다. 고객 정보가 수익원이라는 사실을 너무나도 잘 알고 있기 때문입니다. 그 고객 정보를 모으는 수단 중 가장 강력한 것이 사물인터넷입니다. 센서만 널리 깔아놓으면 자동적으로 데이터가 굴러들어옵니다.

대표적인 기업이 구글입니다. 그 첫 공략 대상은 가정입니다. 사람들은 집에서 대부분의 시간을 보냅니다. 2014년 초 구글 M&A가 화제가 된 적이 있습니다. '네스트 랩스Nest Labs'라는 벤처기업을 우리나라 돈으로 치면 3조 원이 넘는 거금을 들여 인수했습니다. 매출액의 10배나 되는 돈을 썼습니다. 네스트 랩스는 사물인터넷 회사로서 온도조절기를 만들었습니다. 네스트의 온도조절기가 바로 가정의 정보를 얻는 센서이고, 구글은 이를 통해 스마트홈의 허브를 구축한다는 구상입니다.

가정 다음은 어디일까요? 구글은 자동차를 공략합니다. 차 안에서도 오랜 시간 보내고 있지 않습니까? 자율주행차에서 가장 앞선 기업은 자동차 회사가 아닙니다. 바로 구글입니다. 그리고 무인자동차가 가장 많이 돌아다는 곳은 자동차의 도시 디트로이트가 아니고 디지털의 도시 실리콘밸리입니다. 그것이 가능한 게 바로 센서이고 사물인터넷입니다.

구글뿐인가요. 지금 전 세계 기업들이 사물인터넷을 이용한 데이터 수집과 이를 통한 비즈니스 발굴에 혈안이 돼 있습니다. IBM은 컴퓨터 만드는 회사 아니냐고 말한다면 참 옛날 사람이란 소리 듣기 십상입니다. 지금은 소비자들의 전기 사용에 대한 데이터를 모아 그걸로 스마트그리드를 구축하려고 합니다. 통상 전기라는 게 발전소에서 가정으로 일방통행을 합니다만 소비자들의 전력 사용 패턴을 알면 전력생산량을 적절히 조절할 수도 있고 갑작스러운 정전이나 전력난에 대비할 수도 있습니다. IBM은 여기에 돈이 있다고 본 것입니다. IBM이 2010년 1월부터 2013년 2월까지 진행한 총 33건이 M&A 중 3분의 2에 해당하는 22건이 사물인터넷과 관련돼 있습니다.

글로벌 기업들은 지금 고객들의 정보를 어떻게 모으느냐에 모든 사력을 쏟고 있습니다. 그리고 자신만의 고유한 빅데이터를 구축하려고 합니다. 그것이 플랫폼 비즈니스의 요체이고 생태계를 점령하는 방법입니다. 사물인터넷은 그 중심에 있습니다.

# 젖소의 인공수정에도
# 사물인터넷이 활용된다

미국 라스베이거스에서 열리는 CES에 단골로 등장하는 기업 중 하나가 일본 후지쯔입니다. 정보통신업체로 노트북 같은 전자제품도 만들고 빅데이터나 전산시스템과 관련된 IT솔루션도 내놓는 글로벌 기업입니다. IBM, HP 등 미국계 기업들과 경쟁관계에 있습니다.

그런데 이 회사가 농업에 진출했다고 하면 믿어지나요? 뭔가 잘못된 것 아니냐며 의심하는 사람들이 많을 것 같지만 라스베이거스 CES에 농업과 관련된 신제품을 들고 나온 적이 있습니다. 사연은 이렇습니다.

어느 날 일본 낙농업자들이 후지쯔를 찾아왔습니다. 그리고 이렇게 물었습니다. "후지쯔의 기술로 목장 암소들이 새끼를 많이 낳을 수 있도록 할 수 있겠습니까?" 젖소 키우는 낙농업자가 후지쯔를 찾아 이런 어려움을 호소한 이유는 인공수정 타이밍을 잡는데 후지쯔의 IT 기술이 도움이 될 것 같다는 판단 때문이었습니다.

암소들도 월경주기가 있습니다. 통상 21일로 이 중 임신 가능 기간은 12~18시간밖에 안 됩니다. 이때 암소들은 발정으로 흥분 상태에 이릅니다. 이 시간에 수정이 이뤄져야 암소가 임신하게 되고 새끼를 낳아 젖을 많이 짤 수 있습니다. 그런데 낙농업자들이 이걸 맞추기가 여간 어려운 일이 아닙니다. 소를 계속 지켜볼 수 없는 노릇이지요. 더욱이 한두 마리여야죠. 불행히도 발정기는 주로 밤이기 때문에 낮에 낙농업자들이 발견할 수 있는 시간은 4~6시간입니다. 1/3에 해당합니다. 그걸 놓치면 다시 21일을 기다려야 합니다. 낙농업자 입장에서는 그야말로 생산성과 직결되는 문제이고 이걸 해결할 수만 있다면 많은 수익을 거둘 수 있게 되는 거지요.

여기에 후지쯔의 사물인터넷이 등장합니다. 암소 발목에 사람으로 치면 만보계 같은 걸 채웁니다. 그리고 이걸 무선인터넷으로 연결해 낙농업자들이 볼 수 있게 한 것이지요. 만보계를 왜 채우느냐? 그건 생물학과 관련이 있습니다. 연구팀은 암소가 발정기가 되면 걸음수가 빨라진다는 사실을 알아냈습니다. 보통 때보다 6배나 더 많은 걸음을 걷는다고 합니다. 그래서 암소가 흥분 상태라는 걸 알아낸 만보계가 인터넷을 통해 낙농업자의 모바일 전화기에 신호를 보내고 낙농업자들은 이때를 놓치지 않고 수정 작업에 들어가게 됩니다.

이걸 어떤 사람이 아주 재치 있게 'AIArtificial Intelligence가 AIArtificial Insemination를 만나는 순간'이라고 표현한 걸 외신에서 본 기억이 납니다.

일본 후지쯔 로고

혹시 인공지능과 사물인터넷은 우리와 멀리 떨어진 분야라고 생각했나요? 아니면 그건 정보통신업계에나 해당하는 얘기라고 생각했나요? 후지쯔는 이들이 가장 전통적인 산업에까지 영향을 줄 수 있다는 걸 극명하게 보여주고 있습니다.

이런 사례는 이제 농업 분야에 꽤나 보편화됐습니다. '스마트 팜smart farm'이라는 용어가 전혀 생소하지 않습니다. 어느덧 우리나라 농촌 풍경도 빠르게 바뀌고 있습니다. 농장이 똑똑해지고 있는 겁니다.

가장 일반적인 모습을 한번 들여다볼까요? 토마토를 생산하는 비닐하우스가 있습니다. 이 비닐하우스 천장에 고성능 카메라가 몇 대 설치돼 있습니다. 비닐하우스 면적에 따라 카메라 수는 차이가 납니다만 사각지대가 생기지 않도록 네 귀퉁이에 각각 하나씩 설치합니다. 이 카메라는 3D 카메라입니다. 왜 입체로 하느냐고요? 작물의 크기나 두께를 알아볼 수 있어야 하기 때문입니다. 그래야 토마토가 어느 정도 자랐는지, 제대로 크고 있는지를 식별할 수 있지요.

비닐하우스 센서가 두 종류 있습니다. 하나는 온도를 측정하는 센서, 다른 하나는 습도를 측정하는 센서입니다. 이 센서를 일일이 농부가 확인하지 않습니다. 사물인터넷이지요. 환풍기나 냉난방기와 연결돼 있습니다. 일정 범위를 넘어서면 자동 조절됩니다. 이런 정도는 거의 기본입니다. 더 중요한 것은 각종 정보들이 축적된다는 것입니다. 그게 빅데이터입니다. 이제 최상품질의 토마토 생산하기 위한 비법을 알아내게 되는 겁니다. 농부의 감으로 수백 년을 이어 내려온 암묵적 지식이 4차 산업혁명이란 새로운 전환점을 맞아 전혀 예상하지 못한 세계, 즉 명시적 지식의 세계로 진입하게 된 것입니다.

후지쯔 사례를 들었습니다만 후지쯔가 하는 프로젝트를 하나 더 소개하겠습니다. 후지쯔는 최근 10년간 일일 평균기온과 태양 복사열 데이터를 모아 상추의 생산량을 예측하는 프로그램을 개발했습니다. 정확도가 90% 가까이 된다고 합니다. 이걸 하면 무슨 효과가 있을까요. 갑자기 풍작이 돼 가격이 떨어지거나, 그 반대로 흉작이 돼 재고가 모자라 시장에 공급을 못하는 유통상 문제점을 해결할 수 있게 되겠지요. 농민의 가장 큰 설움이 이런 거 아닙니까? 가끔 신문 지면에 큼지막하게 '배추의 눈물'과 같은 감성적인 제목의 기사가 나오는데 이제 그런 일은 일어나지 않을 것 같습니다.

인공지능과 사물인터넷은 이렇게 우리 삶에 아주 가까이 와 있습니다.

# 반도체는
# 살아있다

---

대한민국이 4차 산업혁명의 후발주자라고들 하지만 그래도 참 운이 좋다고 생각하는 건 반도체 때문입니다. 인공지능, 빅데이터, 사물인터넷, 로봇, 자율주행차, 스마트공장…. 4차 산업혁명 하면 흔히 떠오르는 분야 중 어느 하나 두각을 나타내는 게 없는데도, 그리고 4차 산업혁명을 위해 필요한 인프라나 제도에서도 국가경쟁력이 형편없는 것으로 나오는데도 대한민국이 4차 산업혁명의 수혜국가가 될 수 있는 건 순전히 반도체 덕분입니다.

4차 산업혁명은 어찌 보면 반도체 빅뱅입니다. 4차 산업혁명의 어느 분야도 반도체가 뒷받침되지 않으면 성공할 수 없습니다. 아무리 혁신적인 아이디어가 있고, 그걸로 신제품을 만들더라도 반도체가 길을 뚫어줘야 세상에 빛을 발합니다. 반도체는 4차 산업혁명의 성공

손현덕의 구석구석 4차 산업혁명 탐구

여부를 결정짓는 열쇠라고 해도 과언이 아닙니다.

왜 그럴까요? 반도체에 대한 공부를 좀 하다 보면 그 답을 알 수 있습니다. 반도체는 크게 두 가지가 있습니다. 데이터를 저장하는 게 메모리 반도체이고 그 나머지는 비非메모리입니다. 기억하는 게 메모리고 기억을 바탕으로 명령하고 계산하고 일 처리를 하는 게 비메모리입니다. 데이터를 모으려고 해도, 그 데이터를 이용해 작업하려고 해도, 반도체는 필수품입니다. 예외가 없지요.

4차 산업혁명 시대가 되면 어떤 일이 벌어질까요? 기본적으로 데이터가 많아지고 이를 저장할 공간이 커져야 합니다. 그리고 일 처리도 빨라져야 하겠지요. 빅데이터 산업이 활성화되면 그만큼 저장 능력이 커져야 합니다. 각종 데이터를 외부 서버에 저장하는 클라우드 서비스는 그야말로 저장 능력이 핵심입니다. 사물인터넷이 폭발적으로 늘어난다는 것은 각종 사물로부터 정보를 많이 받는다는 것을 의미하고 이 역시 저장 능력이 필수입니다.

아마존, 구글, 마이크로소프트 등 굴지의 글로벌 기업들이 모두 데이터센터를 짓는 이유도 저장을 많이 하기 위해서입니다. 스마트폰은 전 세계에 약 15억 대가 있습니다. 이 스마트폰 용량이 16GB에서 128GB로, 좀 더 지나면 256GB로 용량이 늘어날 겁니다. 많은 데이터를 저장하고 일 처리를 빨리 하기 위한 반도체가 그만큼 더 필요하다는 얘기가 됩니다.

데이터를 저장하는 반도체가 메모리입니다. 메모리 반도체는 기

## 2000년 이후 메모리 시장 변화

(단위: 억 달러)

1차 슈퍼사이클

2차 슈퍼사이클

2001년
IT버블 붕괴로
일시적 수요감소

2008~2009년
글로벌 금융위기

2017년
올해 메모리 시장
전망 상향 조정

2015년 이후
4차 산업혁명 관련
메모리 수요 급증

2012년
엘피다 매각에 따른
D램 치킨게임 종료

자료: IC인사이츠

본이 D램Dynamic Random Access Memory이고 또 다른 하나가 낸드플래시입니다. 우리나라의 삼성전자와 하이닉스가 세계를 제패하고 있는 분야이지요.

여기서 잠깐 반도체 상식 하나를 짚고 갈까요. 디지털 세계에서는 모든 데이터가 '0'과 '1'로 저장됩니다. 텍스트 문서도 그렇고 사진도 그렇고 동영상도 마찬가지입니다. 전기를 넣으면 1이 되고 전기를 빼면 0이 되게 하는 게 반도체입니다. 말 그대로 반은 전기가 통하는 도체고 반은 전기가 안 통하는 부도체입니다. D램은 축전지capacitor를 사

손현덕의 구석구석 4차 산업혁명 탐구

용하는데 충전되면 1, 방전되면 0입니다. 간단하게 이렇게 생각하면 됩니다.

D램은 작업하는 동안 데이터를 기억하는 장치입니다. 전원이 켜져 있다면 데이터는 사라지지 않습니다. 그러나 전기 코드를 갑자기 빼면 데이터는 없어집니다. 데이터가 지워지지 않게 하려면 영원히 전원이 들어와야 하는데 그걸 감당할 재간이 없습니다. 전기 값도 전기 값이지만 오랫동안 전자기기를 켜놓고 있으면 열이 나 기기가 견딜 수 없습니다. 전류가 흐르면 저항이 생기고 그래서 열이 난다는 건 물리학의 기본입니다. 그래서 전기 코드를 빼더라도, 혹은 전원을 끄더라도 '저장'이란 키보드를 누르면 데이터를 보관할 수 있도록 해야 하는데 그게 낸드플래시입니다. 낸드는 전기를 흘려주지 않아도 메모리가 유지되게 하는 반도체입니다. 이렇게 메모리는 크게 두 가지라고 보면 됩니다.

반도체가 초호황을 맞으면서 삼성전자와 하이닉스가 유례없는 이익을 내는 이유가 여기에 있습니다. 1990년대 중반, 메모리는 한국으로 패권이 넘어왔지요. 삼성전자가 깃발을 들고 나갔고 1999년 LG반도체와 현대전자가 빅딜해 탄생한 하이닉스가 뒤를 이었습니다. TI가 발을 빼고, NEC와 히타치는 힘을 합해 엘피다를 만들었는데 이 역시 시장에서 사라졌습니다. 독일의 키몬다도 파산했습니다. 남은 건 미국의 마이크론과 대만의 몇 개 업체들인데, 대부분 시장의 판도를 흔들기엔 역부족인 조무래기들입니다.

## 메모리 반도체 시장 매출 규모 (단위 : 억 달러)

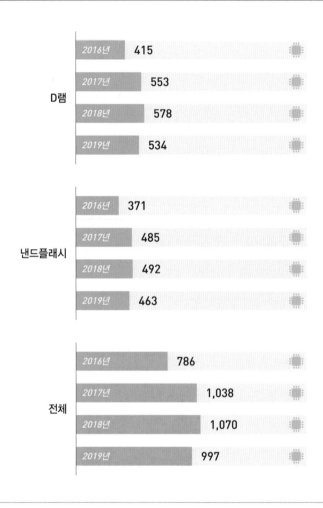

| | 연도 | 값 |
|---|---|---|
| D램 | 2016년 | 415 |
| | 2017년 | 553 |
| | 2018년 | 578 |
| | 2019년 | 534 |
| 낸드플래시 | 2016년 | 371 |
| | 2017년 | 485 |
| | 2018년 | 492 |
| | 2019년 | 463 |
| 전체 | 2016년 | 786 |
| | 2017년 | 1,038 |
| | 2018년 | 1,070 |
| | 2019년 | 997 |

자료 : IHS

손현덕의 구석구석 4차 산업혁명 탐구

반도체 업계에서 유명한 법칙이 하나 있는데 그게 '30% 법칙'이란 겁니다. 매년 반도체 집적도가 높아지면서 가격이 연평균 30%씩 떨어진다는 법칙입니다. 이게 메모리 분야에서 한국 기업의 독식을 가져왔습니다. 부연설명을 하자면 모든 메모리 반도체 회사들은 매년 가격이 30% 떨어지는 걸 기준으로 삼습니다. 그보다 더 떨어지면 적자고 덜 떨어지면 흑자입니다. 지구상에 이렇게 실벌한 산업이 반도체 말고 또 있을까요. 그러다 보니 많은 기업들이 질풍노도 같은 흐름에 펑펑 나가떨어집니다. 쉽게 말해 원가를 매년 30% 이상 절감하지 않으면, 또는 매년 생산성을 30% 이상 향상시키지 않으면 반도체 회사들은 버티기 힘듭니다. 강자만이 살아남기도 하지만 살아남는 자가 강자가 되는 시장입니다.

그런 피 터지는 경쟁을 하다 보니 소위 '슈퍼사이클'이란 게 옵니다. 이때는 얘기가 달라집니다. 경쟁자들이 나가 떨어지고, 물량을 제때 대지 못하게 되면, 즉 수요가 공급을 초과하게 되면 가격은 오릅니다. 그럼 이 시장은 대박이 납니다. 2016년이 그랬고 2017년도 그랬습니다. D램 가격이 50% 가까이 폭등했으니 이익이 산처럼 쌓이는 건 당연합니다. 게다가 판매량도 늘었습니다. 물론 그동안에 설비투자의 공백기가 있어 공급 측면에서 위축이 온 게 한 가지 이유일 겁니다. 그러나 공급 위축 못지않게 수요가 폭발하니 가격이 오르게 된 것입니다. 그 수요가 오른 게 바로 4차 산업혁명 때문입니다. 30% 떨어져도 버티는데 거꾸로 50%가 올랐으니까요.

# 메모리와
# 비메모리의 대결

---

메모리 반도체에 대해서는 살펴봤고 이제는 비메모리 쪽으로 가볼 차례입니다. 그 전에 사족 같습니다만 한마디 하고 시작하지요. 원래 비메모리라는 말은 과거 메모리가 주류를 차지하고 있던 시절, 메모리가 아닌 반도체를 뭉뚱그려 비메모리라고 부른데서 유래합니다. 그러니까 메모리 중심적 사고에서 나온 말입니다. 요즘은 비메모리라는 말을 잘 안 씁니다. 오히려 시스템 반도체라고 표현합니다. 그리고 반도체 시장에서 비메모리 분야가 차지하는 비중이 메모리보다 훨씬 큽니다. 그런데 말을 비메모리라고 했으니 그냥 비메모리라고 계속 쓰겠습니다.

비메모리는 연산, 논리 작업 등과 같은 정보 처리를 목적으로 제작된 반도체입니다. 사람으로 치면 두뇌에 해당합니다. 그 대표적인 것

손현덕의 구석구석 4차 산업혁명 탐구

이 인텔이 세계 시장을 석권하고 있는 CPU<sub>Central Processing Unit</sub> 입니다. 인텔의 세계 시장 점유율이 약 80% 됩니다. 우리말로 번역하자면 중앙처리장치인데 말 그대로 컴퓨터의 정중앙에서 모든 데이터를 처리하는 장치입니다. 업무처리를 지시하고, 일정을 짜고, 결과를 내는 일을 이 CPU가 다 합니다. 당연히 메모리 반도체보다 비싸겠지요.

인텔은 CPU가 돈이 될 것이라 보고 여기에 집중 투자하는 대신 메모리 분야를 포기했습니다. 당시 상황을 보면 이해가 됩니다. 인텔은 메모리 분야에서도 강자였는데 1980년대 들어 일본 회사들이 시장을 점령하기 시작하면서 마음이 바뀌었습니다. 도시바, NEC, 후지쯔, 미쓰비시, 히타치 같은 회사들이 인텔을 추격했습니다. 그래서 인텔은 메모리는 비전이 없다고 보고 사업을 접기로 했습니다. 그게 1984년의 일입니다. 그런데 10년 정도 지나자 이제 그 과실을 한국이 먹게 됐습니다. 한국이 일본을 따라잡은 것이지요.

그런데 이 비메모리 분야 역시 4차 산업혁명을 맞아 수요가 급격히 늘고 있습니다. 그 핵심에 인공지능이 있습니다. 알파고 이후 우리나라에서도 인공지능에 대한 관심이 높아지고 산업 각 분야로 확산되는 추세입니다. 소프트뱅크가 영국 ARM이란 회사를 무려 36조 원이나 주고 인수한 주된 이유도 여기에 있습니다. 인공지능을 하려면 컴퓨터의 뇌에 해당하는 CPU가 할 일이 많아지게 됩니다. 명령을 내릴 일도 많아지고 복잡한 계산도 많이 해야 합니다. 그리고 일도 빨리 처리해야 하겠지요. 그래서 비메모리 역시 메모리 못지않게 4차 산업혁

## 삼성·인텔 반도체사업 영역 확대

| 메모리 반도체 1위<br>삼성전자의 행보<br>**SAMSUNG** | • IoT 분야 아틱 신제품 선보임<br>• 오스틴 비메모리 공장 10억 달러 추가 투자<br>• 비메모리 분야 10나노 미세공정 도입 |
|---|---|
| 비메모리 반도체 1위<br>인텔의 행보<br>(intel) | • 메모리 반도체 진출<br>• 파운드리 사업 확장<br>• 아이폰에 모뎀칩 공급 |

명의 수혜를 받는 분야입니다.

그런데 비메모리 반도체에는 CPU만 있는 게 아닙니다. 통신할 수 있게 하는 통신용 반도체도 있고 빛을 읽는 광학 반도체라는 것도 있습니다. 비전프로세서라는 것도 있고 자율주행차에만 특화된 반도체도 있습니다. 그러다 보니 이 세계에서는 절대 강자가 없습니다. 단지 CPU만 인텔이 독식하고 있는 상황입니다.

메모리의 절대 강자인 삼성전자도 이 부분에 대한 투자를 계속해 지금은 디스플레이 구동칩인 DDI 디스플레이 드라이버 IC나 신용카드, 전자여권 등에 쓰이는 스마트카드 IC 분야에선 세계 1위를 하고 있고, 카메라용 이미지센서 아이소셀, 모바일AP 엑시노스 등의 분야에서도 나름 가시적인 성과를 내고 있습니다. 비메모리 반도체는 워낙에 종류가 많다 보니 각 분야별 선두업체도 각기 서로 다른 특징들이 있습니다. 어쨌든 반도체는 참 한국이 대단한 나라인 것만은 분명합니다.

반도체 시장을 100이라고 치면 D램, 낸드플래시, CPU가 핵심인데 전체의 약 40%가 넘습니다. 이들 셋의 비중은 거의 비슷합니다. 굳이 등수를 매긴다면 1등이 CPU, 2등이 D램, 3등이 낸드플래시입니다. 2017년에는 메모리 비중이 워낙 높아지다 보니 D램이 CPU 수준까지 올라갔지만 말입니다.

그런데 최근 CPU 분야를 위협하는 신진고수가 혜성처럼 등장했습니다. 그게 엔비디아라는 회사입니다. 2017년 CES에서 이목을 집중시킨 바로 그 회사입니다.

# 엔비디아의
# 화려한 등장

---

엔비디아는 한 해가 다르게 매출과 이익이 급속하게 증가하고 있는 회사입니다. 주가야 그때그때 오르락내리락하지만 추세를 놓고 본다면 가파른 상승세라고 해도 무방합니다.

스탠포드대에서 박사 학위를 받고 실리콘밸리에서 창업한 대만 출신의 젠슨 황이라는 사람이 최고경영자입니다. 그가 지금 4차산업혁명 시대에 세계가 주목하는 대박 상품을 개발했는데 그게 바로 GPU라는 겁니다. CPU의 'C' 대신 'G'를 쓴 겁니다. 여기서 G는 Graphics의 약자입니다. 번역을 하면 그래픽처리장치. 젠슨 황이 1999년 '지포스'란 이름의 새로운 그래픽 콘트롤러, 즉 그래픽카드용 칩을 내놓으면서 나온 말입니다.

이 회사가 설립된 건 1993년이니 25년 정도 됐네요. 설립 초기에는 인텔처럼 CPU를 설계했습니다. 하지만 인텔이 이 시장은 워낙 강자인데다 경쟁자들이 너무 많아 방향을 틀었지요. "중앙처리장치는 CPU에 맡기고 나는 그래픽과 관련된 명령을 처리하는 보조적 프로세서를 만들면 되지 않겠는가"라고 생각했습니다. 그러면 CPU의 부담을 덜어줄 수 있다는 계산이었고 니치마켓에서 돈이 될 것이라고 본 것입니다.

이걸 제가 근무하는 신문사 업무 환경에 비유해 설명하겠습니다. 신문사에서 신문을 만드는 총책임자는 편집국장입니다. 편집국장이 모든 명령을 내립니다. 편집국장 지시에 의해 기자들이 쓴 기사가 신문에 실릴 것인지 아닌지 결정되고, 어떤 기사를 톱으로 할지, 아니면 3단 기사로 할지 정해집니다. 그런데 신문을 만드는 데 편집국장이 모든 걸 일일이 다 챙길 수는 없습니다. 한 사람의 편집국장으로선 감당할 수 있는 범위를 벗어납니다. 그래서 위임을 합니다. 예를 들어 문화부 지면 같은 것은 문화부장에게 맡깁니다. "문화면은 당신이 전적으로 알아서 해라. 다만, 1면으로 오는 기사는 내가 챙기겠다." GPU는 문화부장이고 CPU는 편집국장입니다. 이 GPU는 CPU에 이렇게 말한 것이지요. "그래픽과 관련된 처리는 내가 전부 하겠습니다. 이것까지 CPU가 한다면 제시간에 신문을 낼 수 없습니다." 그래서 컴퓨터를 뜯어보면 CPU 말고도 GPU가 추가로 장착돼 있습니다. 참고로 모바일 AP의 경우는 다양한 기능을 지닌 반도체 부품들이 하나의 칩으로 만들어져 물리적으로 CPU와 GPU가 붙어 있습니다. 이걸

SOC~System on Chip~이라고 하지요.

어쨌든 젠슨 황의 예상은 맞아떨어졌습니다. 게임 좀 한다는 사람 치고 엔비디아를 모르면 간첩 취급받습니다. 특히 가상현실이나 증강현실이 적용된 게임은 GPU의 성능이 절대적입니다. 이 회사의 2016년 매출 중 58%가 게임 관련인 것도 그런 이유 때문입니다.

그런데 4차 산업혁명 시대를 맞아 엔비디아가 인공지능이나 자율주행차 시장에서 주도권을 잡겠다고 나섰으니 대단한 것이지요. 그래픽처리를 멋지게 하는 GPU 기술이 인공지능 같은데 적용될 수 있다는 걸 알았기 때문입니다. 젠슨 황 최고경영자는 2017년 라스베이거스에서 열린 CES에서 기자들을 만나 이렇게 말했습니다. "나는 지난 10년 동안 AI 시장에 대비해 투자를 지속해왔다. 매년 매출의 30% 정도를 연구개발에 쏟아 넣었다. AI 시장은 이제 시작에 불과하다."

그럼 기존의 CPU와 뭔가 다른 특징이 있어야 할 텐데 그게 무엇일까요? 바로 여기에 엔비디아 GPU의 경쟁력이 있습니다. 그것은 빠른 속도로 동시다발적 계산이 가능하다는 겁니다. 그걸 반도체업계에서는 고속병렬연산이라고 합니다.

이걸 이해하려면 1분 33초 시간을 투자해 유튜브에 들어가 동영상한편을 보는 게 좋습니다. 'Mythbusters Demo GPU versus CPU'라는 제목으로 찾으면 됩니다. 여기서 소위 병렬 프로세싱~Parallel Processing~을 시연합니다. 화폭에 대고 사람 얼굴을 컬러 그래픽으로 그리는 건데 CPU는 총알을 한 방 한 방씩 쏴서 그래픽을 완성합니다. 그런데

GPU는 여러 개 총신을 연결해 한 방에 쏴서 완성하지요. 동영상을 한 번 보시는 게 백 마디 말보다 나을 것 같습니다.

CPU도 고속연산을 합니다. 그걸 결정하는 것이 반도체의 성능이고요. 그런데 병렬은 안 됩니다. CPU는 직렬입니다. 무슨 말이냐 하면 CPU가 "이걸 저장해", "저걸 불러와", "이걸 프린트 해" 이렇게 명령을 내리는 데 그걸 동시에는 못 한다는 겁니다. 순차적으로 하지요. 반도체 성능이 좋아져 그걸 한꺼번에 순식간에 하는 것 같지만 사실은 한 가지 임무를 완성한 후 다른 임무에 착수하는 겁니다. 여기서 좀 더 깊게 들어가면 알고리즘을 알아야 되고 '코어'라는 걸 알아야 하는데 그건 수학과 공학적 지식이 어느 정도는 있어야 합니다.

다만 가장 기초적인 것만 설명하자면, 코어는 명령을 처리하는 회로인데 그 코어라는 게 기본은 3개의 논리게이트로 구성돼 있습니다. 'And', 'Or', 'Not'입니다. 코어는 이런 논리게이트를 조합해서 만들어

낸 연산 장치입니다. CPU는 이 3개를 기본으로 좀 가지를 더 쳤는데 그래 봐야 20개 안팎입니다. GPU는 몇 개나 될까요. 코어를 아주 잘 게 쪼개서 수천 개나 됩니다. 그래서 병렬연산이 되는 겁니다.

인공지능은 엄청난 데이터를 동시다발적으로 빠르게 처리하느냐 가 핵심입니다. 그래서 엔비디아가 "GPU는 인공지능 연산에 가장 최적화돼 있다"고 자랑하는 겁니다. CES에서 그걸 보여줬지요. 엔비디아는 자체 개발한 자율주행차로 행사 기간 중 시승 행사를 했습니다. 아우디도 같은 행사에서 엔비디아의 플랫폼을 탑재한 자율주행차를 선보였고 벤츠도 엔비디아의 기술을 활용한 자율주행차를 내놓을 것이라고 말했습니다.

반도체 기술이 어디까지 발전할지 가늠하기 어렵습니다. 확실한 것은 인공지능의 진화는 반도체에 달려 있다는 사실입니다.

# 인간의 뇌를 닮아가는
# NPU

앞서 알파고에 대한 글을 쓴 적이 있지요. 구글 딥마인드 팀이 이세돌 9단을 4대1로 이긴 건 이세돌 성을 딴 이름 '알파고 리'고, 알파고 리를 상대로 백전백승을 거둔 건 '알파고 제로'입니다. 이 알파고의 두뇌 역할을 하는 것도 반도체입니다. 비메모리 반도체, 즉 시스템 반도체이지요. 알파고에선 그게 TPU<sub>Tensor Processing Unit</sub>입니다. CPU나 GPU처럼 뒤에는 다 PU<sub>Processing Unit</sub>가 들어가고 앞에 이니셜만 다릅니다. TPU는 구글이 특별히 주문해 만든 바둑에 특화된 전용 칩인 ASIC·주문형 특별 생산 반도체입니다. 범용 반도체는 아닙니다. 알파고 리에는 48개, 알파고 제로에는 단 4개만 장착됐다고 합니다.

구글은 자체 데이터센터에서 TPU를 1년 이상 테스트했고 이를 AI 엔진인 '텐서 플로<sub>Tensor Flow</sub>'에 최적화했다고 합니다. 그래서 앞에 T자를 붙인 겁니다. 이미 구글 번역기에 적용된 기술을 바둑 전용으로 업데이트했다고 보면 됩니다. 짧은 시간 내에 바둑 고수가 되기 위해서는 엄청난 학습을 해야 합니다. 그건 강화학습이라고 하는데 이 TPU가 강화학습을 가능케 한 것입니다. 알파고 제로에 들어간 TPU는 가장 최신 GPU나 CPU보다 15~30배 빠르고, 연산 능력도 30~80배까지 향상된 것으로 알려져 있습니다.

문제는 이런 반도체가 바둑 말고 다른 곳에 이용된다고 하면 알파고가 아닌 다른 종류의 인공지능이 급속하게 인간 최고수의 경지를 넘어설 거라는 데 있습니다.

TPU는 그리고 그에 앞서 설명한 GPU는 컴퓨터의 뇌에 해당하는 CPU가 인간의 뇌처럼 생각할 수 있도록 진화되고 있다는 것입니다. 그게 인공지능 편에 언급한 신경망이고 이를 가능하게 하는 것이 NPU<sub>Neural Processing Unit</sub>입니다. 이것 역시 PU는 같고 그 앞에 N이 붙었죠. 그 N이 신경망인 것이지요.

인텔의 CPU가 한계에 봉착했다는 건 병렬연산이 안 되기 때문이라고 설명한 바 있습니다. 아무리 빨라도 한 가지씩 처리합니다. 그러나 인간의 뇌는 동시에 여러 가지를 합니다. 사물을 보면서 대화를 나누고, 손은 움직이고, 귀로 듣고…. 즉, 오감을 통해 인식한 수많은 정보를 뇌에서 동시에 처리하고 반응합니다. 이는 인간의 뇌가 절대권력자 한 명의 지시와 명령에 의해 움직이는 CPU 시스템과는 다른 것이지요. 예를 들어 뇌라고 해도 대뇌는 자극을 인식하고, 추리나 판단

등의 정신활동을 합니다. 소뇌는 몸의 균형을 유지하고 근육운동을 조절하고요. 눈의 움직임과 동공의 크기를 조절하는 건 중간 뇌입니다. 재채기나 하품, 침 분비 같은 무의식적인 반응은 중추가 담당하지요. 그리고 수많은 뉴런이 서로 시냅스로 연결돼 동시다발적으로 작동하기 때문에 가능한 일입니다.

그러면 이제 당연히 이런 질문과 도전이 나올 순서입니다. 컴퓨터의 뇌에 해당하는 CPU를 인간의 뇌처럼 만들 수는 없을까? 그게 인공지능이고 그걸 가능케 하는 반도체가 바로 NPU입니다. 그 NPU를 장착한 걸 흔히 AI칩이라고 합니다. NPU는 사람의 뇌에 있는 뉴런처럼 수많은 코어를 갖고 있습니다. 적게는 수십 개에서 많으면 수천 개의 코어가 동시에 작동합니다.

앞서 엔비디아 편에서 코어 얘기를 했습니다만 단순한 몇 개의 코어를 갖고 속도를 높이는 게 한계에 봉착했다고 했습니다. 그래서 CPU가 진화하기 시작했는데 그게 코어를 잘게 쪼개는, 전문용어로는 '멀티코어 프로세서' 개발입니다. 편집국장 밑에 문화부장에게만 일을 위임하는 것이 아니라, 외신을 담당하는 국제부장에게도 일을 위임하고, 우리 신문사 같으면 세계지식포럼을 전담하는 지식부장에게도 일을 100% 위임하는 식입니다.

음성 인식이나 이미지 인식처럼 4차 산업혁명 시대를 맞아 새롭게 등장한 서비스를 처리하려면 멀티코어가 아니면 안 됩니다. 솔직히 말하면 지금 수준으로도 어림없습니다. 예를 들어 애플 시리의 경우 사용자가 음성으로 내린 명령을 완벽하게 처리하기 위해 연산량의 1,000배에 이르는 처리 속도가 필요하다고 합니다. 음성을 분석하고 이에 저절한 답변을 찾는 게 엄청나게 복잡한 일이기 때문입니다. 데이터 분량도 상상을 초월할 정도로 많습니다. 그래서 스마트폰 제작회사들은 현재 스마트폰에 입력된 음성을 클라우드로 보내 답변을 찾은 뒤 다시 스마트폰으로 전송받는 방식을 채택하고 있지요. AI 비서가 사람의 말을 알아듣는 데 시간이 걸리는 것도 이런 이유에서입니다.

이런 상황에서 이 시장을 선점하려는 기업들의 경쟁이 뜨겁습니다. 한마디로 AI칩 전쟁이라고 보면 됩니다. 반도체를 만드는 회사는 물론 거대 정보통신 기업 모두가 여기서 큰 승부를 펼칩니다. 애플, 구글, 엔비디아, 인텔, AMD는 물론 한국의 삼성전자, 중국 화웨이 등이 AI칩 개발에 뛰어들어 제품을 내놨거나 개발을 진행하고 있습니다.

2017년 8월 인텔의 자회사인 모비디우스는 '미리어드X'라는 AI칩을 공개한 데 이어 인간으로 치면 13만 개의 뉴런과 1억 3,000만 개의 시냅스로 구성된 '로이히Loihi'를 개발 중이라고 밝혔습니다. 매년 9월 경이면 독일 베를린에서는 유럽 최대 IT 전시회인 'IFA'가 열리는데 2017에는 화웨이가 NPU를 탑재한 AP '기린 970'을 발표한 적이 있습니다. 기린 970은 화웨이의 최신 프리미엄 스마트폰인 '메이트10'에 탑재됐습니다. 그런가 하면 애플도 최신 스마트폰인 아이폰8과 아이폰X 시리즈에 '뉴럴 엔진'이 포함된 AP 'A11 바이오닉'을 탑재했습니다. 사용자의 얼굴을 3만 개의 구역으로 나눠 인식하는 3차원의 안면인식 기능인 '페이스ID'가 이 뉴럴 엔진으로 구현됐지요.

이렇게 4차 산업혁명 시대에 대단한 전쟁이 벌어지고 있습니다. CPU 시장에서는 인텔이 세계를 석권했습니다. 그러면 NPU 시장에서는 누가 승자가 될까요? 지금은 군웅이 할거하는 춘추전국시대입니다.

# PART 4

# 자율주행차, 5G, 로봇, 3D프린팅, 블록체인…

자율주행차, 5G, 로봇,
3D프린팅, 블록체인…

# 사람이 자동차를 운전하는 것이
# 불법인 시대가 온다?

세계적인 미래학자 토머스 프레이의 예측을 하나 더 소개하고자 합니다. 그는 한국을 방문해서 미래 산업에 대한 강연을 했는데 그중 두 가지 기술을 집중 조명했습니다. 하나는 드론, 다른 하나는 자율주행차입니다.

그는 "드론에 비디오 프로젝트, 스피커, 레이저, 바퀴, 조명, 팔 등을 부착한다면 상상할 수 없을 정도로 많은 일을 할 수 있으며 사람이 쉽게 접근할 수 없는 위험지역이나 재난현장에 투입되면 신속하고 효과적인 활용이 가능할 것"이라며 드론의 무궁무진한 가능성에 대해 언급했습니다.

그런데 정말 앞으로 인류의 삶을 가장 획기적으로 변화시킬 기술은 자율주행차, 즉 무인자동차라고 봤습니다. 흔히 인공지능이나 로봇 같은 게 아닐까 생각하는 사람이 많을 텐데 토머스 프레이는 주저 없이 무인자동차를 4차 산업혁명이 가져오는 가장 큰 변화라고 본 것입니다.

왜 그렇게 생각했을까요? 무인자동차 시대가 되면 무엇이 그렇게 달라질까요? 일단 산업통상자원부가 2017년에 내놓은 《4차 산업혁명 코리아루트》 책에 묘사한 자율주행차 시대의 모습을 볼까요? 이렇게 적혀 있습니다.

"집을 나서면서 핸드폰 앱으로 주변에 있는 카쉐어링 자율주행차를 호출하여 다음 목적지인 무인 셔틀 장소까지 간다. 카쉐어링 차를 타고 나서는 중간에 깜박하고 수령하지 않은 선물을 찾으러 백화점에 잠시 들러줄 것을 인공지능 개인비서에게 음성으로 요청하고, 자동차는 무인 셔틀 시간에 늦지 않도록 최적의 경로와 시간을 관리해준다. 무인 셔틀을 타고 시간에 맞추어 기차를 타러 간 다음 기차에서 내려서는 다시 시골집까지 데려다줄 자율주행 택시를 호출한다. 자율주행 택시 안에서는 지루함을 달래기 위해 영화를 보고 미처 처리하지 못한 업무도 마무리한다. 택시 요금은 홍채 정보를 인식하여 자동 결제되고, 차에서 내리면 택시는 다음 손님을 받기 위해 알아서 다른 목적지로 이동한다."

그러면서 이 모든 것이 공상과학이 아니라 현실이 되고 있다고 했습니다.

2016년 다보스포럼이 내놓은 〈4차 산업혁명 보고서〉를 보면 이런 대목이 나옵니다. "2026년엔 신호등이 없는 도시가 처음 등장할 것이다." 신호등이 없는 도시. 이게 무인자동차 때문입니다. 사람이 차를 몰지 않고 자동차가 사람을 태우고 알아서 가게 되면 정말 신호등이 필요 없을지 모릅니다. 사람이 길을 건너는 건널목 신호등은 있어야 하지 않겠느냐고 할지 모르죠. 그러나 그것도 불필요합니다. 무인자동차가 사람이 앞에 나타나면 알아서 피하거나 정지하니까요.

테슬라의 창업자인 일론 머스크는 "가까운 미래에는 사람이 자동차를 운전하는 것이 불법인 시대가 올 것"이라고까지 말합니다. 정말 그런 세상이 올 것도 같습니다.

무인자동차는 단지 사람이 차를 몰지 않는 세상이 도래한다는 것만을 의미하지는 않습니다. 무인자동차 시대가 되면 전 세계에 자동차 수가 크게 감소할 것입니다. 자동차가 소유가 아니라 공유의 개념으로 바뀔 게 분명합니다. 굳이 내가 운전하지도 않는데 차를 소유할 필요가 없습니다. 필요하면 차를 불러 사용하면 되니까요. 토머스 프레이는 "현재 계산으로는 무인자동차 1대가 자동차 30대의 역할을 할 것"이라고 말합니다. 자동차 대수가 30분의 1로 줄어들 수 있다는 얘기입니다. 그러나 그건 아주 극단적인 경우를 가정하는 것이고 이와 관련된 예상은 6분의 1로 줄어든다는 예측에 대부분 전문가들이 고개를 끄덕입니다. 2017년 4월 미국 캘리포니아주에 소재한 싱크탱크인 리싱크엑스가 내놓은 보고서는 "완전자율주행차가 상용화된 후 약 10년이 지나면 미국의 자동차 수는 20%로 감소할 것"이라고 예상했습니다. 5분의 1인데 이 정도는 될지 모릅니다.

차가 줄어들면 무엇이 달라질까요. 도시가 완전히 바뀔 겁니다. 일단 도시에 주차장이 지금처럼 필요하지 않을 겁니다. 공간의 여유가 생기면 지금 주차장 부지에 대한 대규모 개발 사업이 벌어질 겁니다. 그리고 차량은 대부분 도시 외곽에 대형 주차장을 만들어 놓고 여기다 주차해둘 겁니다. 거기에 태양광발전소를 지으면 주차도 하고 충전도 할 수 있겠지요. 미국에는 2012년 기준으로 8억 대의 주차공간이 있다고 합니다. 자동차 대수가 20%로 줄어들면 어마어마한 공간이 생기겠지요. 그리고 상당수를 도심이 아닌 외곽으로 뺀다면 지금은 좁아 보이는 도시가 꽤나 여유로운 공간을 지닌 도시로 변모할 겁니다.

도로는 차도와 인도가 있는데 현재 이 중 차도의 비중이 72%입니다. 인도가 28%입니다. 무인자동차 시대가 되면 이렇게 차도가 넓을 필요가 없어지지요. 차도는 42%, 인도는 58%로 완전히 뒤바뀔 것이란 예측입니다. 이러면 이제 도시에서 살만해지지 않을까요? 그래서 인구는 점점 더 도시로 집중되는 현상을 보일 것이란 전망입니다.

자동차가 소유의 개념에서 공유의 개념으로 바뀔 것이라고 말씀드렸지요. 그렇게 되면 소위 주문형 교통시스템으로 바뀌게 될 겁니다. 무인자동차를 렌트해주는 회사가 등장할 것이고 필요한 시간에만 자동차를 쓰겠다고 주문해서 이용하는 시스템으로 되는 것이지요.

2017년 인텔은 이런 완전자율주행에 따른 경제 변화를 '승객경제'

라고 정의 내렸습니다. 모든 사람이 그냥 승객이 되는 것이지요. 이 시장 규모가 어느 정도 되느냐를 예측했는데 2050년 무려 7조 달러나 됩니다. 우리나라 돈으로 8,000조 원 가까이 되는 규모니 어마어마하지 않습니까?

자동차를 운전하지 않는다면 자동차 내부의 공간도 완전히 달라질 겁니다. 자동차에서 할 수 있는 일이 굉장히 많아지지 않겠습니까? 영화도 보고, 음악도 듣고, 책도 읽고, 아이들은 게임도 하고 아마도 자동차 시트도 지금과 다르게 배치되지 않을까요? 아직까지는 구체적인 그림이 나온 것은 아닙니다만 이른바 스마트홈과의 결합입니다. 자율주행차가 집 차고에 도착하면 차가 집과 합쳐지는 개념입니다. 이 경우 자율주행차는 스마트홈의 거실로 쓰일 수도 있다는 것입니다.

혹시 자동차보험에 대해선 생각해봤나요? 무인자동차 기술이 정말 극한의 발전을 한다면 자동차 사고는 일어나지 않을지도 모릅니다. 그러면 많은 손해보험회사들이 문을 닫을지도 모릅니다. 손해보험회사의 핵심 영업기반이 자동차보험인데 이게 없어지면 화재나 해상보험 정도만 해야 하니까요. 병원도 마찬가지일 겁니다. 자동차 상해로 인한 의료보건비가 획기적으로 줄어들 겁니다.

자율주행차의 등장은 우리의 삶을 정말 상상할 수 없을 정도로 변화시킬 게 분명해 보입니다.

# 4차 산업혁명의 종합선물세트, 자율주행차

---

자율주행차가 가져올 미래에 대해 알아봤습니다. 정말 우리의 삶이 자율주행차 하나로 엄청난 변화를 겪을 것 같지 않나요?

그런데 이 자율주행차는 단 한 가지의 기술로 만들어지는 게 아닙니다. 소위 말하는 4차 산업혁명 기반기술들의 총아입니다. 복합과 융합의 산물입니다.

우선, 운전자 없이 차가 알아서 운전하려면 사람처럼 전후좌우를 볼 수 있는 눈이 필요합니다. 그게 카메라입니다. 카메라가 몇 대나 필요할까요? 앞도 보고, 옆도 보고, 뒤도 보고, 순식간에 들어오는 물체도 감지하고. 그러려면 여러 대가 필요하겠지요. 그리고 앞차와 어느 정도 거리를 두고 달리려면 차 간격을 인식하는 장치가 필요하겠지요. 그게 레이더입니다. 레이더는 극초단파를 이용하여 대상물까지의 왕복 시간을 관측함으로써 거리를 구합니다. 그리고 라이다 LIDAR ; Light Detection And Ranging도 필요합니다. 레이더가 전파를 쓴다면 라이다는 레이저를 발사하여 산란되거나 반사되는 레이저가 돌아오는 시간과 강도, 주파수의 변화 등을 통해 측정 대상물과의 거리, 속도, 형상 등 각종 물리적 성질을 측정하는 장치입니다. 카메라, 레이더, 라이다 이런 것들이 모두 센서 기술입니다.

센서만으로 현재 위치와 목적지까지의 경로를 알아낼 수는 없습니다. 차가 정해진 곳까지 가려면 지도가 있어야 합니다. 디지털 맵입니다. 아주 정밀한 지도가 필요할 겁니다. 그리고 GPS 등을 통해 차의 위치 정보는 물론 사고나 정체 등 주변 상황 정보까지 모두 모아야 할 겁니다. 이런 것들은 지금의 내비게이션도 하니까 큰 어려움을 없을 겁니다.

운전자의 두뇌에 해당하는 게 있어야겠죠. 그게 인공지능입니다. 그리고 모든 정보를 정말 빠른 시간 내에 인공지능에 전달해야 즉각적인 판단을 내릴 수 있을 겁니다. 갑자기 사람이 길을 건너는 걸 자율주행차의 카메라가 보고, 차와 그 사람과의 거리, 움직이는 속도 등을 계산했는데 차의 반응이 늦다면 어떻게 합니까? 사고 난 다음 행동하면 아무 소용이 없을 겁니다. 이걸 뒷받침하는 게 초고속통신과 시스템반도체입니다. 그래서 5G 통신이 돼야 진정한 자율주행차 시대가 열린다고들 합니다.

현재 자율주행차 기술은 어느 정도일까요? 나라마다 다르고, 기술은 있는데 실제 여러 가지 제약 요건 때문에 시행을 못 하는 경우도 있습니다. 그래서 어느 정도 표준을 만들었는데 그게 미국 도로교통국의 자율주행 4단계입니다. 이걸 기준으로 "지금 우리의 자율주행차는 몇 단계에 있다" 이렇게 말하는 겁니다.

1단계는 아주 초보적입니다. 운전자가 판단합니다. 그리고 일부 주행만 자동으로 합니다. 운전자를 기준으로 하면 손이나 발 중 하나만 자유입니다. 손이 자유라 함은 자율주행차가 알아서 방향을 잡는다는 것이고, 발이 자유라 함은 자율주행차가 알아서 속도를 조절하는 겁니다. '첨단운전자지원시스템'이라고 하는 ADAS<sub>Advanced Driver Assistance Systems</sub>가 있는데 차선 이탈 시 주행 방향을 조절해 차선을 유지하는 '주행 조향보조 시스템 LKAS<sub>Lane Keep Assist System</sub>', 사전에 정해 놓은 속도로 달리면서도 앞차와 간격을 알아서 유지하는 'ASCC<sub>Advanced Smart Cruise Control</sub>', 사각지대 충돌 위험을 감지해 안전한 차로 변경을 돕는 '후측방 충돌 회피 지원 시스템 ABSD<sub>Active Blind Spot Detection</sub>', 차량 주변 상황을 시각적으로 보여주는 'AVM<sub>Around View Monitor</sub>' 등이 세부 기술로서 이 중 일부만 작동되는 것이지요.

그 다음은 2단계. 지금 양산 중인 자율주행차는 대부분 2단계에 해당됩니다. 운전자가 항상 전방을 주시하면서 언제든 문제가 생기면 운전대를 잡아야 하는 시스템입니다. 고도화된 ADAS라고 보면 됩니다. 여기까지는 사고가 나면 자동차가 아닌 운전자가 책임을 져야 합니다. 그래서 엄밀히 보면 자율주행차라고 부르기가 좀 민망합니다.

구글의 자율주행차

　본격적인 자율주행차라면 3단계부터입니다. 운전자가 손과 발을 사용할 필요가 없는 차가 3단계 자율주행차입니다. 단, 눈은 주변을 살펴야 합니다. 고속도로 같은 데서는 아무 문제가 없는데 특정한 구간에서는 예의 주시해야 하고 긴급할 경우에는 수동으로 조절할 수도 있습니다. 이런 3단계의 자율주행차는 이미 많이 나와 있습니다. 머지않아 양산에 들어갈 것 같습니다. 여기서부터는 자동차가 주행을 책임지게 됩니다.

　마지막 4단계가 진정한 무인자동차입니다. 사람이 전혀 개입할 필요가 없습니다. 운행 중에 그냥 뒷좌석에 앉아 일을 보면 됩니다. 주차도 알아서 합니다. 이 정도 되면 자율주행차가 사람보다 훨씬 운전을 잘하는 수준까지 가게 된 겁니다. 이런 4단계의 자율주행차는 사실 엔진이 아니라 소프트웨어로 달리는 차입니다. 그래서 자동차 회사가 아니라 소프트웨어 회사들이 전면에 나서고 있습니다. 지금 현재 자율주행차 기술에서 가장 앞선 기업이 어디냐고 묻는다면 아마 '구글'이라는 답이 나올 것 같습니다.

그런데 정말 이런 자율자동차가 아무런 문제 없이 도로를 질주하고 우리 삶의 질을 획기적으로 개선해줄까요? 걱정스러운 점이 몇 가지 있습니다.

가장 중요한 것은 보안일 겁니다. 2017년에 개봉된 〈분노의 질주 ; 더 익스트림〉이라는 영화를 보셨는지 모르겠습니다. 이 영화에서 해커가 자율주행차 수십 대를 좀비자동차로 만드는데 실제 상황에서 이런 일이 벌어지면 전 세계가 충격에 빠질 겁니다. 테러에 이용될 수도 있지요.

그 다음 사고가 났을 경우 책임의 문제입니다. 3단계부터는 운전자가 아니라 어찌 보면 인공지능이 운전하게 됩니다. 그러면 책임은 차 소유주일까요? 아니면 자율주행차 개발회사일까요? 누가 보험을 들어야 할까요?

또 하나 문제는 윤리에 관한 것입니다. 만약 어쩔 수 없이 사고를 내야 할 경우 어린아이를 칠 것인가, 노인을 칠 것인가라는 문제에 봉착할 수 있습니다. 만약 앞에 어린 학생들을 가득 태운 스쿨버스가 지나간다고 합시다. 지금 상황이라면 충돌이 불가피합니다. 그러면 스쿨버스와 부닥쳐 아이들의 목숨을 잃게 할 것인가, 아니면 그 버스를 피해 자신의 차가 낭떠러지로 구를 것인가를 선택해야 하는 상황이 올 수 있습니다. 사람이 운전한다면 자신의 판단에 따를 텐데 자율주행차는 미리 소프트웨어를 심어 놓거든요. 그럼 이 경우엔 어떻게 할 것인가가 사회적 이슈가 될 수 있을 겁니다.

그러나 이런 모든 문제에도 불구하고 결국 기술의 발전을 가로막을 수는 없을 겁니다. 그건 역사가 증명합니다. 자율주행차 시대에 발생하는 여러 가지 문제점들에 대한 사회적 합의 과정을 거치면서 인류는 새로운 문명을 만나게 된다는 데는 이견이 없습니다.

# 4차 산업혁명의
# 고속도로

---

한국이 통신 강국이라는 사실은 평창 동계올림픽에서 여지없이 보여줬습니다.

"세계 최초 5G 올림픽을 성공적으로 이끌어 통신 강국 한국의 명성을 다시 한번 확인시키는 계기로 삼을 것입니다." KT의 황창규 회장은 이렇게 말했습니다.

KT의 설명을 들으면 이번 평창 동계올림픽에서 새로운 '5G 세상'이 펼쳐지고 지금껏 경험하지 못한 새로운 영상을 볼 수 있다고 합니다. 예를 들어 봅슬레이 같은 경기는 시청자가 직접 그 앞에 탄 것처럼 썰매 진동까지 느낄 수 있었습니다. KT는 "고속 질주하며 촬영하는 초고화질 영상을 실시간으로 전송할 수 있는 것이 5G의 핵심 기술 중 하나"라고 말합니다. 피겨스케이팅이 열리는 아이스아레나 벽면에는 카메라 100대가 설치돼 있는데 이 카메라가 동시에 찍은 장면이 경기장 내 체험존으로 실시간 전송됩니다. 피겨 점프 같은 결정적 장면을 전방위적 시각에서 감상할 수 있고 타임 슬라이스 영상을 즐길 수 있습니다. 피겨스케이팅 선수의 공연 전후 대기 장소와 쇼트트랙 링크의 코너 부분에는 VR 전용 카메라가 설치돼 현장감 나는 360도 영상을 제공합니다. 바이애슬론 시청자들은 본인이 응원하는 선수를 골라서 경기를 볼 수 있습니다. 선수를 지정하면 GPS 기술을 이용해 선수 위치를 파악하고 여기서 가장 가까운 카메라로 경기 장면을 비추는 식입니다. 아이스하키에선 360도 가상현실 화면이 제공됩니다.

그렇다면 도대체 5G가 뭐기에 이런 것들이 가능할까요? 그리고 보다 근본적인 질문은 5G를 두고 4차 산업혁명을 완성하는 기본적이고도 핵심적인 인프라라고 하는데 5G가 되면 도대체 어떤 변화가 일어날 수 있을까요?

일단 5G부터 알아보죠. 우리는 흔히 5G, 5G 하는데 공식명칭은 'IMT~International Mobile Telecommunication~-2020'입니다. 그리고 5G는 '5th generation mobile communications'의 약자입니다. 그러니까 5세대 이동통신이라는 뜻입니다.

그런데 누가 이렇게 통신을 1세대부터 5세대까지 구분할까요? 그게 국제전기통신연합~ITU~이라고 하는 곳입니다. 유엔에 14개의 전문기구가 있는데 그중 하나입니다. 전기통신 관련 세계 최고 권위를 지닌 국제기구로 국가별 통신정책을 조율하고 전기통신과 관련된 표준을 제시합니다. 주파수 스펙트럼의 분배나 주파수 할당 등록, 적정한 통신 요금, 개발도상국에 대한 기술 협력, 전기통신에 관한 연구 같은 일들을 합니다.

ITU가 2015년 10월 전파통신총회를 열었습니다. 여기서 5G의 공식 기술 명칭을 'IMT-2020'이라고 하고 5G의 기술적 요구사항을 정했습니다. 그리고 2020년 상용화를 목표로 삼았습니다.

상식적으로 5G를 나온다면 1G, 2G, 3G, 4G 이동통신이 있었겠지요. 그리고 지금 우리가 쓰는 가장 높은 수준의 이동통신은 4G일 거고요. 휴대폰, 즉 이동통신에는 각기 성능에 따라 세대라는 뜻의 Generation(G)란 말을 뒤에 붙였습니다. 세대가 진화될수록 전송속도가 한 단계씩 점프합니다. 기억하나요? 각 세대가 어떻게 다른지를.

1G부터 시작하죠. 이 내용은 전에 쓴 책 《구석구석 산업탐구》에 자세히 기술돼 있습니다만, 여기서는 간단하게 요약만 해보겠습니다.

이동통신서비스가 시작된 건 1981년인데 이 당시에는 음성 통화 위주였습니다. 그게 1세대(G)입니다. 이건 아날로그입니다. 이후 디지털 방식으로 바뀌는데 그게 2G폰이지요. 즉, 음성을 디지털 신호로 변화해서 전송하는 시스템입니다. 이제 문자 전송이 가능하게 됐습니다.

그러다가 영상 통화라든지, 영화 같은 대용량의 멀티미디어 콘텐츠 등을 내려 받으려면 속도를 높여야 하는데 이때 사용된 접속방식이 WCDMA 같은 기술입니다. 이게 3G입니다. 아직도 많은 나라에선 이걸로 하지요. 참고로 접속방식이라고 함은 일종의 통신 규격을 의미하는데 우리가 귀에 닳도록 들은 CDMA코드분할다중접속 같은 것입니다.

여기서 한발 더 나아간 게 4G입니다. 지금부터는 좀 더 구체적으로 가보겠습니다. 각 세대의 이동통신에 대해서는 ITU가 정의를 내리는데 4G는 이렇게 돼 있습니다. '정지 상태에서 초당 1Gbps(기가비트), 250km 이상 이동 시에는 100Mbps 이상의 데이터 속도를 제공하는 고속의 통신서비스'라고. 3G보다는 약 14배 빠릅니다. 예를 들어 보지요. 통상 약 800MB 영화 한 편을 다운로드받는 데 3G는 10분 걸리는데 4G는 1~2분 정도밖에 안 걸립니다. 만약 2G로 다운로드를 받는다면 얼마 걸릴까요? 약 6시간 걸립니다. 그럼 1G는? 다운로드가 안 됩니다.

4G는 CDMA방식에서 한 단계 업그레이드된 '직교주파수분할 다중접속방식OFDMA; Orthogonal Frequency Division Multiple Access'을 사용합니다. 말이 무지 어려운데 주파수를 잘게 쪼개서 다중 사용자 접속을 가능케 하는 기술이라고 보면 됩니다. 그래서 흔히 4G를 'LTELong Term Evolution'라고 부릅니다. 해석하자면 오랫동안 진화된 것, 즉 기존 시스템에서 시작해 장기간에 걸쳐 발전을 거듭한 기술이라는 뜻이겠지요.

그렇다면 5G는 이보다 훨씬 개선된 버전이 되겠지요. ITU의 정의를 볼까요. ITU는 5G를 '최대 다운로드 속도가 20Gbps, 최저 다운로드 속도는 100Mbps인 이동통신 기술'이라고 규정했습니다. 그리고

1km² 반경 안에 100만 개 기기에 사물인터넷 서비스를 제공할 수 있고, 시속 500km 고속열차에서도 자유로운 통신이 가능해야 한다는 겁니다. 이렇게 되면 4G보다는 20~100배나 빠른 속도입니다. 1GB짜리 영화 한 편을 10초 안에 내려 받을 수 있습니다.

2017년 초 미국 라스베이거스에서 열린 CES를 참관했는데 여기서 네트워크 분야 최대 화제는 바로 5G였습니다. 소비자는 이제 겨우 LTE에 익숙해졌는데, 이동통신업체는 이미 5세대 이동통신으로 옮겨가고 있습니다. 참 빠르게 움직입니다.

이동통신 속도가 빠른 게 뭐가 중요하냐고 묻는 건 참 바보 같은 질문입니다. 초고속 정보통신망은 인터넷을 구현하는 데 필수적입니다. 만약 정보통신망의 속도가 느리다면 지금의 디지털 시대가 가능했을까요? 저는 불가능했다고 봅니다. 흔히 통신망을 고속도로에 비유합니다. 고속도로를 잘 깔아놓아야 차들이 쌩쌩 달릴 수 있는 거지요. 그래야 물동량이 늘어납니다. 지난 10~15년에 걸쳐 전 세계 무선통신 사업자는 네트워크 용량을 20배로 늘렸습니다만 같은 기간 동안 수요는 100배 이상 증가했습니다.

전화기 모뎀에 잭을 꽂아 인터넷에 접속했던 적이 있었지요. 아마도 많은 분들이 짜증이 나서 접속을 포기했던 경험이 있을 겁니다. 휴대폰에서 동영상을 다운로드 받을 때도 마찬가지 경험이 한두 번은 있었을 겁니다. 통신망의 속도는 개인의 디지털 라이프와 직결돼 있습니다.

산업 분야의 디지털화에 있어서도 통신 속도는 기본 중의 기본 인프라입니다. 많은 기업들이 전 세계와 네트워크로 연결돼 비즈니스를 합니다. 세계 각국의 파트너와 협업을 하기도 하고 현지 법인들과 생산관리, 재고관리 등을 조율합니다. 통신이 느리면 이런 일을 못하게 되는 거지요.

그리고 $1km^2$ 반경 안에 100만 개 기기에 사물인터넷 서비스를 제공할 수 있다고 하는데 이 역시 중요합니다. 자율주행차를 예로 들어볼까요. 자율주행차 시대가 열리면 자동차끼리 정보를 주고받아야 합니다. 그리고 차 안에 무수한 센서들이 외부환경을 감지해야 합니다. 신호등도 보고, 주변에 달리는 차도 보고, 돌발 상황도 대비해야 합니다. 이런 사물과 사물 간의 통신 속도가 느리면 어떻게 될까요? 옆에서 오는 차가 이미 자신의 차를 들이받았는데 그제야 충돌 위험 신호가 들어오는 겁니다. 이걸 전문적으로는 응답 속도라고 합니다. 5G는 전송 속도 못지않게 응답 속도도 빨라집니다. 데이터 전송 속도가 한 번에 얼마나 많은 데이터가 빨리 지나갈 수 있는지 알려주는 지표라면 응답 속도는 데이터가 오가는 데 걸리는 시간을 따집니다. 4G에서 응답 속도는 10~50ms(밀리세컨드, 1,000분의 1초)입니다만 5G에서는 이 응답 속도가 약 10배 더 빨라집니다. 그래야 자율주행차가 됩니다.

요새 스마트시티라는 말이 많이 나옵니다. 스마트시티를 만들려면 통신기반이 필수적입니다. 지능형 교통정보 시스템을 구축하고, 통합 범죄시스템을 운영하고, 공기와 수질을 즉각적으로 관리하고, 전력 사용량을 최적화하는 스마트 그리드 등을 가능하게 하는 것도 5G 기반이 구축이 전제돼야 합니다. 통신기반이 약하면 제대로 된 스마트시티 건설은 요원합니다. 스마트홈 역시 5G 기반하에서 꽃을 활짝 피우게 될 겁니다.

이 분야에서 한국이 앞서 간다는 건 참 자랑스러운 일입니다. 세계가 부러워하고 있습니다.

# 사활 건
# 5G 표준기술 경쟁

평창 동계올림픽을 앞두고 한국이 5G 시범서비스를 한다는 뉴스가 나오면서 빠지지 않는 메뉴는 글로벌 통신업체들이 너도 나도 5G 표준을 잡기 위한 경쟁을 벌이고 있다는 소식입니다. 많은 언론들이 그렇게 표현합니다.

그런데 아주 엄격한 잣대를 들이대면 이 문장은 틀렸습니다. 뭐가 틀렸냐고요? 주어가 잘못됐습니다. 우리나라에는 통신업체가 3곳 있습니다. SKT, KT, LG유플러스. 이들 통신회사들은 5G 표준기술을 선점하기 위한 경쟁을 하지 않습니다. 그래서 그 문장은 틀린 문장입니다.

표준기술 경쟁은 누가 하나요? 그건 일반적으로 제조회사가 합니다. 삼성전자, 퀄컴, 노키아, 에릭슨, 화웨이 같은 회사입니다. 이렇게 말하면 통신회사들이 섭섭할지 모르겠습니다. 그들도 표준기술 개발에 부분적으로 참여를 합니다. 그런데 그게 장비 제조업체와는 달리, 자기 회사 네트워크 환경에 유리한 기술이 반영되도록 하는 것이 주된 목적입니다.

이걸 이해하려면 5G 표준이 어떤 것인지를 알아야 합니다. 여기서 표준이라고 하면 5G 통신이 가능하게 하는 기술로 인정받는다는 것을 말합니다. 기억하시지요. 5G에 대한 정의를. 이건 국제전기통신연합ITU이 하는 거고요. 반복하면 이렇게 돼 있습니다. "최대 다운로드 속도가 20Gbps, 최저 다운로드 속도는 100Mbps로 1km² 반경 안에 100만 개의 기기에 사물인터넷 서비스를 제공할 수 있고, 시속 500km 고속열차에서도 자유로운 통신이 가능해야 한다." 이밖에도 더 있습니다. 모두 13개의 성능지표로 구성돼 있습니다.

5G는 이걸 만족시키는 기술들입니다. 한 가지가 아닙니다. 여러 가지가 있습니다. 당신이 오늘 하루 운동을 해서 소모할 열량이 5Kcal라고 할 때, 그게 ITU가 정해 놓은 정의이고, 그걸 달리기를 하든, 수영을 하든, 웨이트 트레이닝을 하든 5Kcal 조건을 충족시키는 게 표준입니다. 어떤 수단, 어떤 기술을 쓰든 내가 정한 5G의 요건을 충족시켜라. 이렇게 ITU에서 시험지를 나눠준 겁니다.

이런 걸 충족시키려면 어떤 기술들이 있어야 할까요? 예를 들어 여러 사람이 한 주파수 대역에서 동시에 사용 가능하도록 하는 기술이 다중접속기술인데 이 기술을 업그레이드해야 할 겁니다. 그동안에는 김연아 선수가 3회전 점프만 했는데 이제 4회전 점프를 해야 한다고 이해하면 됩니다. 간혹 데이터를 전송할 때 에러가 나는 경우가 있습니다. 10개를 보냈는데 9개밖에 안 들어가는 겁니다. 이걸 바로 잡는 기술을 '에러 정정 기술'이라고 합니다. 이것도 5G 수준에 맞춰야 할 겁니다. '핸드오버'라는 기술이 있습니다. 누군가 차를 타고 가면서 전화를 한다고 합시다. 그러다 보면 관할 기지국이 바뀌는 경우가 있을 겁니다. 기지국은 일정 범위 내에 있는 곳까지만 서비스가 되거든요. 강남구에서 통화할 때와 서초구에서 통화할 때는 이를 중계하는 기지국이 다르지요. 그런 겁니다. 그러면 기지국이 바뀌는 경계선을 넘어갈 때 전화통화가 일시적으로 끊기거나 지장을 받을 수 있을 겁니다. 이걸 부드럽게 이어주는 기술이 바로 '핸드오버'입니다. 시속 500km 고속열차에서도 자유로운 통신이 가능해야 한다고 했지요. 이것도 기술입니다. 빨리 달리면 전파도 그걸 쫓아가야 합니다. 이렇게 수많은 기술들이 모여서 5G를 충족시키는 겁니다.

이런 기술들을 갖고 있거나 개발하려고 하는 회사들은 5G 수준에 맞게 업그레이드하거나 새로운 방법을 찾아내야 합니다. 그래야 표준 심사에 통과합니다. 그걸 누가하느냐? 장비업체들이 하지요. 그에 맞는 통신용 칩을 만들어야 합니다. 그에 맞는 안테나를 개발해야 합니다. 이걸 먼저 하면 뭐가 이득이냐? 남들이 따라올 때까지 상당 기간 동안 통신 기술 분야에서 주도권을 잡고, 특허와 사용료를 받을 수 있습니다. 퀄컴의 CDMA를 생각하면 됩니다.

그럼 통신회사들은 뭐냐? 왜 평창 동계올픽핌 때 KT가 시범서비스를 하느냐? 통신회사들은 5G를 먼저 상용화하면 다양한 사업 분야에서 수익을 창출할 수 있기 때문입니다. 예를 들어 자율주행차 같은 사업에 진출할 수 있습니다. 내비게이션 같은 걸로 돈을 벌 수 있습니다. 통신회사들 입장에서는 자동차를 일종의 '바퀴 달린 휴대폰'으로 인식합니다. 거기에 많은 콘텐트를 얹을 수가 있는 거지요. 그래서 5G 통신에서 주도권을 쥔다는 것은 4차 산업혁명의 리더가 된다는 뜻입니다.

사실 통신회사들의 전쟁은 주파수 분야에서 벌어집니다. 주파수는 국가 자산입니다. 어느 주파수 대역을 확보하느냐를 놓고 그야말로 회사의 사활을 건 전쟁이 벌어집니다. 이걸 이해하려면 다시 한 번 ITU로 돌아가야 합니다.

ITU는 세 개의 조직으로 나뉘어져 있는데 무선을 담당하는 조직 ITU-R과, 통신을 담당하는 조직ITU-T, 그리고 개발도상국 문제 등을 다루는 조직ITU-D이 있습니다. ITU-R에서는 크게 주파수를 분배하는 세계전파통신회의WRC라는 게 있고, 표준기술을 승인하는 전파통신총회RA라는 게 있습니다. 더 들어가면 복잡하니 대강 거기까지만 하죠.

어쨌든 WRC에서 주파수를 분배합니다. 이 분배 작업은 통상 전 세계를 세 개의 구역으로 나눠서 하는데 유럽, 아프리카, 중동, 러시아가 R-1, 아메리카와 태평양 동부, 카리브해가 R-2, 아시아, 오세아니아가 R-3입니다. 우리는 지역3입니다.

주파수 분배라 함은 용도별 지정입니다. 즉 이 주파수 대역은 위성용으로 쓰고, 이 대역은 군사용으로 쓰고, 이 대역은 통신용으로 쓰라는 식입니다. 이걸 정하지 않으면 혼선이 생깁니다. 차가 정해진 차선으로 달려야 사고가 안 나는 이치입니다. 그런데 나라마다 쓰는 주파수가 각각 다르다 보니 엄청나게 파편화돼 있습니다. 복잡하기 이를 데 없습니다. 5G 이동통신은 이 대역을 쓰자고 전 세계가 합의하면 얼마나 좋겠습니까? 그런데 누구는 '그 대역은 난 안 된다', '군사용이다' 이렇게 나오는 거죠.

한 주파수 대역을 쓰면 뭐가 좋은데? 이런 질문이 있을 수 있을 겁니다. 만약 모든 나라가 5G 이동통신 주파수를 같은 대역을 사용한다고 하면 어딜 가든 이론적으로 로밍을 할 필요가 없다는 얘기입니다. 주파수 대역이 서로 다르면 그 대역에서 통신이 가능한 안테나가 별도로 있어야 합니다. 그게 다 돈입니다.

주파수 할당은 분배와는 다른 개념입니다. 이건 통신용 주파수를 통신회사에 각각 나눠주는 겁니다. 5G 주파수 대역이 정해지면 그걸 KT, SKT, LG유플러스가 나눠야지요. 같이 쓰면 안 되느냐? 절대 안 됩니다. 통화가 안 됩니다.

자동차 차선을 생각하면 됩니다. 4차선 도로에 1, 2차선은 KT가, 3, 4차선은 SKT가 쓰기로 했는데 KT가 3차선으로 들어왔다고 합시다. SKT 운전자는 KT를 볼 수가 없습니다. 사고가 납니다. 그런 이치입니다. 방해전파라는 말 들어보셨죠. 같은 주파수를 쏴서 상대방에게 노이즈를 주는 겁니다. 그것과 비슷하다고 보면 됩니다. 그리고 주파수 분배나 할당이 이뤄질 때 고주파수 대역과 저주파수 대역을 동시에 확보해야 합니다.

고주파라는 것은 파장이 짧다는 얘기인데 직진성이 좋고 대역폭이 상대적으로 넓습니다. 고속도로로 치면 차선이 넓고 한꺼번에 많은 차가 다닐 수 있습니다. 대신 커버하는 범위는 좁습니다. 트래픽이 많은 도시에는 이런 고주파 대역을 선택해야 합니다.

저주파는 장파입니다. 멀리 전달될 수 있고, 전달되는 과정에서 장애물에 부닥치면 투과하거나 회절하는 특성이 고주파에 비해 월등합니다. 차선은 좁지만 범위가 넓어 사람이 적은 시골에 깔아야 합니다. 만약 전국을 고주파 대역으로 깐다면 어떤 일이 벌어질까요? 통신사는 망합니다. 비용을 감당할 수 없습니다.

5G 시대가 열리면 표준기술 선점을 위한 장비업체들의 경쟁, 그리고 좋은 주파수 대역을 잡기 위한 통신회사들의 경쟁이 볼만할 겁니다.

# 사람을 꼭 닮은 로봇을
# 만들 수는 없나

---

4차 산업혁명의 기반기술이나 관련 산업 중에서 우리에게 가장 익숙한 분야는 아마 로봇일 겁니다. 인공지능이나 사물인터넷, 빅데이터 이런 개념보다 훨씬 귀에 익은 말이지요. 아주 오래전 우리 할아버지 세대 때부터 로봇이란 말이 나왔고 저 역시 어렸을 때 로봇과 관련된 만화영화를 즐겨봤습니다.

제가 초등학교 시절 가장 인기 있는 만화는 〈우주소년 아톰〉이었습니다. 일본에서 만화의 신이라 불리는 데즈카 오사무가 1952년 만화잡지 〈쇼넨少年〉에 연재한 작품을 1963년 만화영화로 제작한 거지요. 아직도 이 만화영화의 주제가가 생생합니다. "푸른 하늘 저 멀리/라라라 힘차게 날으는/우주소년 아톰~" 이런 노래였죠. 만화에서 아톰은 세계를 지배하려는 악당들과 싸우면서 인간을 지켜주는 착한 이미지로 그려집니다. 감수성도 예민해 당시 제2차 세계대전에 패해 좌절을 겪던 일본 사람들을 위로하고 희망을 줬다는 평가를 받습니다.

그 후 로봇에 관한 영화가 쏟아졌습니다. '무쇠 팔, 무쇠 주먹'하는 마징가Z도 나왔고, 로봇 태권V도 등장했습니다. 이렇게 영화 속 로봇은 대개 인간을 위기에서 구하는 존재로 묘사되면서 우리에게 친근하게 자리 잡았습니다.

로봇이란 말이 등장한 것은 사실 이보다 훨씬 전입니다. 1920년 체코슬로바키아의 극작가 카렐 차페크라는 사람이 〈로섬의 만능 로봇 Rossum's Universal Robots〉이란 희곡을 발표합니다. 이 희곡에서 로봇은 사람과 똑같이 정신적, 육체적인 일은 하지만 감정을 느끼지는 못합니다. 로봇이란 말도 원래 'Robota'라는 체코어에서 유래됐는데 이는 노예 또는 노동자를 의미합니다. 영어로 노동 Labor라고 하는 말이 원래 어원은 라틴어고, 임산부가 출산할 때 느끼는 진통도 labor라는 표현을 씁니다.

세계 최초의 현대식 로봇은 1939년 뉴욕 세계박람회에서 미국 웨스팅하우스사가 출품한 '일렉트로'라고 합니다. 전기가 통하면 뒤뚱 뒤뚱 걷고 녹음된 단어(100개도 안 되는 아주 적은 분량)를 말할 수 있는 로봇이었습니다. 그 후 내로라하는 과학자들이 로봇 연구에 매달렸고 세계 최초의 대형 전자 컴퓨터인 애니악이 출현하면서 비로소 지능형 로봇이 탄생하게 된 것입니다. 이게 1946년의 일이니 아톰이란 만화가 나오기 불과 몇 년 전입니다.

그러나 실제에서는 인간과 같은 능력을 지닌 로봇이 만든다는 게 참 어려웠습니다. 인공지능 측면에서도 그렇고 사람과 같이 움직이는 기계를 만드는 것도 벅찼습니다. 과학의 한계를 인식하면서 인간의 상상력을 현실화하려는 꿈은 벽에 부닥쳤습니다.

인공지능 편에서 모라벡의 역설이라는 걸 언급한 적이 있습니다. 미국 로봇공학 전문가이자 카네기멜론대 교수인 한스 모라벡은 "인간에게는 어려운 게 기계는 쉽고, 기계는 어려운 게 인간은 쉬운 게 있다"고 말했는데 그게 모라벡의 역설입니다. 인공지능 편보다는 로봇 편에서 설명하는 게 나을 것 같아 아껴두었습니다. 사람은 오르막 내리막길을 아무렇지도 않게 걷지만 로봇은 의외로 이게 어렵습니다. 사람은 손으로 달걀을 집는 게 쉽지만 로봇은 자칫하면 달걀을 깨뜨립니다. 사람은 복잡한 계산을 어려워하지만 로봇은 그야말로 식은 죽 먹기입니다.

적절한 비유가 될지는 모르나 로봇은 인간의 좌뇌에 해당하는 일은 잘합니다. 반복적인 육체노동은 전문입니다. 사람은 이걸 잘 못합니다. 볼펜을 잡고 종이 위에 어느 한 포인트를 잡아 점 찍는 일을 로봇은 한 치의 오차도 없이 수행합니다. 인간은 매번 다릅니다. 감정노동도 로봇이 잘할 수 있습니다. 사람은 감정에 따라 들쭉날쭉 합니다. 계산하고 기억하는 건 로봇이 선수입니다.

그러나 우뇌에 해당하는 창조적인 일은 아직 좀 어렵습니다. 알파고가 놀랄만한 창의성을 발휘하긴 했지만 모든 면에서 그런 것은 아닙니다. 그리고 여러 가지 복잡한 일을 로봇은 못합니다. 빨래 개는 일을 로봇이 잘할 수 있을까요? 형편없습니다.

예를 들어 볼까요? 술을 한잔하고 싶은데 친구들이 다 약속이 있습니다. 그래서 집에 가서 로봇하고 같이 마셔야겠다고 생각했습니다. 로봇과는 언제든 대작이 가능합니다. 로봇이 술은 마시지는 못하지만 옆에 앉아서 술잔에 술을 따라줄 정도는 됩니다. 이 로봇과 건배를 하고 싶은데 그것도 가능할까요? 물론 가능합니다. 결론부터 말하면 그런 로봇을 만들려면 엄청난 돈이 들어갑니다. 그렇게 로봇을 만들기가 어렵습니다.

앞에 있는 친구와 술잔을 부딪치는 동작을 로봇과 한다고 상상해 봅시다. 일단 상대방의 움직임을 인지해야 합니다. 상대방이 오른손으로 술잔을 들고 내 앞으로 이동시킵니다. 이런 걸 다 인지할 수 있어야 합니다. 로봇이 볼 수 있어야겠지요. 만약 보지 못한다면 술잔이 이동하는 소리를 듣고 어디쯤 오고 있는지 인식해야 할 겁니다. 이 정도 되려면 엄청나게 정교하고 많은 센서가 필요할 겁니다. 사람의 몸은 모든 데가 다 감각이 있습니다. 사람 같은 로봇을 만든다면 로봇 온 군데 다 센서를 장착해야 할 겁니다.

센서는 된다고 칩시다. 그 다음은 로봇의 행동입니다. 사람처럼 행동해야 합니다. 술잔을 다섯 손가락으로 잡고 팔의 근육을 이용해 앞으로 뒤로 위로 아래로 좌우로 전진 후퇴를 해야 합니다. 사람과 같은 뼈가 있어야 할 겁니다. 이거야 문제없죠. 그리고 그 뼈에 근육이 붙어 있어야 합니다. 팔을 꺾거나 뻗거나 당기거나 하는 건 근육을 쓰는 동작이지요. 그게 모터입니다. 로봇에서는 액추에이터Actuator라고 합니다. 그게 다 돈입니다. 많이 싸졌다고는 하나 아직은 꽤나 값이 나갑니다. 정교한 로봇을 만들려고 하면 모터가 많아야 합니다. 그래야 로봇이 정확한 동작을 하게 됩니다.

그리고 공간에서 속도와 위치를 제어할 수 있어야 합니다. 이걸 가능하게 하는 장치가 자이로스코프Gyroscope라는 겁니다. 이걸 자세히 설명하려면 상당한 지면이 필요한데 수학에서의 적분과 기계공학을 알아야 합니다. 여기서는 생략하기로 하지요. 너무 전문적이니까요. 드론 같은 건 이 자이로스코프가 생명입니다.

사람은 그냥 감각적으로 쉽게 할 수 있는 걸 로봇은 이렇게 센서와 액추에이터, 자이로스코프를 이용해 움직이도록 해야 합니다. 엄청난 명령어가 필요합니다. 사람도 그냥 쉽게 하는 것 같아 보이지만 수십 개의 뼈와 관절이 움직이고, 수백 개의 근육을 사용하고 수천 개의 감각을 발동하는 일입니다. 그걸 그냥 자연스럽게 하는 것처럼 보일 뿐입니다. 로봇은 명확한 규칙이 없으면 이런 행동은 수행 불가능입니다. 만약 우리가 "건배합시다"라고 말하면 누구나 그 말을 금방 알아듣습니다. 그런데 건배하는 방법은 수없이 많습니다. 아마 똑같은 건배는 하나도 없을 겁니다. 그러나 결국 건배를 하지요. 아무 문제 없이. 로봇은 이걸 못 합니다. 정확히 말하면 "아직까지 제대로 못 한다"고 말해야 하긴 하지만.

미국 국방부 산하에 고등연구계획국<sub>DARPA;Defence Advanced Research Project</sub> Agency라고 있습니다. 국방부에서 돈은 받지만 국방부 지시는 안 받는 연구기관입니다. 국가연구개발에 대한 토론을 벌이면 늘 나오는 곳으로 인터넷도 여기서 탄생했습니다. DARPA에서 매년 세계 재난 로봇 경진대회<sub>DARPA Robotics Challenge</sub>를 하는데 혹시 그 대회 동영상을 본 적이 있으신가요? "로봇이 이렇게 사람을 구조하나"라고 놀라는 사람들도 있겠지만 대다수 사람들은 "로봇이 모든 걸 다 할 줄 알았는데 울퉁불퉁한 길도 제대로 못 걷고 넘어지는구나"라고 실망합니다. 보는 관점에 따라 다르지만 인간과 똑같은 로봇이 나올 거라고 생각하는 사람이 이를 봤다면 "아직은 한참이나 멀었구나"라고 할 겁니다.

그러나 문제점을 인식하면 결국 그걸 해결하기 위해 도전하는 게 인류의 역사입니다. 로봇은 본질적으로 소프트웨어에 의해 조종되는 하드웨어라고 할 수 있습니다. 로봇의 소프트웨어에 해당하는 두뇌는 인공지능이 급격히 발전하면서 이제 사람처럼 인지하고 판단할 수 있는 단계까지 도달하고 있습니다. 프로세서의 성능 역시 하루가 다르게 진보하고 있습니다.

인간의 물리적인 동작을 따라하는 하드웨어는 역시 가속의 법칙이 적용되는 영역입니다. 결국 전문가들은 시간 문제라고 봅니다. 로봇을 작동시키는 핵심적인 부품은 센서와 모터입니다. 최근 들어 급속하게 비용이 낮아지고 있습니다.

로봇산업에서 가장 돈이 되는 분야는 무기라고 합니다. 즉, 무인병

기의 개발입니다. 윤리와 직결되긴 하나 마음만 먹으면 살인기계, 킬러로봇의 개발도 가능해진 세상입니다. 2017년 8월 세계 인공지능 전문가 130여 명이 유엔에 '킬러로봇 개발을 금지시키자'는 공개서한을 제출하기도 했습니다. 정말 많은 사람들이 최악의 경우 사람이 아닌 기계가 인류의 운명을 결정할지도 모른다는 걱정을 하고 있습니다.

〈600만 달러의 사나이〉에서 본 적 있지요. 신체 일부를 인간보다 훨씬 강한 성능과 내구성을 지닌 기계로 대체하는 겁니다. 이런 걸 사이보그라고 하지요. 뇌를 빼놓고는 다른 곳은 전부 기계로 대체할 수 있다는 말이 나옵니다.

좀 극단적인 경우를 언급했습니다만 이제 로봇은 우리 생활과 기업 현장에 급속도로 파고들면서 한편으론 인간 삶의 질을 높이기도 하고, 다른 한편으론 우리의 일자리도 빼앗아 갈 겁니다. 어느 쪽을 선택하느냐는 인간의 의지와 노력에 달려 있다고 할 것입니다.

# 집 안에 연예인 AI 로봇이
# 돌아다니는 세상

우리나라 로봇산업은 아직 선진국에 비해 한참 뒤처집니다. 앞서 설명한 대로 로봇의 핵심기술은 '기계'입니다. 소프트웨어는 인공지능인데 이건 우리나라가 아예 뒤처졌고, 하드웨어인 기계는 비록 대한민국이 제조업 강국이라지만 경쟁력이 결코 뛰어나지 않습니다. 기계라 해도 정밀기계 부문입니다. 여기에 강국은 독일, 일본, 스위스 같은 나라입니다. 독일의 쿠카KUKA 와 일본의 파낙FANUC, 야스카와YASKAWA 같은 업체들이 세계 시장을 선점하고 있습니다. 정밀기계와 더불어 또 다른 핵심은 고성능 센서입니다. 이 기술을 선도하는 글로벌 기업 중 한국 업체는 거의 없습니다. 그래서 산업 현장의 로봇은 우리의 경쟁력이 약합니다.

그런데 로봇이 산업 현장에서만 사용되는 건 아닙니다. 그 반대편 개념이 이른바 소셜 로봇입니다. 이는 인간의 감성과 접목되는 분야입니다.

대한민국 신생기업 중에 '퓨처로봇'이라는 회사가 있는데 카이스트에서 로봇공학을 전공한 송세경 대표라는 사람이 운영하는 회사입니다. 이 회사에서 평창 동계올림픽에 공식적으로 안내 로봇을 선보였습니다.

안내 로봇 '퓨로'는 올림픽 기간 동안 각 경기장을 비롯해 선수촌, 미디어촌, 종합운영센터 등 곳곳에 총 29대가 배치됐다고 합니다. 평창 축제의 최전선에서 수많은 외국인을 응대했습니다. 이미 미국 시애틀 공항과 실리콘밸리 새너제이 공항 등에 안내용 로봇을 수출한 바 있는 퓨처로봇은 이번 올림픽을 세계 무대로 본격 확장할 수 있는 기회로 보고 있습니다.

길 찾기 같은 정보 제공에서부터 상대방과 눈을 마주치면서 가벼운 잡담을 하는 고객 응대 서비스도 가능합니다. 로봇 상단 화면에 나타난 얼굴을 통해선 시선을 마주치거나 눈을 깜빡이면서 기쁨, 슬픔, 아쉬움 등 다양한 표정으로 감정 표현도 합니다. 이런 분야는 대한민국이 경쟁력이 충분히 있다는 게 송 대표 설명입니다. 그는 "고령화, 인구감소 등에 따라 사람과 감성을 교류하면서 노동을 보완할 수 있는 서비스 로봇에 대한 니즈가 커지고 있다"면서 여기서 성장의 기회를 엿보고 있습니다.

송 대표와 이런 분야에서 자주 교류하는 분이 이수만 SM엔터테인먼트 회장입니다. 본인들이 들으면 좀 어떨지 모르겠습니다만 인상도 참 비슷합니다. 이수만 회장은 원래 가수였지요.

그러다가 연예기획자로 전환을 해 대성공을 했습니다. 'K팝'을 한국 대표 글로벌 문화상품으로 만들어냈지요. 그의 로봇에 대한 식견은 일반인들에게 잘 알려져 있지 않은데 그의 머릿속에는 한국 아이돌 스타들이 4차 산업혁명 시대에 아바타 로봇으로 세계인을 상대할 것이란 비전이 있습니다. 이게 일종의 소셜 로봇입니다. 대학 때 전공은 엔지니어링입니다. 서울대에서는 농업 기계, 미국에서는 전자공학과 컴퓨터 엔지니어링 분야에서 석사 학위를 받았습니다.

2017년 12월 〈매일경제〉가 주최하는 베트남포럼에서 그를 만났는데 저는 그의 강연 내용이 매우 충격적으로 다가왔습니다. 대강 강연을 요약하면 다음과 같습니다.

"멀지 않은 미래에 이 세상에는 AI와 가상현실 기술을 기반으로 한 '초거대 버추얼 제국'이 나타날 것입니다. 집 안에 연예인과 똑같은 외모와 성격, 능력을 갖춘 AI 로봇이 돌아다니는 아바타 세상이 올 것입니다. 우리는 이들 AI 연예인과 함께 생활하면서 문화 콘텐츠를 즐기게 될 겁니다." 이 회장의 말은 결국 우리가 이제 아바타를 곁에 두고 생활한다. 그런데 그 아바타는 한국 아이돌이다. 이런 말입니다.

제임스 카메론 감독의 〈아바타〉라는 영화가 10년 전쯤 개봉됐을 때 많은 사람들이 충격에 빠졌습니다. Avartar는 '내려오다'

라는 뜻을 지닌 산스크리트어 '아바타라Avatāra'에서 비롯된 말

이라고 하죠. 영화는 지구로부터 4.4광년 떨어진 행성에서 대

체 자원 찾기 위하여 행성을 파괴하려는 지구인과 이 행성을

지키려는 원주민 나비족과의 갈등과 전쟁이 핵심 줄거리입니

다. 여기서 자신의 아바타를 원격조종하며 나비족에 침투한 지

구인 남자 제이크와 나비족 여인 네이티리의 사랑이 참 아름답

게 그려집니다.

이런 아바타와 함께 살아가는 미래. 그런 시대를 대비해 이수

만 회장은 2017년 6월 홍콩에 'AI스타스'란 회사를 설립했습

니다. 미국 캘리포니아주에 있는 AI 전문기업 오벤과 공동으

로 투자한 이 회사는 AI 기술과 유명 인사 지식재산권IP을 결합

한 콘텐츠 사업을 하자는 게 목적입니다. 이 회장은 "한국이 AI

시대에 영향력을 갖는 나라가 된다면 10억 명 이상 인구를 가

진 국가보다 더 강력한 힘을 발휘할 것"이라고 합니다.

"누구나 자신의 아바타를 갖게 될 겁니다. 아바타가 내 친구도,

비서도, 동반자도 되는 세상이 올 거라 봅니다. 그런데 기왕이

면 한국의 아이돌이 자신을 위해 친근한 목소리로 정보를 주

고, 이야기를 해준다면 훨씬 더 좋지 않을까요? 이들에겐 언어

장벽도 없습니다."

정말 이런 세상이 올까요? 어떻게 생각하십니까?

# 세상 모든 것을 인쇄하라!
# 3D프린팅

---

보통 제조 공장에 가면 주물 작업을 한다는 말을 많이 듣게 됩니다. 이 말을 들으면 그야말로 아주 오래된 공장이 주는 3D 작업의 이미지가 떠오릅니다. 즉, 더럽고Dirty, 어렵고Difficult, 위험한Dangerous 일입니다. 젊은 사람들은 이런 분야의 직종이나 직장에 근무하기를 꺼려합니다. 그걸 3D 산업 기피 현상이라고 합니다.

주물 작업은 말 그대로 주물鑄物을 만드는 일입니다. 이걸 주조鑄造라고 합니다. 쇠 같은 금속을 녹여서 주형鑄型 속에 넣고 응고시킨 뒤 원하는 모양의 금속제품으로 만드는 일입니다. 그렇게 생산된 제품을 주물이라고 합니다.

이런 방식을 다르게 할 수는 없을까요? 즉 원하는 제품의 설계도가 있다면 그 설계도를 입력한 뒤 그냥 제품을 만드는 방법은 없을까요?

조각하듯이 할 수는 있을 겁니다. 즉 재료 덩어리를 갖다 놓고 그걸 설계도에 맞춰 자르고 깎고 다듬어서 물건을 만들 수 있습니다. 그런데 이 방식이 대량생산에서 유용할까요? 상식적으로 생각해도 전혀 그렇지 못할 겁니다. 시간도 오래 걸리고, 인력도 많이 들 겁니다. 그래서 주조 방식이 나온 것이지요. 제조업에 좀 상식이 있는 분들은 사출이란 말을 많이 들었을 겁니다. 이것 역시 주조와 비슷하다고 보면 됩니다. 사출기에 재료를 넣어 이걸 노즐로 밀어내 금형 안에서 성형시키는 건데 겨울철에 흔히 먹는 붕어빵을 생각하면 됩니다.

그런데 이렇게 주조나 사출을 하지 않고 제품을 프린트하듯 뽑아쓰는 기술이 등장했습니다. 통상 프린트를 한다고 하면 종이에다 잉크로 하지요. 그건 2차원입니다. 이걸 3차원으로 만든 게 바로 3D프린팅입니다. 여기서 D는 더럽고, 어렵고, 위험하다는 뜻이 아니라 차원을 의미하는 Dimension의 D입니다.

정의定義부터 하지요. 3D프린팅은 프린터로, 입체 모양의 3차원 물체를 뽑아내는 기술입니다. 2차원의 인쇄는 잉크를 사용하지만 3차원의 인쇄는 재료가 무궁무진합니다. 플라스틱 같은 소재를 쓸 수도 있고, 콘크리트를 쓸 수도 있고, 돌이나 쇠를 사용할 수도 있습니다. 나중에 설명하겠지만 인간의 세포를 재료로 사용할 수도 있습니다. 그러면 인공 장기가 프린팅됩니다.

저는 3D프린팅이 왜 4차 산업혁명의 핵심 기술인지에 대해서는 아직도 약간의 의문이 있습니다. 이 기술이 나온 지는 꽤 오래전이거든요. 〈매일경제〉가 주최하는 세계지식포럼에서도 이미 5년 전쯤에 3D 프린팅을 전시하고 시제품도 만들었거든요. 그때 제품을 아직도 보관하고 있습니다.

전에 잘 아는 사람과 골프 라운드를 한 적이 있는데 그 분이 거기서 처음으로 이글을 했습니다. 제가 이글 기념패를 만들어 드리겠다고 했습니다. 그 분의 사진을 가지고 3D프린팅 하는 회사에 맡겼더니 아주 근사한 이글 기념패가 나왔습니다. 아마 그 분은 기념패를 지금도 집에 잘 보관하고 있을 겁니다. 그것도 4년 전 일입니다. 얼마 전에는 생일케이크도 3D프린팅을 했습니다. 물론 케이크에 올려놓는 장식으로 주인공 동상 같은 걸 세웠는데 그걸 3D프린팅 한 것입니다.

3D프린팅 기술은 지금으로부터 무려 30여 년 전인 1984년에 시작됐습니다. 지금까지도 3D프린팅 시장에서 독보적 위치에 있는 '3D시스템스'의 공동 창업자인 척 헐에 의해 고안됐습니다. 3D프린팅 업계에서는 이 분을 척 할아버지라고 부릅니다. 원래는 디자인 엔지니어였는데 '어떻게 하면 물체를 더 빨리 제작할 수 있을 것인가'가 그의 고민이었습니다. 그때까지는 조각 방식이었지요. 그런데 그는 벽돌 쌓듯 물체를 밑동부터 쌓아 올리면 원하는 제품이 완성될 수 있지 않을까라는 상상을 하게 되고 그 상상이 결실을 보게 됩니다. 그것이 좀 어렵습니다만, '스테레오리소그래피를 활용한 3차원 물체 제작 기구'라는 거고, 그는 이 이름으로 특허를 냅니다. 그 특허를 가지고 미국 캘리포니아주에서 창업한 회사가 3D시스템스입니다.

## 급성장하는 한국 3D프린터 시장

(단위 : 억 원)

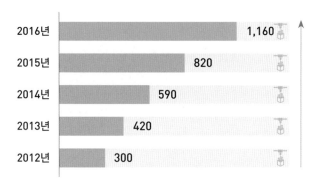

|  |  |
|---|---|
| 2016년 | 1,160 |
| 2015년 | 820 |
| 2014년 | 590 |
| 2013년 | 420 |
| 2012년 | 300 |

자료 : 한국과학기술정보연구원

그런데 척 헐에게 영감을 준 사람이 있는데 그가 일본의 히데오 코다마 박사입니다. 그는 나고야시립공업연구소의 연구원이었는데 3D프린팅 기술에 중요한 역할을 하는 두 건의 보고서를 발간합니다. 그게 척 헐로 이어진 것입니다. 그가 특허를 내기 3년 전입니다.

기본적으로 3D프린팅은 쌓아올리는 기술입니다. 설계된 입체 모형을 마치 지도의 등고선을 따라 얇게 한 층 한 층 쌓아서 입체감 있는 물건을 만드는 건데 상식적으로 가장 큰 걸림돌이 무엇일 것 같습니까? 그건 먼저 쌓은 층이 녹아내리는 겁니다. 즉, 빨리 굳게 하고 그 위에 다시 층을 쌓아야 합니다. 척 헐의 특허가 이런 것이었거든요.

그 후 3D프린팅은 엄청난 기술의 진전을 이루면서 산업 현장 곳곳에서 응용되기 시작합니다. 추후에 설명하겠지만 3D프린팅을 하는 방식도 모두 7가지로 확대됩니다. 참고로 한국은 한 가지가 빠져 모두 6가지입니다.

언론에 자주 소개된 사례를 보겠습니다. 2016년 두바이에서 약 250㎡의 넓이의 1층짜리 건물을 짓는데 이를 3D프린팅으로 했습니다. 자신이 원하는 집을 설계해 그걸 프린팅한 것입니다. 집 짓는 데 얼마 걸렸을까요? 17일 걸렸습니다. 비용은? 우리나라 돈으로 1억 6,000만 원 정도였습니다. 이보다 1년 전에는 중국에서 3D프린팅으로 집을 지었습니다. 6층짜리 주택이었는데 1주일 만에 뚝딱 해치웠습니다. 더구나 건축폐기물을 재활용했다는 점이 눈길을 끌었습니다. 사실 중국 주택은 공장에서 일단 적당한 크기로 제작한 뒤 현장에서 조립하는 방식이었습니다. 이걸 전문 용어로는 실내 모듈형 출력방식이라고 하는데 그래도 대단하지 않습니까? 스페인 바르셀로나에 카탈루냐 고등건축연구소가 있는데 여기서는 2017년에 육교를 3D프린팅으로 제작했습니다. 폭이 1.75m, 길이가 12m입니다. 재료는 아주 미세한 콘크리트 가루를 썼습니다.

이렇게 3D프린팅으로 건설을 하면 뭐가 좋을까요? 무엇보다도 인력이 절약될 겁니다. 설계도만 있으면 되지 않겠습니까? 건설현장 가보면 매우 지저분하죠. 자재들이 주위에 널브러져 있고 쓰레기가 많습니다. 3D프린팅으로 하면 이런 쓰레기가 없습니다. 그리고 클레인이 무너져 발생하는 안전사고 걱정을 안 해도 되고요.

2017년 CES에서는 3D프린팅으로 제작된 자동차까지 나왔습니다. 기존 차량 무게의 절반 정도로 약 700마력의 엔진 성능을 지닌 '블레이드Blade'라는 슈퍼카였습니다. 페라리급이라는데 아직은 실용화 단계까지는 가지 못한 듯 했습니다만 결국 이것 역시 시간 문제라고 생각하는 사람들도 있습니다.

그런데 아직까지는 약간 환상이 존재합니다. 언론 기사들을 보면 3D프린팅으로 모든 게 다 될 것 같은 착각 속에 빠질 수가 있습니다. 정말 현실세계로 들어오면 "글쎄요"하는 의구심이 드는 게 많습니다. 예를 들어 주택을 지었다고 하지요. 그럼 "거기에 살아 볼래?"라고 물으면 고개를 저을지 모릅니다. 가격은 저렴할지 모르죠. 그러나 안전성이 있을지, 벽면 같은 것이 층층이 쌓은 표시가 나는데 그게 마음에 들지는 잘 모르겠습니다. 자동차는 어떨까요? 그걸 몰 수 있을까요? 하나의 자동차가 소비자에게 가기까지 수많은 테스트를 거쳐야 합니다. 3D프린팅으로 만든 자동차가 그런 과정을 다 거쳤을까요? 아닙니다. 사고가 나면 충격 흡수는 어떻게 될지, 1년 지나서 부품은 마모되는 건 아닌지 등 해결해야 할 과제들이 꽤 많을 겁니다.

3D프린팅의 미래는 어디까지 나갈 수 있을 것인지, 그 반대로 한계는 어디까지인지를 알려면 3D프린팅 원리를 알아야 합니다. 이걸 제대로 모르면 그야말로 구름 잡는 말만 하고 헛다리를 짚을 것입니다. 그런데 이걸 설명하자면 화학과 기계 분야에 대한 전문 용어도 튀어나오고 공학을 전공하지 않은 사람들은 이해가 힘든 게 사실입니다.

그래서 여기서는 되도록 간단히 핵심만 설명하고자 합니다.

두 가지 방법을 이야기하겠습니다.

그중 대표적인 것이 FDM방식입니다. 대학생들이 3D프린팅 대회에서 제품을 만들었다고 하면 99%는 이 방식이라고 보면 됩니다. 플라스틱 소재의 필라멘트를 열로 녹여 압출한 후 상온에서 굳게 해 물체를 쌓아올리는 방식입니다. 그럼 필라멘트 소재로 만들 수 없는 건 이 방식으론 안 됩니다. 노즐로 플라스틱을 쏴서 설계도대로 입체모형을 만드는 방식이니 쇠는 좀 어렵겠지요. 어디에 많이 쓰일까요? 사람이 팔이나 다리가 다쳐 의수나 의족을 만들 때 쓸 수 있을 겁니다. 이건 그 사람의 신체와 똑같이 만들 수 있습니다. 그런데 최근 이 방식에 소재를 바꿔 성공한 사례가 등장하고 있습니다. 그 소재가 탄소섬유입니다. 플라스틱보다 강도가 훨씬 높은 제품을 만들 수가 있겠지요.

두 번째는 척 헐의 핵심 특허입니다. SLAStereo Lithography Apparatus라고 하는 건데 광학렌즈를 통해 레이저를 쏘면 플라스틱 재료가 굳는다는 사실을 안 거죠. 전문 용어로 광경화수지라고 합니다. 첫 번째 방식보다 좀 더 정교한 제품을 만들 수 있게 됐습니다. 이 방식은 좀 더 발전해 렌즈에서 빔프로젝트 같은 것을 사용해 레이저를 쏠 수 있는 수준까지 발전했습니다. 반도체 분야에서 CPU와 GPU의 차이를 기억하시나요. 병렬 작업이 가능해졌습니다. 이 분야는 우리나라도 명함을 좀 내밉니다. 안경테나 사람의 치아 같은 의료용품들을 제조할 수 있습니다. 여기서도 세라믹을 소재로 쓸 수 있게 됐습니다. 도자기 같은 걸 만들 수 있다는 것이지요. 그런데 첫 번째나 두 번째 방식 모두 덩치가 큰 제품은 안 됩니다. 고정된 틀 속에서 작업을 해야 하고 대형 사이즈 출력을 위한 광원기술도 아직은 부족한 편이기 때문입니다.

네 가지가 더 있습니다. 이걸 다 설명하면 헷갈릴 것 같은데 일단 잉크젯프린팅 방식이 있습니다. 이 분야의 최고 강자는 휴렛팩커드HP입니다. 원래 HP에서 잉크젯프린터를 개발했지요. 그 기초기술을 토대로 2차원의 인쇄를 3차원으로 발전시켰다고 보면 됩니다. HP가 무서운 건 이런 3D프린팅을 킨코스Kinkos처럼 주요 거점마다 프랜차이즈 형태로 운영하면서 3D프린팅의 플랫폼을 만들고자 한다는 데 있습니다. 그럼 간단한 물건은 여기 가서 주문을 하는 상황이 될지 모릅니다. 간혹 집마다 3D프린팅 하나씩 두고 필요한 물건을 만든다는 말들도 하는데 이건 환상에 가깝습니다. 현실을 좀 모르고 하는 소리입니다.

다른 방식은 분말을 사용하여 만드는 건데, 분말층의 원하는 부분에만 접착제를 분사하는 방식입니다. 수천 개 구멍을 가진 노즐 수십 개를 병렬로 사용하여 순식간에 다수의 대형 제품을 만들 수 있다는 강력한 장점이 있습니다. 이렇게 해서 주물의 거푸집도 대량으로 만듭니다. 접착제 분사 방식에서 분말을 금속으로 사용하고 접착제 대신에 레이저를 쏘면 그것이 금속 프린터가 됩니다. 금속 분말층의 원하는 부분에만 레이저를 쏴서 녹이는 방식입니다. 90% 이상의 금속 프린터는 이 방식을 사용합니다. 또 분말을 떨어뜨리면서 레이저를 분말에 직접 쏴서 쇳물을 바로 만들어 프린팅하는 방식이 있는데 우리나라가 독자 기술을 보유하고 있습니다. DED Direct Energy Deposition라고 하는 방식입니다. 이 DED 방식을 절삭가공을 하는 공작기계와 연결하면 양수겸장이 탄생합니다. 깎고 쌓고 하는 궁극적인 공작기계의 탄생입니다. 이를 이용하면 원래 형태가 파손된 경우 수리나 보수도 할 수 있다는 얘기입니다.

사실 3D프린팅은 '설계도만 있으면'이라는 가정을 하고 시작합니다. 그러니까 설계도만 있으면 뭐든지 프린팅한다는 거죠. 그런데 사실 설계도 만들기가 쉽지 않습니다. 일반 공법과는 다르기 때문입니다. 그게 경쟁력입니다. 그 다음이 기계적·전자적 요소인데 형상이 복잡하면 제어가 쉽지 않습니다. 보통 이런 여러 가지 방식 중 어느 하나를 택하게 되는데 기본이 어떤 소재를 쏴서 제품을 만드는 것이니 하드웨어는 기계고 소프트웨어는 전자입니다. 그래서 전문가들은 3D프린팅을 '좋은 기술'이라 하지 않고 '다른 기술'이라고 말하기도 합니다.

다만, 3D프린팅이 갈수록 진보하고 있다는 사실에는 주목할 필요가 있습니다. 미국의 '카본3D' 같은 회사는 광경화수지방식에서 산소 농도를 조절하는 기술을 개발해 프린팅 속도를 100배나 빠르게 했습니다. '복셀Voxel8' 같은 기업은 제품과 함께 전자회로를 프린트하는 기

손현덕의 구석구석 4차 산업혁명 탐구

술을 개발했습니다. 미국 CIA의 자회사가 여기에 투자했다고 합니다. 이게 도청에 사용할 수 있다는 이유에서입니다.

어쨌든 3D프린팅은 대량생산이 어렵습니다. 대량생산은 금형방식이 제격이지요. 그 경계선을 약 700개 정도로 잡습니다. 그 이상이면 경제성이 떨어진다고 합니다. 다만, 제조공장이 분산되면 그건 얘기가 좀 다릅니다. 같은 설계도를 놓고 소량의 프린팅을 미국에서도 하고 중국에서도 한다면 경쟁력이 있을 겁니다. 그게 일종의 스마트공장 개념이지요.

이쯤에서 요약을 하고 넘어갈까요? 3D프린팅이 유리한 조건을 짚어보지요. 전문가들을 통상 7가지를 꼽습니다. 이 조건은 '3D프린팅이 적용 가능하냐'를 가늠하는 잣대입니다.

❶ 표면적이 넓은 물체입니다. 보다 명확하게 말하자면 물체의 크기에 비해 표면적이 넓은 겁니다. 이건 기존의 금형이나 절삭으로는 경제성이 확보되기 어렵습니다. 3D프린팅이 유리할 수 있습니다.

❷ 경량제품입니다. 자동차나 항공, 조선 부품을 경량화해야겠다고 생각하면 3D프린팅으로 할 수 있습니다.

❸ 여러 부품을 한꺼번에 출력하는 경우인데 이 대표적인 케이스가 바로 이어 얘기할 GE의 엔진 부품입니다.

❹ 내부 구조가 복잡한 경우입니다. 이는 금형으로 하기는 곤란하고 깎는 것도 어렵습니다.

❺ 다공성porous 제품인데 내부 또는 표면에 여러 개의 작은 구멍이 있는 경우입니다. 이런 건 3D프린팅이 유리합니다.

❻ 재질이 다른 경우가 있습니다. 한쪽 면은 구리, 다른 쪽은 알루미늄이라면 3D프린팅이 유리합니다.

❼ 생체 모방 조직입니다. 연꽃잎이나 상어 피부 같은 게 대표적입니다. 상어 피부는 겉보기에는 아주 매끈한 것 같지만 손으로 만지면 까칠까칠하거든요. 이런 건 레이저로 미세하게 조절해 프린팅 할 수밖에 없습니다.

이 정도까지 설명하면 당초 의문으로 돌아가 3D프린팅이 도대체 4차 산업혁명과 무슨 관련이 있기에 정부가 대책 발표할 때 이 분야를 중점 육성하겠다고 하는 건지 궁금할 수 있습니다. 솔직히 말하면 3D프린팅은 4차 산업혁명 기반기술도 아니고, 응용기술이라고 보기도 어렵습니다. 다만, 연관기술은 맞습니다. 기존의 제조 방식과 다른 형태의 발전된 기술인데 이것이 스마트 공장의 개념이나 첨단 물류와 합쳐질 경우 제조업의 혁명을 가져올 수 있습니다.

그 대표적 성공 사례가 GE입니다. GE는 항공기 엔진을 3D프린팅으로 만들었습니다. 정확하게 말하면 엔진LEAP의 노즐을 만든 건데 이게 앞서 말한 세 번째 케이스에 해당합니다. 엔진에 기름을 분사하는 노즐이 있는데 그게 약 20개 정도 꼬여 있거든요. 이걸 기존 방식으로 제작하면 복잡하기 이를 데 없는데 3D프린팅으로 하니 경제성이 생긴다는 겁니다.

사실 산업계에서 3D프린팅이 가장 혁명적으로 활용될 수 있는 분야는 바로 부품입니다. 자동차든 냉장고든 소비자들이 사용하는 제품에는 수백, 수천 개 부품이 들어갑니다. 물론 이게 다 3D프린팅이 유리하다는 말은 아닙니다. 경제성을 따져야 합니다. 그러나 어쨌든 제조업체들은 직접 하든, 아니면 하청업체에 맡기든 만일을 대비해 부품을 준비해야 합니다. 부품은 일종의 소모품입니다. 제품에 고장이 나면 부품을 갈아 끼워야 하지 않겠습니까? 미리 준비해놓지 않으면 서비스가 안 됩니다. 그래서 제조업체의 가장 큰 고민 중 하나입니다. 비용도 많이 들고 제때 공급해야 되니 재고 처리도 문제입니다. 그런데 이를 3D프린팅으로 해결한다고 생각해 봅시다. 그야말로 제조업의 혁명이 일어납니다.

예를 하나 들어 볼까요? 디트로이트에 본거지를 두고 있는 항공사가 보유한 항공기 한 대가 갑자기 고장이 났습니다. 알고 보니 중요한 부품이 낡아서 못쓰게 됐습니다. 항공사는 비행기를 제조한 업체에 주문을 합니다. 이 비행기 제조업체는 본사가 시애틀에 있습니다. 재고는 없습니다. 이걸 만들려면 다시 주문을 하고 부품이 완성될 때까지 기다려야 합니다. 그런데 다른 방법이 있습니다. 배송업체가 운영하는 자율주행트럭에 설계 도면을 전송합니다. 이 트럭 안에는 3D 프린터가 있습니다. 디트로이트 근처에 있는 자율주행트럭은 3D프린터로 부품을 제조하면서 목적지인 항공사까지 갑니다. 트럭이 도착할 때쯤 부품은 이미 3D프린터를 통해 출력이 됐습니다. 이런 게 상상 속의 일일까요? 천만에요. 아마존은 이미 특허를 냈습니다.

이런 일들이 가능해지면 제조업계에서는 어떤 현상이 벌어질까요? 공급망 관리라고 하는 SCM~Supply Chain Management~에 획기적 변화가 생길 겁니다. 부품을 만드는 하청업체들은 하루아침에 일이 없어질 수도 있습니다. 이런 부품을 제조업체로부터 소비자에게 배송하는 물류업체들에겐 새로운 기회가 생길 겁니다. 실제 아마존 같은 기업이 이런 걸 노리고 있습니다. 그래서 자율주행차나 드론에도 진출하고 각종 물류거점을 구축하는 겁니다.

혹시 이런 상상해봤나요? 우리나라가 유인우주선을 발사했습니다. 그런데 우주정거장에서 작업하는 도중 중요 부품 하나가 고장 났습니다. 어떻게 할까요? 다시 지구로 돌아오려니 그 사이에 사고가 나면 우주선은 물론이고 거기에 타고 있던 사람들이 그야말로 우주에서 미아가 될지 모릅니다. 그런데 이 역시 부품의 설계도면을 우주선으로 쏴주고 거기에 미리 설치된 3D프린터로 부품을 제조한 다음 고장 난 부품을 대체하는 겁니다. 이것도 혹시 상상 속의 일로 여깁니까? 아닙니다. 미국 나사에서 실제로 하는 일입니다.

이 정도 되면 4차 산업혁명 시대에 왜 3D프린팅이 중요한지 이해가 될겁니다. 3D프린팅은 설명한 바와 같이 아직은 제한적 범위 내에서만 활용되는 기술입니다. 그러나 3D프린팅이 가져올 변화는 앞으로 우리를 계속 깜짝깜짝 놀라게 할 것입니다.

# 3D프린팅으로
# 간을 인쇄한다?

앞서 3D프린팅에 대한 글을 읽었다면 "그거 별거 아닌데" 이런 반응을 할 수도 있습니다. "그거 이제 보니 기계나 전자산업 좀 업그레이드 한 거 아니야?"라고도 할 수 있습니다. 핵심은 디자인과 설계에 있고, 디자인과 설계를 구현하는 장비를 어떻게 하면 잘 만들고 제어하느냐입니다. 다른 4차 산업 기반기술과 어떻게 접목할지는 아직 미지의 영역입니다.

그런데 이 3D프린팅이 인류 역사에 획기적인 전환점을 가져올 수 있는 분야가 있습니다. 그게 바이오입니다. 앞서 딱 한 줄만 언급했지만 인간의 장기를 3D프린팅으로 만들 수 있다면 그야말로 의료혁명일 겁니다.

우리가 보통 쓰는 프린터는 잉크가 소재입니다. 글씨나 그림만 나오면 되니까요. 그런데 3차원의 프린터는 입체모형을 만드는 겁니다. 재료도 다양하지요. 이미 설명했습니다. 대부분 플라스틱이었습니다. 잘 녹고 금방 굳기 때문에 한 층 한 층 쌓아올리기에 적합했었던 거죠. 물론 금속도 됩니다.

최근 미국 프린스턴대에서는 인공 귀를 만들었습니다. 사람의 귀를 설계해 3D프린팅을 이용해 만들면 되는데 문제는 재료였습니다. 사람의 신체와 유사한 소재로 프린팅하지 않으면 안 됩니다. 그걸 한 겁니다. 신소재를 잉크처럼 만들어서요.

인간의 신체 일부분을 프린트하려면 세포나 생체분자를 잉크로 만들어야 합니다. 앞으로 기술이 여기까지 발전할 수 있다고 보는 겁니다. 그게 대세입니다.

그런데 정말 놀라운 것은 여기서 한 걸음 더 나아간다는 사실입니다. 그게 자기조직화 잉크입니다. 이게 무슨 말이냐 하면 인간의 신체를 프린팅하는 데 사용되는 소재가 스스로 알아서 신체조직을 만든다는 말입니다. 각질층을 만들고, 표피층을 만들고, 지방층도 만든다는 겁니다. 이게 분자자기조립 기술입니다. 영화 〈터미네이터〉를 봤다면 알 겁니다. 액체 상태의 잉크 용액이 부풀어 오르면서 원하는 입체 조직이 만들어지는 거 말이죠. 정말 영화 속 일이 현실이 될지 모릅니다.

3D프린팅이 일반 의료계에서 혁명을 일으키고 있는 건 이제 쉽게 찾아볼 수 있습니다. 인공 귀를 만든 게 대표적이고 벨기에 연구진은 골수염으로 아래 턱뼈를 잃은 할머니의 인공턱뼈를 3D프린팅을 해서 이식하는 데 성공했습니다. 3D프린팅이 의학을 만나서 앞으로 무슨 일이 벌어질지 궁금하지 않나요?

# 블록체인이 꿈꾸는
# 황당한 미래

---

2016년 10월 〈매일경제〉가 주최하는 세계지식포럼에 요새 말로 하면 아주 '핫한' 인사 한 명이 참석했습니다. 그러나 당시 그의 진가를 알아본 사람은 거의 없었습니다. 그는 '이더리움'의 창시자인 비탈릭 부테린이란 인물이었는데 '블록체인의 현황과 향후 전망'을 주제로 한 강연에서 블록체인 시장의 성장성에 대해 강한 자신감을 보였습니다. 그는 20세를 갓 넘은 약관의 나이입니다. 1994년생이니 2016년 한국을 방문할 때 우리나라 나이로 23세입니다.

그 당시에는 이더리움을 아는 사람이 아마도 백 명 중에 한 명 정도됐을까요? 비트코인이라는 가상화폐는 말을 좀 들어봤을지 몰라도 이더리움은 생소했지요. 그런데 이 이더리움이 투자자들 사이에 그야말로 핫한 아이템이 된 거지요. 비트코인처럼 돈 주고 살 수 있는데

2017년 초 1ETH(이더리움 단위)에 9,000원 정도 하던 게 천정부지로 올랐거든요. 이걸 두고 앞으로도 몇 배 더 상승한다는 둥, 17세기 네덜란드에서 벌어진 튤립 투기 같은 거니 어느 순간 휴지 조각으로 된다는 둥 말들이 많습니다.

이더리움이란 가상화폐를 이해하려면 반드시 거쳐야 하는 관문이 있습니다. 그게 블록체인입니다. 난이도로 치면 거의 최상급에 해당하는데 그래도 미래에 획기적인 변화를 가져올지도 모르니 공부 좀 하는 게 좋을 것 같습니다.

시작에 앞서 퀴즈 몇 가지 내겠습니다. 이건 블록체인에 대한 기본적인 궁금증이기도 합니다.

Q1. 블록체인과 비트코인은 무슨 관계인가?

Q2. 중앙서버 없는 인터넷 서비스가 과연 가능한가?

Q3. 블록체인은 정말 해킹을 당하지 않는가?

Q4. 비트코인은 정말 달러나 엔화처럼 물건을 살 때 사용 가능한 화폐인가?

Q5. 비트코인 말고도 여러 종류의 가상화폐들이 나오고 있는데 믿을만한가?

Q6. 비트코인으로 해외 어디나 송금이 가능한가?

Q7. 그런데 이게 외환관리법 위반 아닌가?

Q8. 1억 원을 송금한다고 했다가 다른 사람에게 갔다. 모두 날리는 건가?

Q9. 우리나라 도지사 한 명이 블록체인으로 직접민주제 시스템을 구현하겠다고 말했는데 그게 가능한 일인가?

## 블록체인 거래 흐름

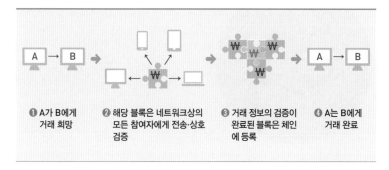

① A가 B에게
거래 희망

② 해당 블록은 네트워크상의
모든 참여자에게 전송·상호
검증

③ 거래 정보의 검증이
완료된 블록은 체인
에 등록

④ A는 B에게
거래 완료

**Q10. 30년 전 인터넷이 세상을 바꾼 것처럼 블록체인이 앞으로 정말 세상을 바꿀 수 있을까?**

정말이지 블록체인 기술과 관련된 엄청난 상상이 난무하고 있습니다. 그렇게 말하는 사람들을 몽상가라고도 할 수 있으나 어쩌면 그들 말대로 세상이 완전히 뒤바뀔지도 모르겠습니다. 누가 알겠습니까? 특히 저 같은 초보자로서는 그 어마어마한 미래를 예측조차 하기 어렵습니다. 아니 예측한다는 자체가 우습고 황당한 일이겠지요. 그래서 이건 순전히 여러분의 판단에 맡깁니다.

블록체인을 말하기 전에 다시 비트코인으로 돌아가는 게 좋을 것 같습니다. 결론부터 말하면 블록체인은 일종의 소프트웨어 기술이고 비트코인은 블록체인을 기반으로 한 디지털 화폐입니다. 가상화폐라고도 하나 암호화폐라고 하는 편이 더 정확할 겁니다. 이런 말 자체가

이해하기 어렵지만 일단 그냥 갑니다.

　비트코인을 말하려고 하면 사토시 나카모토라는 사람부터 시작해야 합니다. 마치 공상과학 영화에 나올 법한 인물입니다. 사토시는 2008년 10월 31일 '비트코인 P2P 전자화폐Bitcoin:A Peer-to-Peer Electronic Cash System'라는 제목의 문서를 인터넷상에 올립니다. 일반인들이 주목할 인터넷사이트도 아니고, 관심을 가질만한 주제도 아닙니다. 소프트웨어 개발자나 해커들이 자신들끼리 노는 커뮤니티입니다. 그들만의 리그이지요. 여기서 비트코인의 존재가 세상에 알려지게 됐습니다.

　사토시 나카모토는 본명이 아닙니다. 그리고 정말 바람처럼 사라졌습니다. 누군지도 모릅니다. 일본 사람 이름인데 일본 사람 같지는 않았습니다. 실제로 '사토시 나카모토'라는 이름을 본명으로 사용하는 한 일본계 미국인이 잠시 거론되었으나, 그는 아니었습니다. 또 일본의 수학자로 교토대 교수가 사토시로 지목되었으나 그 역시 아니

　　　　　　　손현덕의 구석구석 4차 산업혁명 탐구

없습니다. 그러다가 세월이 흘러 8년 뒤 오스트레일리아 암호학자가 사토시의 실제 인물로 거명되었고 그 역시 사토시가 본인임을 실토했다고 하는데 이 역시 100% 사실인지 아직 잘 모릅니다.

어쨌든 비트코인은 그렇게 시작됐습니다. 그런데 이 사건이 일어나기 1년 전쯤 그 사토시란 인물이 블록체인과 관련된 논문 한 편을 인터넷 공간에 올린 적이 있습니다. P2P<sub>Peer-to-Peer</sub> 방식으로 데이터베이스<sub>DB</sub>를 관리하는 기술에 대한 논문입니다. 당시로서는 상상하기 힘든 일이지요. 현존하는 인터넷 서비스들은 99.99%가 중앙에 서버를 두고 데이터를 관리합니다. 은행 같은 금융기관도 원장이란 게 있지요. 모든 거래가 이 원장에 기록되고 그건 중앙서버에 보관됩니다. 네이버도 그렇고 페이스북이나 구글, 아마존 모두 마찬가지입니다. 그런데 이 중앙서버 없이 데이터를 관리한다니 정말 신기한 것이지요. 비용도 비용이거니와 해킹이 안 된다는 겁니다. 기존에는 해커들이 중앙서버를 공격해 데이터를 빼내거나 조작을 하면 일시에 DB는 무너집니다. 그런데 각각의 개인들이 마치 블록을 쌓아나가듯이 저장을 하면 해커가 공격할 대상이 흩어지는 것이지요. 어느 하나만 해킹한다고 되지 않습니다. 모두 다 해야지요. 그래서 블록체인 기술은 해킹이 불가능하다고 하는 것입니다.

이걸 이해하려면 토렌트라는 기술을 알아둘 필요가 있습니다. 헷갈리고 머리 아프게 뭐 자꾸 새로운 걸 끄집어내느냐고 불평할 수 있지만 그래도 조금만 참아 보시지요. 토렌트의 개념이 바로 블록체인 핵심개념이기 때문입니다. 토렌트는 개인들 간의 파일 공유 프로그램입니다. 인터넷상에 존재하는 파일을 여러 조각으로 나누어, 사용자 간에 서로 직접 공유하는 프로토콜 또는 프로그램을 말합니다. 예를 들어 영화 한 편을 다운로드 받으려면 영화가 저장된 특정 서버에 들어가서 받지요. 유료도 있고 무료도 있습니다. 그런데 이 토렌트는 다른 사람의 개인 PC에 저장된 영화를 내 것처럼 공유하는 겁니다. 그리고 내 PC에 있는 영화도 다른 사람이 공유할 수 있습니다. 내 것네 것이 없는 세상입니다. 내 PC가 중앙서버 역할을 하기도 하며 내가 다른 사람으로부터 파일을 받을 때는 그 사람 PC가 중앙서버가 되는 셈입니다. 불법 다운로드 시비가 일 수 있지요. 그런데 그걸 잡을 길이 막막합니다. 이걸로 미국 드라마나 성인물들이 많이 유통된다고 하지요. 그리고 악성 바이러스도 옮겨 다닌다고 합니다.

그러니까 일단 요약하면 이런 것입니다. 사토시란 사람이 블록체인 기술을 전 세계에 알렸다. 이게 그냥 개념상의 기술인데 이를 기반으로 구체화된 작품이 나왔다. 그게 비트코인이다. 이렇게 보면 됩니다.

이제 비트코인을 이해할 수 있는 기초는 어느 정도 됐다고 봅니다. 그럼 비트코인을 본격적으로 공부할 차례입니다.

요즘 신문은 비트코인에 대한 기사로 도배되고 있습니다. 앞서 말한 것처럼 투기광풍이 일고 있기 때문입니다. 투기인지, 투자인지도 아직은 구별하기 힘듭니다. 누구는 1,000만 원 투자해 100배를 벌었다고 하고 누구는 하루 만에 원금의 반을 까먹었다고 하고 난리도 아닙니다. 급기야 정부가 규제책을 발동했습니다.

2009년 사토시가 만든 비트코인은 온라인상에서 거래되는 가상화폐인데 디지털 단위인 '비트bit'와 '동전coin'이 합쳐진 말입니다. 그리고 비트코인이 등장하고 나서 '이더리움' 같은 다른 가상화폐가 나오고, 이제 이런 게 전 세계적으로 2,000종 가까이 됩니다.

비트코인이 뭔지 이해하려면 '채굴mining'이란 걸 알아야 합니다. 이게 가장 난이도가 높은 부분입니다. 화폐금융론에서 통화량 얘기를 할 때 중앙은행이 돈을 찍어내는 걸 본원통화라고 하죠. 그리고 이 본원통화가 은행을 통해 시중에 돌아다닙니다. 그러면서 통화량이 늘어나는 겁니다. 비트코인에서 본원통화를 만드는 작업이 바로 채굴이라고 보면 됩니다. 사토시란 사람이 정말 천재인 게 2009년 비트코인의 총 한도를 정해 놓았습니다. 2,100만 비트코인까지만 나옵니다. 127년 동안이라는 기간을 정했습니다. 2,100만 비트코인이 풀리면 더 이상 비트코인은 생성되지 않습니다. 시중에 돌아다니겠죠. 이 비트코인이 블록체인을 현실화한 거라는 설명, 기억납니까? 블록체인 공부를 할 때가 되었습니다. 지금부터는 블록체인과 비트코인을 뒤섞으면서 설명합니다.

블록체인은 블록과 체인을 알아야 합니다. 비트코인은 일단 블록으로 형성됩니다. 블록은 일종의 파일 같은 건데 그 안을 들여다보면 수많은 파일이 있습니다. 2017년 3월까지 파일 개수가 45만 개입니다. 이게 다 블록입니다. 블록 안에 무엇이 있을까요? 먼저 이 블록이 몇 번째 블록인지를 나타내는 순서 값이 있습니다. 나는 39만 8,765번째 블록이다. 이런 식입니다. 그리고 블록이 만들어진 시간이 있습니다. 그리고 10분마다 거래되었던 모든 거래 내역이 있습니다. A라는 사람이 B라는 사람에게 3비트를 송금했다. 뭐 이런 겁니다. 이게 블록입니다. 아! 한 가지 빠졌네요. 왜 10분마다 블록이 생기느냐? 그건 사토시가 그렇게 정했기 때문입니다.

그 다음 체인을 공부할 차례입니다. 블록은 각자의 블록, 쉽게 말하면 파일로 분리돼 있습니다. 그런데 블록과 블록이 연결됩니다. 체인으로. 어떻게 연결하느냐? 예를 들어 1만 번째 블록이 만들어졌다고 합시다. 그 다음 10분 후면 1만 1번째 블록이 만들어지겠지요. 그때 1만 번째 블록의 정보를 섞어서 암호화합니다. 그래서 비트코인을 암호화폐라고 하는 겁니다. 1만 번째 블록과 1만 1번째 블록은 각각 독립된 블록입니다. 그러나 그게 체인으로 연결돼 있는 거죠. 그래서 블록체인입니다.

이제 다시 채굴로 돌아갑니다. 채굴이란 금을 캐듯, 앞으로 발행될 2,100만 개(이 중 상당 부분은 이미 발행되었습니다)나 되는 비트코인을 얻는 작업입니다. 10분마다 누군가 이 비트코인을 받는 겁니다. 그건 가장 먼저 블록을 만든 사람이 갖습니다. 무슨 법이 있느냐고요? 사토시가 그렇게 정했기 때문입니다. 이 비트코인을 얻기 위해 경쟁이 벌어집니다. 정말 웃지 못할 일이 벌어지는 게 한 온라인 카페에서 "4시간에 120만 원만 내면 비트코인 채굴 노하우를 알려 주겠다"는 광고를 한 적이 있습니다. 당시 1비트코인에 300만 원(지금은 이보다 몇 배 뛰었습니다)이 넘으니 혹하는 사람이 생길 법 하겠지요. 이걸 어디서 주로 채굴할까요? 중국입니다. 중국 서부지역이라고 하네요. 비트코인을 채굴하려면 컴퓨터 작업을 해야 합니다. 그런데 전기료가 장난이 아니기 때문에 전기료가 저렴한 곳에서 한답니다.

비트코인을 채굴하면 지갑에 비트코인이 들어갑니다. 비트코인 전용계좌인 셈입니다. 이 계좌 암호가 12개 단어로 구성됩니다. 왜 12개일까요? 이 역시 그렇게 정해놓았기 때문입니다. 비트코인을 보유한 사람들은 다 계좌가 있는데 여기에서 비트코인이 왔다 갔다 합니다. 그리고 이걸 거래하는 거래소가 생겼습니다.

이태원 해밀턴 호텔 근처에 가면 비트코인센터가 있습니다. 은행 ATM기 같은 게 있습니다. 국내 외국인 근로자들 중 일부가 본국으로 송금하는 걸 이 비트코인으로 합니다. 외환관리법 위반일까요? 현행법이 이런 걸 규정하지 않고 있죠. 불법이 아니라 비법非法이라고 해야 할 겁니다.

블록체인에서 블록과 체인에 대해 알아봤는데 추가로 알아야 할 게 더 있습니다.

10분마다 블록이 생성되고 그것이 체인으로 연결된다는 것은 이미 설명했습니다. 그런데 이제 이게 참가자들 모두에게 복사가 됩니다. 블록을 만드는 건 개인들의 컴퓨터입니다. 이걸 노드node라고 합니다. 블록이 만들어지면 그 블록은 모든 노드에 보관됩니다. 모든 사람이 비트코인을 얻기 위해 경쟁한다고 했지요. 그리고 누군가가 드디어 블록을 만들었습니다. 1만 번째 블록이 만들어졌다면 여기에 경쟁했던 다른 사람은 그 순간 작업이 중단됩니다. 그리고 그 1만 번째 블록이 전달됩니다. 그리고 이 블록이 9,999번째 블록과 비교해 문제가 없는지 검사한 후 저장되는 과정을 거칩니다. 이 과정이 반복됩니다. 그걸 '블록 동기화'라고 합니다. 그러면 어느 순간 모든 컴퓨터는 동일한 원본을 갖게 되는 겁니다. 이게 블록체인의 비밀입니다.

다른 모든 건 중앙서버에 보관된다고 했지요. 거기에 원장이 있습니다. 그런데 블록체인에서는 참여하는 모든 사람에게 똑같은 장부가 보관됩니다. 그래서 분산원장이라고 하는 겁니다. 그래서 블록체인을 정의하자면 DB를 분산해 저장하는 소프트웨어 또는 기술입니다.

이 정도 되면 블록체인이 해킹으로부터 왜 안전한가를 이해하셨으리라 봅니다. 누가 잘못된 블록을 생성해서 보낸다면 어떻게 될까요? 그건 다른 컴퓨터에 저장되지 않습니다. 오류가 있으면 확산이 안 됩니다. 누군가 블록체인에서 일시적으로 파일을 위조 또는 변조할 수도 있을 겁니다. 그러나 다른 사람들 것까지 모조리 다 위조 또는 변조할 수는 없지요. 다른 건 중앙서버 하나만 해킹하면 되지만 블록체인은 참여한 수십만 개의 남의 컴퓨터까지 다 해킹해야 합니다.

이런 의문을 가질 수 있을 겁니다. 비트코인 가격이 폭등하는 가장 큰 이유는 공급이 제한되기 때문입니다. 2,100만 개가 끝이지요. 그러면 공급량을 늘리면 되지 않을까요? 10분마다 채굴하게 돼 있는데 그걸 1분마다 채굴하는 걸로 바꾸면 안 될까요? 이게 불가능합니다. 처음에 그렇게 하도록 코딩돼 있기 때문입니다. 소프트웨어에서 코드는 법입니다. 코딩을 한다는 것은 다른 말로 법을 만든다는 겁니다. 자율주행자동차를 예로 들어볼까요. 이 차를 만들 때 빨간불일 때는 정지하라고 코딩을 합니다. 그러면 자율주행차는 무조건 정지합니다. 사람도 그렇게 하지요. 그런데 간혹 빨간불일 때도 그냥 무시하고 달리는 차가 있지요. 법을 어기는 행위입니다. 인간 세계에서는 가능하나 소프트웨어 세계에서는 불가능합니다. 그 법을 어기지 못하도록 설계돼 있기 때문이죠.

그런데 블록체인은 자율주행차와는 또 다릅니다. 여기엔 수많은 사람들의 이해관계가 얽혀 있습니다. 내가 엄청 고생해 비트코인을 채굴했는데 더 발행해 가격이 떨어진다면 동의하겠습니까? 안 하겠지요. 그래서 한 번 정하면 끝입니다. 절대적 강제성이 있는 것입니다.

소프트웨어에서 법을 어기는 경우는 어떤 게 있을까요? 해킹이 그겁니다. 누군가 자율주행차 소프트웨어 시스템에 들어와 빨간불이 켜지면 최고속도를 내라고 코딩을 변조한다고 해봅시다. 일대 혼란이 오겠지요. 핀테크 시스템에 해킹이 들어와 누구나 돈을 빼낼 수 있도록 한다면? 대혼란이 일어나겠지요?

블록체인은요? 중앙서버가 없으니 공격 대상이 없죠. 컴퓨터 모두를 다 공격한다면 모를까. 이제 블록체인과 비트코인의 관계를 설명할 수 있을 겁니다. 비트코인은 블록체인에 전자화폐의 거래 내역을 담은 것입니다. 그러면 이런 질문이 나올 겁니다. 블록체인에 돈거래만 담을 수 있을까? 그렇지 않죠. 부동산 거래 내역을 담을 수도 있겠지요. 그리고 의료 정보도 담을 수 있고요. 대통령 투표는 안 될까요? 이런 일들이 지금 등장하고 있습니다. 세상이 정말 많이 바뀌고 있습니다.

앞서 퀴즈 10개를 냈습니다. 이제 다시 돌아가 한번 풀어보시지요. 모두 맞출 수 있기를 기대합니다.

# 비트코인 해킹사건,
# 블록체인이 뚫렸다?

앞에서 설명했듯이 사토시라는 신원이 밝혀지지 않은 어떤 인물이 새로운 개념의 블록체인이란 기술을 세상에 내놨고 이를 기반으로 비트코인이라는 아주 구체화된 작품이 탄생했습니다.

그런데 여기서 블록체인 기술의 가장 큰 장점은 해킹으로부터 안전하다는 점을 밝힌 바 있습니다. 블록체인은 분산저장장치가 핵심이고, 이를 해킹하려면 여러 사람의 컴퓨터 시스템에 동시에 들어가야 하는데 그게 거의 불가능하다는 거였습니다.

그런데 이 블록체인을 기반으로 한 비트코인이 해킹을 당했고 비트코인이 감쪽같이 털린 사건이 발생했습니다. 그것도 북한의 소행인 것으로 알려지고 있습니다. 당연히 이런 항의성 질문이 들어올 것입니다. "아니 블록체인이 해킹이 안 된다고 해 놓고 어찌 이런 일이 일어날 수 있느냐?"

비트코인의 구조를 다시 복습하겠습니다. 비트코인은 블록체인 기반이기 때문에 블록이 있고 그게 체인으로 연결됩니다.

블록은 10분마다 생성됩니다. 개인들의 컴퓨터가 블록을 만들지요. 그리고 이게 참가자들 모두에게 복사가 됩니다. 같은 블록을 모든 참가자들이 보관하고 있게 됩니다. 그래서 분산원장이라고 하는 거지요.

이렇기 때문에 해킹으로부터 안전하다는 주장이 나온 겁니다. 누군가 잘못된 블록을 생성해서 보낸다면 다른 컴퓨터에는 저장되지 않습니다. 오류가 있으면 확산이 안 됩니다. 또 누군가 블록체인에서 일시적으로 파일을 위조 또는 변조할 수도 있을지 모릅니다. 그러나 다른 사람들 것까지 모조리 다 위조 또는 변조할 수는 없지요. 블록체인이 아니라면 중앙서버 하나만 해킹하면 되지만 블록체인은 참여한 수십만 개의 컴퓨터까지 다 해킹해야 합니다.

그런데 이번 해킹은 도대체 어떻게 된 걸까요? 해킹이란 게 뭔가요? 나만이 갖고 있는 열쇠를 탈취하는 게 해킹입니다. 컴퓨터 네트워크의 취약한 보안망에 접근해 아이디와 패스워드를 훔치는 행위, 나의 권한을 승인 없이 몰래 가져가는 행위입니다.

그러나 비트코인에 이런 일이 벌어진 것입니다. 비트코인을 소지한 개인들 간의 거래를 중개하는 가상화폐 거래소인 '유빗 Youbit(옛 야피존)'의 네트워크에 누군가가 들어와 가상화폐 계좌

를 털어간 것입니다. 유빗은 이 해킹으로 전체 거래 자산의 상
당량을 탈취 당했습니다. 경찰 조사에서 따르면 피해 규모가
170여억 원 정도라고 하는데 정확한 액수는 아직 집계되지 않
았고 해커의 정체도 파악되지 않았습니다.

이 사건에 대해 그건 거래소를 해킹한 사건이지 블록체인이나
비트코인을 해킹한 게 아니라고 주장하는 사람도 있습니다. 그
럴까요? 거래소가 해킹 당한 건 그 안에 보관된 비트코인 지갑
도 해킹 당한 게 맞습니다. 만약 거래소가 보관하는 비트코인
만 털리고 그 거래소에서 계좌를 개설하고 비트코인을 거래하
던 일반 고객이 피해를 입지 않았다면 그런 주장이 타당할 것
입니다. 그러나 개인 고객도 피해를 입었거든요. 해커는 거래
소로 들어와 고객들의 지갑을 열어 본 것입니다. "블록체인이
해킹 안전지대라면 내 전자지갑에는 돈이 그대로 있어야지, 왜

없어지느냐"고 한다면 뭐라고 답하시겠습니까?

일반적으로 해킹을 하면 어떤 일이 벌어지나요. 그 다음 수순은 위조와 변조입니다. 해킹은 사건이고 위변조는 결과입니다. 비트코인에 그런 일이 벌어졌을까요? 당연히 그런 결과가 나타났습니다. 여기에서 우리가 전에는 간과했던 새로운 문제점이 드러난 것입니다. 기억하나요? 누군가 블록체인에서 일시적으로 파일을 위조 또는 변조할 수 있을지 모르나 다른 사람들 것까지 모조리 다 위변조할 수 없다고. 여기서 위조와 변조의 차이점을 먼저 간단하게 설명할 필요가 있겠네요. 위조는 없는 걸 새로 만드는 겁니다. 예를 들어 해커가 가공의 인물을 하나 만들고 그 사람의 비트코인 계좌를 만드는 겁니다. 그리고 거기다가 비트코인을 채워 넣는 행위입니다. 위조지폐 만드는 것과 마찬가지지요. 변조는 누군가 지갑에 있는 100비트코인에서 0자를 하나 빼서 10으로 고치는 것입니다. 서로 혼재돼 사용될 수는 있고 위변조가 동시에 일어날 수도 있긴 하나 어쨌든 개념은 그런 겁니다.

이번 비트코인 해킹 사건을 보면 해커가 거래소에 침입해 어떤 고객의 비트코인을 누군가에게 파는 식으로 위조했습니다. 이런 거래는 블록 안에 있는 다른 사람의 장부에도 기록됩니다. 그런데 다른 사람들은 이를 정상적인 거래로 인식한 것입니다.

이게 이번에 드러난 심각한 문제라고 봅니다. 어떤 측면에서는 중앙서버가 있는 것보다 취약하다고 할 수 있습니다. 중앙서버 시스템이라면 복구할 수 있는데 블록체인 기반은 복구가 불가능하다는 점이지요.

해커는 물론 개인의 전자지갑, 즉 블록체인을 공격한 건 아닙니다. 거래소에서 전자지갑을 만들어 본인인증을 하고 누가 비트코인을 얼마 가지고 있다는 걸 확인해주고, 그런 사람들 간의 거래를 연결해주는 것인데, 그 연결시스템을 해킹한 것입니다. 그러나 그 결과 개인들이 피해를 입었으니까 나의 비트코인, 나의 블록체인도 해킹을 당했다고 보는 사람의 주장도 일리는 있어 보입니다. 두고두고 블록체인 해킹에 관련된 논란을 불러일으킬 것 같습니다.

# 눈과 귀를 속이는
# VR과 AR

---

아마도 많은 사람들이 IT 전시장이나 박람회를 가서 가상현실<sub>VR;</sub> Virtual Reality이란 걸 체험해봤을 겁니다. 2018년 라스베이거스에서 열린 CES에서도 이와 관련된 코너가 제법 인기를 끌었습니다.

우리가 VR이라고 하면 흔히 삼성전자의 '기어VR'을 생각하는 사람들이 많을 겁니다. 머리에 헤드셋HMD; Head mounted Display을 쓰고 게임을 해본 경험이 있나 모르겠습니다. 좀 무겁고 번거롭다고 느낀 분들은 그냥 한 번의 경험으로 그쳤을 지도 모릅니다. 또 이걸로 즐기는 콘텐츠란 것이 약간의 어지럼증을 유발할 수도 있거든요. 장비를 구입하려면 가격도 비싸다고 생각하는 사람들도 있습니다. 그래서 "아 VR이란 게 이런 거야"라고 하고 더 이상 하지 않는 사람들이 제법 있을 겁니다. 그래서 VR이 나오자 게임에서부터 교육·의학·국방·미디어 등 다양한 분야에 적용될 것 같았으나 그리 쉽게 대중화되지는 못하고 있습니다.

그 대신 증강현실AR; Augmented Reality은 좀 얘기가 다릅니다. 'CES 2018' 마지막 날에 관람객들로 북적인 곳이 하나 있는데 그게 미국의 AR 안경 업체인 뷰직스 전시장이었습니다. 뷰직스가 선보인 AR 안경 '블레이드'를 착용해보기 위해 기다리는 사람이 많았는데 이 제품은 아마존 AI 알렉사를 탑재한 안경이었거든요.

〈매일경제〉 기자도 이걸 경험했는데 알렉사 스피커인 에코에다가 얘기하는 식으로 "오늘 날씨가 어때"라고 하면 안경 앞으로 날씨가 나타나는 겁니다. 오늘 날씨는 맑음, 기온은 섭씨 15도라는 식으로요.

VR과 AR은 그 기술의 뿌리가 같습니다. VR은 모든 게 가짜입니다. 내 눈앞에 벌어지는 게 그냥 실제 상황처럼 가공된 환경입니다. 스크린골프도 가상현실의 일종입니다. 그 앞에 있는 골프장은 가짜입니다. 반면 AR은 진짜 반 가짜 반입니다. 사용자가 바라보는 환경은 진짜입니다. 그런데 거기다가 가짜의 이미지를 합성하는 것입니다. 진짜 환경이 주고, 가짜 이미지가 보조입니다. 가상의 정보를 현실에 접목해 인간의 감각과 인식을 확장시킨다는 측면에서 '확장현실'이라고도 불립니다. 그래서 게임, 영화 같은 콘텐츠들은 VR이고 이케아나 백화점에서 하는 가상쇼핑은 AR입니다.

VR의 원리와 적용 범위에 대해 감을 잡으려면 스크린골프를 생각하면 됩니다. 스크린골프는 한 면이 가짜입니다. 이걸 정말 완벽한

VR로 하려면 여섯 면을 가짜로 만들어야 합니다. 바닥과 천장, 그리고 두 개의 옆면, 앞, 뒤 그러면 전체가 가짜 환경이 됩니다. 그리고 이 화면을 조작해가면서 게임을 하면 정말 필드에 나온 것 같은 느낌이 듭니다. 그래도 가짜는 가짜겠지요. 그 여섯 면이 다 스크린이니까요. 그건 다 그래픽의 산물이거든요. 아무리 정교해도 실제랑은 다르지요. 그리고 이렇게 만들려면 돈이 많이 듭니다. 그래서 한 개면만 한 겁니다.

헤드셋을 썼지요. 이건 왜 쓸까요? 헤드셋을 쓰면 헤드셋이 제공하는 디스플레이를 통해서만 볼 수 있습니다. 그래서 그 앞의 화면만 가짜로 만들면 쉽거든요. 작은 화면을 통해 거대한 가상의 세계가 펼쳐지는 것입니다. VR은 눈앞의 가상세계는 가만히 있고 내가 움직이는 겁니다. 그래서 다른 쪽을 보려면 내가 고개를 돌려야 합니다. 이 고개를 돌리는 걸 기계가 알아야겠지요. 그게 센서입니다. 목이 움직이는 걸 추적해야 합니다. 또 손이 움직이는 걸 추적해야 합니다. 그걸 모션트래킹Motion Tracking이라고 합니다. 그리고 내 모션에 의한 결과를 얼마큼 현실에 맞게 따라가느냐가 중요합니다. 그런 게 시뮬레이션입니다. 스크린골프를 계속 예로 들면, 내가 드라이브를 쳤는데 골프채가 얼마나 빠른 속도로, 어떤 각도로 공을 맞혔는지 등을 정확하게 인지한다면 실제 골프장에서 친 것과 똑같은 결과가 나올 것입니다.

AR도 원리는 같습니다. 한때 국내에서도 폭풍적인 인기를 끌었던 '포켓몬 고'는 위치기반 증강현실 게임입니다. 나이안틱랩스라고 구글 사내벤처로 시작해 독립한 회사가 개발한 게임인데 스마트폰에서 '포켓몬 고'를 실행하고 전화기를 들고 걸어 다니다 보면 화면 속에 포켓몬이 출몰합니다. 사용자가 휴대폰 카메라로 해당 장소를 비추면 포켓몬을 볼 수 있고, 실제로 움직이면서 포켓몬을 찾아다니는 게임이지요. 강원도 속초가 '포켓몬 고' 성지가 된 웃지 못할 사연도 발생했습니다. 아주 단순한 게임으로 자신이 있는 위치는 진짜고 포켓몬은 가짜입니다.

AR은 VR처럼 별도의 기기가 필요 없습니다. '포켓몬 고' 게임은 스마트폰만 있으면 됩니다. 스마트폰으로 현실만 비춰도 가짜 AR 이미지가 등장합니다. 스마트폰뿐만 아니라 자동차 유리창, 욕실 거울, 창문 등 가짜 이미지를 띄울 수 있는 곳이라면 어디든 AR을 쓸 수 있습니다. 그래서 미래형 쇼핑채널로 각광을 받고 있습니다. 가구업체인 이케아는 직접 가구를 집에다 갖다 놓지 않아도 가상의 이미지를 통해 집에 가구를 설치한 느낌을 받을 수 있도록 쇼핑을 도와줍니다. 가상 거울을 활용해 옷을 입어볼 수도 있습니다. 미국의 메이시Macy's 백화점에서 이미 이렇게 마케팅을 합니다. 그래서 AR이 VR보다는 훨씬 확산 속도가 빠른 편입니다.

여기에도 기술이 필요합니다. 사실 AR이나 VR 모두 기술이라 하면 그건 하드웨어적 측면에서는 디스플레이입니다. 얼마나 해상도가 높은가 등이죠. 소프트웨어 기술은 시뮬레이션입니다. 이건 그래픽 등으로 처리한 가짜 이미지가 진짜처럼 보이게 하는 기술이고 또 사용자가 액션을 했을 때 그 결과가 정확하게 구현되는 기술입니다.

사무실이라는 진짜 공간에서 가짜 공으로 공놀이를 한다고 합시다. 앞에 의자가 있습니다. 공을 던지면 그 의자를 맞고 튀어나와야 합니다. 그런데 기술이 처지면 공이 그 의자를 뚫고 갈 수도 있습니다. 그러면 재미없겠지요. 나무 의자와 가죽 의자는 튀는 탄성이 다를 것입니다. 이런 걸 기기가 다 인식해야겠지요. 그래서 센서가 중요합니다.

어쨌든 AR이나 VR이나 모두 사람의 눈을 속이는 겁니다. 그래서 혹시 이런 궁금증을 표시하는 사람들도 있습니다. 눈을 속이는 거라면 〈아바타〉 영화에서 촉발해 차세대 기술로 각광받은 3D-TV와 같은 기술 아니냐고. 이것 역시 눈속임이거든요. 그런데 기술의 성격이 다릅니다.

3D-TV의 영상기술은 2D에서 볼 수 있는 입체 효과를 좀 더 실감나게 표현하는 것인데 원리는 의외로 간단합니다. 사람은 같은 광경을 봐도 왼쪽 눈과 오른쪽 눈으로 보는 영상이 서로 다릅니다. 간단한 실험을 해보면, 왼손을 날처럼 펴서 코끝에다 갖다 대보시지요. 왼쪽 눈을 감으면 손바닥만 보입니다. 반대로 오른쪽 눈을 감으면 손등만 보입니다. 이처럼 영상 두 개를 따로 만들고 왼쪽, 오른쪽 눈에 각각 전달해 입체감을 주는 게 3D-TV의 원리입니다. 방식이 두 가지가 있는데 안경에 기술을 거는 방식과 화면에 기술을 거는 방식입니다. 원리는 마찬가지인데 예를 들어 안경 방식은 번갈아 가면서 오른쪽과

왼쪽을 깜빡거리게 하는 겁니다. 그게 보통 240분의 1초마다 바뀝니다. 안경에 순간적으로 검게 변하는 특수 소재를 입히고 전기 장치를 넣어 순간적으로 전원이 들어왔다 나갔다 하게 하는데 워낙 빠르니 우리가 인식을 못하는 겁니다.

이 내용을 《구석구석 산업탐구》에 썼는데 당시 3D-TV의 성패가 포르노에 있다고 했습니다. 즉, 3D-TV로 실감나는 포르노 콘텐츠를 만들면 비즈니스가 성공할 거라는 예상이었습니다. 인터넷이 확산된 계기도 사실 포르노가 유통되면서부터거든요.

AR, VR로 포르노를 만들 수 있을까요? 눈과 귀를 속이는 거니 충분히 가능합니다. 그러나 촉각은 아직 어렵습니다. VR에서 전쟁게임 같은 걸 할 때 특수 장치가 된 옷을 입으면 실제로 총을 맞은 후 약간의 통증이 있고 총 맞은 부위가 튀어나오게 하는 경우도 있습니다. 다행히 AR, VR은 포르노가 아니더라도 수많은 콘텐츠를 만들 수 있어 3D-TV와는 다릅니다. 그러나 정말 실감 나는 포르노나 가상섹스의 콘텐츠가 개발된다고 하면 저는 상상을 초월한 대박 비즈니스가 펼쳐질 것이라고 확신합니다.

**PART 5**

# 천재들의
# 엉뚱한 생각

천재들의
엉뚱한 생각

# 레이 커즈와일,
# 천재에 대한 경외감

2017년 여름 〈매일경제〉가 주최하는 실리콘밸리 포럼에 참석하게 된 동기 중에 개인적인 부분이 하나 있었습니다. 신문사 임원으로 행사에 참여해 포럼 진행에 도움을 주는 게 임무이지만 개인적으로는 기조연설자로 나오는 레이 커즈와일에 대한 호기심이 크게 작용했습니다.

그를 소개할 때 구글 이사라고 하는데 직함만 보면 "뭐 이런 사람이 메인 스피커야"하는 사람들이 있을지 모르겠습니다. 아마 대부분이 그런 생각일 것입니다. 그러나 작가, 컴퓨터 과학자, 발명가 겸 미래학자라고 부연설명을 한다면? 거기다가 시각 장애인들에게 책을 볼 수 있게 해주고, 작곡가 한 명이 대부대의 오케스트라를 연주할 수 있게 해준 음악인(그는 그래미상도 받았습니다)이자 앞으로는 양심을 가진 로봇이 나올 것이라고 믿는 미래주의자라는 설명을 단다면? 또 〈월스트리트저널〉이 그를 두고 '쉬지 않는 천재'라고 하고, 〈포브스〉는 '생각하는 기계'라고 하고, 〈INC매거진〉은 '토마슨 에디슨의 직계 후손'이라고 평가했다는 사실을 알게 된다면? 이쯤 되면 아마도 좀 선입견이 많이 사라졌을 것입니다.

여기에 그의 어린 시절 이야기를 붙여보지요. 그는 할머니 영향을 많이 받았습니다. 화학박사 출신인 그의 할머니는 오스트리아 사람인데 커즈와일이 5세 때 타자기를 개발했습니다. 그때 커즈와일은 "텅 빈 종이에 글자가 나오는 게 하도 신기해 발명가가 돼야겠다는 결심을 했다"고 합니다. 그는 발명과 마술은 다른 것임을 깨닫고 모든 물건의 작동원리를 이해하려고 했습니다. 자전거도 해체해보고 전기장치를 갖고 놀면서 분해와 조립을 반복했습니다. 8세 때 가상현실 비슷한 걸 만들어보고 초등학교 4학년 때는 그 기계로 스테이지에서 연주했는데 그때 급우들의 박수를 잊지 못한다고 하더군요. 이때 처음으로 컴퓨터를 만졌습니다. 그의 나이가 만으로 일흔이니 58년 전인 1960년 일입니다. 지금은 별 거 아닐지 모르나 당시는 뉴욕시에 컴퓨터가 모두 12대에 불과했던 시절이었습니다.

고등학교에 진학한 커즈와일은 수업에 집중하지 못했습니다. 딴짓을 많이 했지요. 15세 때 첫 번째 컴퓨터프로그램을 만듭니다. 2년 뒤 CBS 오디션 프로그램에 나가 컴퓨터로 작곡한 피아노 음악을 최초로 연주합니다. 맹인 가수 스티비 원더와의 인연은 여기서부터 시

레이 커즈와일 구글이사가
〈매일경제〉 실리콘밸리
포럼에서 강연하는 모습

작됐습니다.

대학을 지원할 때 MIT와 코넬에서 서로 끌어가려고 했습니다. 그런데 MIT 인지과학자인 마빈 민스키 교수가 "같이 연구하자"며 그를 데려갔습니다. 입학한 후 1년 만에 MIT에 개설된 컴퓨터 과목 9개를 다 듣고 더 배울 게 없어 2학년 때 본인 회사를 만듭니다.

이 뒤에도 레이 커즈와일의 전설 같은 이야기는 계속됩니다. 이쯤에서 그만 접지요. 굳이 다 설명하지 않아도 자료만 좀 찾아보면 알 수 있는 것들이기 때문입니다. 그에 대한 다큐멘터리 영화 〈Transcendent Man〉까지 나왔으니 궁금하신 분들은 그걸 보면 될 겁니다. 이 정도 되면 아마도 여러분의 평가는 바뀌지 않았을까요? 이제 "지구상에 그런 대단한 사람이 있어?"하고 반문할지도 모릅니다.

지금부터는 그의 약간은 괴팍한 성품에 대해 알아보지요. 그가 〈매일경제〉 실리콘밸리 포럼 기조연설을 수락하면서 요구한 4가지 조건이 있습니다. 첫째, 초시계. 더도 덜도 없이 45분간 강연하겠다는 것. 그는 1분 1초의 오차도 없이 이 시간을 지켰습니다. 강연 시작 45분 후 '감사합니다Thank you'란 말이 나왔습니다. 둘째, 자신을 비추는 별도의 조명. 스포트라이트를 하라는 요구였습니다. 셋째, 무선 인이어 마이크. 그것도 아이돌급이 사용하는 것이라야 했습니다. 넷째, 무장 경호원. 결국 권총 두 자루를 옆에 찬 보디가드 한 명을 배치했습니다. 겉으로만 보면 참 순한 동네 할아버지인데 그렇게 까다로운 조건을 걸다니. 이해가 잘 안 됐습니다.

그는 30대 때 의학 전문가 테리 그로스만 박사와 저술활동을 했습니다. 《영원히 사는 법》이라는 책을 썼습니다. 크게 3단계로 압축할 수 있는데 1단계는 장수 식단이고, 2단계는 생명공학기술이 유전체를 재설계할 수 있도록 하고, 3단계는 나노기술이 인체 장기와 조직을 재생할 수 있도록 하는 것입니다. 앞으로 20년 정도 되면, 즉 그의 나이 아흔이 되면 영생이 가능하니 그때까지 잘 버티겠다는 생각입니다. 강연 후 잠시 짬이 나서 개인적인 질문을 했는데 건강을 위해 엄청 애를 많이 쓰는 사람입니다. 과거에는 영양보충제를 하루에 250알을 복용했다고 합니다. 그러다가 지금은 100알씩 먹습니다. 약품의 효능이 좋아졌기 때문입니다. 그러면서 "적게 먹고, 많이 걸어라"고

조언합니다. 참고로 그는 고기를 먹지 않습니다. 생선만 먹고 아침 식사로 블루베리나 라즈베리, 훈제 연어나 고등어, 에스프레소를 넣은 다크 초콜릿 6조각, 두유, 귀리, 죽, 녹차를 먹는다고 합니다. 나머지는 모두 알약입니다. 영양제에 투자하는 돈이 연간 100만 달러나 된다니 놀랍지 않습니까?

그는 본인의 인체를 사후에 냉동보존하는 알코어생명연장 재단에 가입했습니다. 만약 그가 죽으면 동결보호제를 살포해서 보관할 텐데 나중에 과학기술의 발달로 그의 조직세포가 다시 깨어날지 모를 일입니다. 보면 볼수록 뭔가 끌림이 있는 인물이었습니다.

한국으로 돌아오는 비행기에서 무슨 영화를 볼까 메뉴를 둘러보다 〈어메이징 메리Gifted〉라는 제목이 눈에 들어왔습니다. 레이 커즈와일을 만나고 와서 그런지 이 영화에 푹 빠져들었습니다. 영화는 미국 플로리다에 사는 7세 여자 수학천재를 둘러싼 가족 이야기입니다. 주인공 이름이 메리인데 영화 속 이 깜찍한 꼬마 천재는 늘 투덜대고 뚱하게 나옵니다.

출장 얼마 전 이란 출신의 천재 여성 수학자 마리암 미르자카니 스탠포드대 교수가 마흔의 나이에 유방암으로 별세했다는 소식이 전해졌는데 그녀는 여성으로는 세계 최초로 '수학의 노벨상'으로 불리는 필즈상을 수상한 수학자입니다. 현재까지는 유일합니다. 2014년에 한국에도 방문한 학자인데 그녀의 죽음을 접하고 나서 실리콘밸리 출장 생각이 났습니다.

우리나라에도 많은 천재들이 나오고 이들이 국가발전을 위해 마음껏 본인의 재능을 뽐낼 수 있는 여건이 마련됐으면 하는 바람입니다. 천재 한 명이 한 구가를 머여 살릴 수 있는 세상입니다  그러나 우리나라의 교육제도, 사회 인식 등 주위의 여러 환경을 둘러보면 꽤나 답답한 생각을 떨칠 수 없습니다.

# 인간은
# 죽지 않는다

얼마 전 평소 잘 알고 지내던 미국사람과 식사를 했습니다. 한국여자랑 결혼도 했고 한국사람 못지않게 유창한 한국어를 구사합니다. 이름만 대면 알만한 사람이지요. 그날 대화 주제는 '장수長壽'였습니다.

2017년 여름 실리콘밸리에서 커즈와일 구글 이사의 특강을 듣고 그와 몇 마디 나눈 적이 있는데 특강 내용 중에 장수 얘기를 꺼낸 게 발단이 됐습니다. 커즈와일의 강연 중 '장수'와 관련된 대목을 간략하게 소개하면 이런 겁니다.

"인간의 수명이 빠르게 늘어난다. 200년 전에만 해도 평균수명은 37세였다. 지금은 78세다. 기원전 3000년 이집트 사람의 평균 수명은 25세였다. 그러면 이걸 x축에 연도를, y축에 평균수명을 놓고 그래프로 그리면 어떻게 될까? 처음에는 그냥 옆으로 x축을 거의 따라가며 변동이 없다가 어느 시점부터 기하급수적으로 솟구치는 모양이 된다. 최근 헬스케어 기술의 급속한 진보를 집중해 본다. 과거엔 심장마비가 오면 끝이었다. 그러나 지금은 줄기세포 기술로 인간의 장기를 재생할 수 있다. 심장뿐만 아니라 폐나 신장도 된다. 그뿐이 아니다. 나노 로봇이 혈구만 한 초미세 사이즈로 들어가 상처를 치유할 수 있다. 면역기능이 상상할 수 없을 정도로 개선될 것이다. 2030년이 되면 인간 수명에 있어 일종의 변곡점이 온다고 본다. 수명이 어디까지 늘어날지 모른다. 2030년이면 이제 12년 조금 더 남았다."

커즈와일의 얘기를 이렇게 요약해 설명해줬더니 그 미국인이 이렇게 말했습니다. "나는 요새 죽지 않을 것 같다는 생각을 하고 있어요."

영원히 살지도 모른다는 생각. 그건 《사피엔스》 저자로 세계적 유명세를 탄 유발 하라리의 주장과 맥을 같이하는 것이지요. 그는 인간은 이제 신을 닮아갈 것이라고 했습니다. 어떻게? "먼저, 불멸을 추구할 것이다. 둘째, 행복을 증진시키려 할 것이다. 그리고 마지막으로 신과 같은 능력을 갖고자 할 것이다." 그게 인간의 최종 목표라는 거죠. 호모 사피엔스를 지구의 지배자로 만든 힘들이 호모데우스의 출현을 예고한다는 것입니다. 그게 후속으로 낸 책 《호모데우스》의 메시지이기도 합니다.

만약에 정말로 만약에 인간이 죽지 않고 영원히 산다면, 아니면 죽더라도 아주 오래 산다면 그건 인류의 행복일까요? 거창하게 인류를 들먹일 필요도 없이 개인에게는 행복일까요? 레이 커즈와일을 만난 후 갑자기 이런 엉뚱한 상상을 해보게 됐습니다. 어쩌면 정말 그런 일이 벌어질지도 모른다는, 지금까지는 전혀 생각지 못한, 그런 상상입니다.

이와 관련해서 머릿속을 스친 게 두 가지 있습니다. 하나는 시詩이고 다른 하나는 영화입니다.

시는 T.S. 엘리엇의 황무지입니다. '4월은 가장 잔인한 달/죽은 땅에서 라일락을 피워내고⋯' 이렇게 시작하는 유명한 시이지요. 이 시집 앞에 소위 제사題詞가 있습니다. 제사란 책의 첫머리에 그 책과 관련되는 글을 적은 것입니다.

로마의 궁정시인이었던 가이우스 페트로니우스의 노래 말인데 이렇습니다. "한번은 쿠마에 무녀가 항아리 속에 매달려 있는 모습을 직접 보았지. 아이들이 '무녀야, 넌 뭘 원하니?'하고 묻자 그녀는 '죽고 싶어'라고 대답했어."

로마 신화에 나오는 거지요. 이탈리아 쿠마에라는 곳에 유명한 무녀가 있었답니다. 그녀는 아폴론 신에게 한 주먹 모래알 숫자만큼 긴 수명을 달라고 청합니다. 그녀를 좋아한 아폴론 신이 그 청을 들어줍니다. 그러나 한마디 까먹은 거지요. 젊음도 함께 달라는 말을. 그래서 긴 세월 동안 늙어가는 처지가 된 거고, 정말 죽고 싶다는 생각을 하는 겁니다. 이렇게 산다면 불행하겠지요.

몇 년 전에 개봉된 영화 중 〈아델라인 : 멈춰진 시간〉이란 게 있습니다. 이 영화는 쿠마에 무녀와는 달리 젊음을 유지하면서 늙지 않는

여주인공 아델라인의 이야기입니다.

그녀 나이 29세 때 부모님 댁으로 차를 몰고 가던 아델라인은 교통사고를 당해 치가운 물속에 빠집니다. 저체온증으로 죽어가던 중 갑자기 번개를 맞아 목숨을 건지게 되는 황당한 스토리입니다. 그 후 그녀의 몸에 이상한 변화가 생겨 노화가 중단됩니다. 그래서 80년 가까이 29세의 그 젊고 예쁜 모습으로 세상을 삽니다. 이렇게 산다면 행복할까요?

영화에선 그렇게 나오지 않습니다. 10년마다 신분증을 위조하고, 딸과도 어쩔 수 없이 작별을 고하고, 친구도 없어지고, 남자도 제대로 만나지 못합니다. 시각장애인과 오랜 친분을 유지합니다. 영화는 해피엔딩으로 끝납니다만 아델라인에겐 참으로 예상치 못한 불행들이 많이도 닥칩니다.

자, 이제 초장수의 길이 열린다면 우리는 어떻게 해야 할까요? 국가는 또 어떤 국정운영 시스템을 구축해야 할까요? 저의 이런 상상이 부질없길 바랍니다만….

# 괴짜가 따로 없다!
# 테슬라 일론 머스크

기억이 흐릿하지만 어디에선가 이런 대목의 글을 읽은 것 같습니다.
"천재에게 괴팍함이 없기를 기대하는 건 마치 나이아가라 폭포의
물이 암스테르담 운하의 물처럼 잔잔하게 흐르는 걸 기대하는 것과
마찬가지다."

테슬라의 창업자인 일론 머스크를 보면서 늘 그런 생각을 해봅니
다. 실제 그가 천재인지 아닌지는 모르겠으나 그의 행동을 보면 천재
의 괴팍함이 그대로 드러납니다. 볼 때마다 그런 느낌을 받지만 일론
머스크는 다른 행성에서 온 사람 같습니다.

캐나다 밴쿠버에서 열린 '2017 TED'에서 TED 대표인 크리스 앤더
슨과 대담하는 동영상을 봤습니다. 40분짜리 이 동영상을 보면서 그
의 상상력과 그걸 실행하려는 의지에 대해 혀를 내두르게 됩니다.

테슬라 창업자인 일론 머스크
©Heisenberg Media

　사회자의 첫 질문은 "재미있는 얘기를 들어보려고 모셨는데 역설
적이지만 당신 요즘 지겹다고 하던데 왜 그러는가why are you boring"였습
니다. 그가 새로 만든 회사 이름이 '더 보링 컴퍼니The Boring Company'인데
이에 대한 질문이었습니다. 그는 교통체증이 나를 지겹게 만든다면
서 LA 지하로 구멍을 뚫어 3D 네트워크 터널을 만드는 걸 생각 중이
라고 답했습니다. 보링boring은 누군가를 지겹게 하다는 뜻과 함께 지
반을 뚫는다는 의미로도 쓰이는데 사회자가 재치 있게 중의적인 질
문을 던진 것입니다. 일론 머스크는 스크린에 동영상을 띄우고 설명
을 이어갔습니다.

　"전기차가 도로를 달리다가 일정 지역에 정차하면 지하로 이동하
는 엘리베이터에 실린다. 그러면 지하터널로 수직 이동하는데 지하
에는 거미줄처럼 얽힌 3차원의 터널이 있다. 속도제한 없이 진공상태

로 운반기에 실린 채 목적지까지 간다. 약 시속 200km. 그러면 LA시 내에서 공항까지 5분 정도면 간다"는 설명입니다.

당시 테슬라의 주가를 천정부지로 끌어올린 건 테슬라 모델3가 7월경에 출시된다는 소식에서였습니다. 이 차의 가장 큰 특징은 '오토파이럿' 기능입니다. 사람이 전혀 손을 대지 않고 완전한 자율주행이 이뤄지는 차. 그러면서 2017년 11월이나 12월쯤 되면 캘리포니아 주차장에서 뉴욕 주차장까지 어떤 경우에도 컨트롤 패널을 만지지 않고 전 과정 자율주행이 가능할 것이라고 말했습니다.

디젤 트럭만큼이나 힘이 좋은 전기 트럭도 공개할 예정이라고 했습니다. 전기가 엄청 필요할 것 같다는 앤더슨 대표의 질문에 테슬라가 주차된 집 지붕엔 모두 태양광 패널이 설치될 것이며 아마도 15년이 지나면 태양광 집열판이 없는 집이 오히려 이상하게 보일 것이라고 말했습니다. 그래서 집과 차를 돌리려면 전기가 필요한데 미래의 전력을 생산하고 저장하는 기가팩토리가 100개 정도는 필요하지 않겠냐고 예상했습니다.

대화는 우주로 옮겨갔습니다. 그는 몇 년 전 TED에 나와서 재활용으로 로켓을 만들고 싶다고 했는데 그 꿈을 팔콘9으로 성공시켰습니다. 그가 운영하는 스페이스X사의 팔콘9 로켓은 2016년 9월에 연료 주입 도중에 폭발한 사고가 있었지만 2017년 초 반덴버그 공군기지에서 성공적으로 발사됐습니다. 이제는 건물 40층 규모의 로켓을 설계 중이라고 합니다. 이걸 타면 화성에 갈 수 있다는데 도대체 그의 말을 어디까지 믿어야 할지 헷갈릴 정도였습니다.

그러면서 폐부를 찌르는 말 한마디를 합니다. "우리가 크게 착각하는 게 있는데 그건 기술이 스스로 발전한다고 믿는 것이다. 기술은 많은 사람들이 엄청나게 노력해야 하고, 오직 그때만 발전한다."

그는 TED 강연이 있기 4일 전 SNS에 할리우드 스타인 앰버 허드와 데이트하는 사진을 올렸습니다. 새빨간 립스틱의 앰버 허드가 묘한 표정을 지은 채 왼팔을 일론 머스크의 어깨에 걸치고 다른 곳을 쳐다보는 일론 머스크의 오른쪽 뺨엔 립스틱 자국이 선명한 사진. 그는 회사 내에선 폭군입니다. 철자가 틀린 이메일을 보낸 직원을 해고한 일화, 휴일을 가족과 보내겠다고 하면 테슬라가 망하면 원 없이 그렇게 하게 될 것이라고 핀잔 준 사례는 너무나 유명합니다. 회사 경영이 마음에 들지 않는다고 항의하는 투자자에겐 "그러면 포드나 사라"고 쏘아붙이는 괴짜입니다. 대한민국에서 사업을 했다면 벌써 구설수에 휘말려 쫓겨났거나 쇠고랑을 찼을 것입니다.

대담 말미에 그는 이렇게 말합니다. "하나 분명히 해두고 싶은 게 있다. 나는 누군가의 구세주가 되려는 게 아니다. 난 단지 미래에 대해 생각하고 싶고 미래가 슬프게 되지 않기 위해 노력하는 것일 뿐이다."

일론 머스크를 보면 정말 세상은 누군가의 상상과 그것을 실현하려는 무모한 도전에 의해 발전해왔다는 말을 믿게 됩니다. 우리나라에도 이런 사람 한 사람 정도는 나왔으면, 아니 이런 사람 한 사람 정도 포용해줄 수 있는 사회가 됐으면 하는 바람입니다.

# 자크 아탈리와 짐 로저스
# 생각의 파격

10년이 더 지났네요. 프랑스 대표적인 지성이자 미래학자인 자크 아탈리를 인터뷰한 건 2007년 2월이었습니다. 그는 국무총리 산하인 경제인문사회연구회 주관으로 서울 롯데호텔에서 열리는 국제포럼에 참석하기 위해 한국을 방문했는데 이때 시간을 내서 〈매일경제〉와 인터뷰를 하게 됐습니다. '21세기 르네상스 맨'이라는 그의 별명에 걸맞게 정치, 국제, 사회, 문화예술 등 모든 면에 대해 분명하고도 거침없는 답변을 쏟아냈는데 10년이 지나도 기억에서 사라지지 않는 답변이 하나 있습니다.

그는 한국의 꿈을 팔라고 했습니다. 이렇게 말했습니다. "사람들이 프랑스 제품을 살 때 프랑스의 꿈을 산다. 꿈이 생생하려면 사람들이 인식하도록 해야 한다. 한국은 기술뿐만 아니라 영화, 음악 등 문화

분야에서도 아시아, 세계의 리더가 될 수 있다."

그럼 구체적으로 어떻게 해야 되는데?

이 질문에 대한 아탈리의 답은 충격적이었습니다. 충격이라기보단 놀랐다는 게 더 정확한 표현일 겁니다. 한국이 한 가지만 한다면 이걸 해야 한다고 내놓은 답은 '자동번역기'였습니다. 벙벙한 답이 아니라 아주 손에 잡히는 구체적인 답에 놀랐고, 통찰력 있는 발상이라는 생각이 들어 충격적이었습니다.

이렇게 설명하더군요.

"자동적으로 모든 신문과 책이 번역되는 시스템을 갖춰야 한다. 이는 정책적으로 혹은 전략적으로 이뤄져야 한다. 한국어를 사용하는 나라는 많지 않다. 그래서 한국문화를 해외에 알리고 한국문화가 사장되는 것을 막으려면 자동번역기가 필요하다."

정말 그런 상상을 해봅니다. 이때 우리가 큰 관심을 갖고 돈을 투자해 자동번역기를 개발하자고 팔을 걷어붙였다면 지금 전 세계 모든 국가들이 열을 올리는 인공지능 분야의 선도국가가 되지 않았을까 하는 상상 말입니다. 지금 구글이 인공지능을 이용한 자동번역을 시도하고 네이버도 하는데 아직은 불안전한 단계이지만 몇 년 후에는 거의 완벽에 가까운 번역이 이뤄질 것입니다. 의심의 여지가 없는 일입니다. 그걸 10년 전에 하지 못한 아쉬움이 있습니다.

〈동아일보〉에서 짐 로저스를 인터뷰한 기사를 봤습니다. 짐 로저스는 저도 개인적으로 만나본 적이 있고 한국에는 자주 방문해 특강도

워럿 버핏, 조지 소로스와 더불어 세계 3대 투자자로 꼽히는 짐 로저스

프랑수아 미테랑 전 프랑스 대통령의 경제고문이자 미래학자인 자크 아탈리

하고 인터뷰도 하는 인물입니다. 투자업계에서는 기린아이지요. 영국의 시인 T.S 엘리엇이 그랬듯이 미국에서 대학을 졸업하고(T.S.엘리엇은 하버드를 다녔는데 짐 로저스는 예일대를 졸업했습니다) 엉뚱하게도 영국으로 건너가 옥스퍼드에서 철학, 정치학, 경제학을 다시 공부했습니다(T.S 엘리엇은 예술과 문화에 대한 갈망으로 영국 옥스퍼드 머튼칼리지에서 아리스토텔레스를 연구했습니다). 그리곤 월가로 돌아와 헤지펀드의 대부인 조지 소로스와 손을 잡고 전설의 퀀텀펀드를 설립했습니다. 그의 나이 마흔이 안 돼 돌연 은퇴를 선언하고 오토바이를 타고 세계를 일주하기 시작했지요. 그렇게 가본 나라가 100개국이 넘는다고 합니다.

그가 〈동아일보〉와 인터뷰에서 무슨 말을 했냐 하면 4차 산업혁명 시대에 살아가기 적당한 직업은 농부라고 했습니다. 그러면서 "인생을 살며 느낀 건 일반 대중과 반대로 하면 더 성공할 수 있다"고 말했습니다.

앞서 말한 두 사람에게서 공통점을 찾았습니다. 경험의 축적으로 지혜를 얻게 됐고, 생가의 근육을 키워 통찰력을 얻게 됐다는 사실. 그래서 이런 사람들의 말은 평범한 사람들의 상식을 뛰어넘을 때가 많습니다. 그리고 담대한 비전을 던져주고 희망찬 도전을 자극합니다.

새로운 것을 생각해내는 지도자의 능력. 또 그런 사람들에게, 또 상상을 뛰어넘는 발상에 용기를 주는 사회. 4차 산업혁명 시대를 살면서 간절하게 드는 생각입니다.

손현덕의 구석구석 4차 산업혁명 탐구

# 실리콘밸리의
# 인재 영입 전쟁

19세기 말 런던에서 태어난 작가 중에 길버트 키스 체스터튼이란 사람이 있습니다. 〈데일리 뉴스〉 같은 그 당시 간행물을 통해 다양한 주제의 에세이나 비평을 발표했고 나중에 정치주간지인 〈아이 위트니스〉를 발간하기도 했습니다. 브라운 신부를 주인공으로 한 탐정소설로 더 잘 알려진 인물이지요. 이 사람이 1939년에 쓴 〈장난감 극장〉이란 짧은 산문에 이런 대목이 나옵니다.

"방대한 그리스 철학은 거대한 페르시아 제국보다 작은 도시국가 아테네에 더 잘 어울렸다. 단테는 피렌체의 좁은 골목에서 연옥과 천국, 지옥을 위한 공간을 창조했다."

저는 지금 4차 산업혁명 시대에서 가장 중요한 것이 무엇이냐는 질문을 받으면 주저 없이 '사람'이라고 말합니다. 빅데이터니 인공지능이니 하는 것도 결국 사람이 하는 일 아닙니까? 오해가 없길 바랍니다. 특히 머리 좋은 천재들이 작은 공간에 모여 선의의 경쟁을 벌이는 게 중요하다고 봅니다. 이건 제 얘기라기보다는 차상균 서울대 빅데이터 연구원장의 말입니다. 그런 점에서 체스터튼은 핵심을 찔렀습니다. 자유로운 영혼들이 모여 있으면 상승 작용을 합니다. 규모가 문제가 아니지요. 똑똑한 사람들을 한군데 모아놓고 시너지를 극대화하는 게 중요합니다. 그리고 지금 세계에서 이런 인재들이 서로 네트워킹하며 마음껏 창의성을 발휘하는 곳이 바로 실리콘밸리입니다.

이에 대해 차 원장은 본인의 사례를 들어 재미있는 얘기를 전해주고 있습니다. 지금은 페이스북에 인수된 선마이크로시스템(이하 썬)을 창립한 사람은 앤디 벡톨샤임Andy Bechtolsheim 입니다. 그는 스탠포드대 전기공학과에서 박사를 하면서 워크스테이션을 개발했고 이를 토대로 MBA 출신들이 달려들어 회사를 만들었지요. 요즘 최고로 잘 나가는 구글과 인연이 있는 사람입니다. 구글의 창업자인 래리 페이지와 세르게이 브린이 새로운 검색기술을 개발하고 이걸 팔기 위해 여러 기업에 제안서를 냈지만 모두 거절당했습니다. 그래서 본인이 직접 창업을 하기로 결심했는데 이때 도움을 준 사람이 앤디 벡톨샤임입니다. 그가 10만 달러짜리 수표를 써줍니다. 그리고 회사 이름도 구글이 어떠냐고 제안하지요.

썬이 창업할 때는 빌 조이라는 버클리대 박사과정에 있는 천재급 인재를 모셔서 소프트웨어를 맡겼는데 빌 조이가 나중에 차

원장이 만든 회사에 관심을 보였다는 겁니다. 그러다 결국 차원장 회사는 독일의 SAP에 넘어갔습니다만 이때 실리콘밸리에서 관찰하고 체험한 인재 영입 전쟁과 합종연횡에 많은 공부를 했다고 합니다. 아테네에서 그리스 철학이, 피렌체에서 르네상스가 꽃 피었듯, 수학과 과학에 재능이 있는 인재들이 치열하게 경쟁하는 실리콘밸리에서 4차 산업혁명의 싹을 틔우는 게 아닌가 싶습니다.

버클리대에 소위 컴퓨터 아키텍처 부문에 독보적 업적을 이룩한 데이빗 패터슨 교수라는 분이 있습니다. 그가 2016년에 정년을 맞아 은퇴했는데 그 즉시 구글이 스카우트했습니다. TPU<sub>Tensor Processing Unit</sub> 프로젝트의 석좌 엔지니어로 모셔갔는데 이 TPU라는 것이 이세돌 9단을 이긴 알파고 리를 상대로 '백전백승'을 거둔 알파고 제로의 두뇌 역할을 하는 것이지요.

그뿐만이 아닙니다. 구글은 패터슨 교수와 함께 같은 대학에 근무하는 페이페이 리 교수를 클라우드 사업 부문에 영입했습니다. 그 전에도 앤드류 응이라는 스탠포드대 교수를 초빙해 구글 브레인 프로젝트를 시작했습니다. 이 응 교수를 중국의 바이두가 수석과학자로 영입해 자연어 처리, 자율주행 등 AI 기술 개발 책임을 맡겼지요. 바이두는 AI사업에 박차를 가하기 위해 2017년 1월 마이크로소프트 수석부사장인 루치 박사

를 최고운영책임자coo로 영입해 5만여 명의 임직원을 이끌게 했습니다

PC 그래픽 칩으로 잘 알려진 엔비디아라는 회사를 반도체 편에서 언급했습니다. 실리콘밸리 기업인데 여기서 만드는 칩이 구글, 아마존 등 웬만한 IT 기업의 클라우드는 물론 테슬라의 자율주행 플랫폼에도 적용되고 있습니다. 이 회사를 창업한 사람이 젠슨 황이란 인물인데 스탠포드대 석사 출신입니다. 그는 사업을 시작한 지 5년이 지난 2008년 모교에 공과대학 본부 신축기금으로 사재 3,000만 달러를 기부합니다. 이런 투자는 인재 영입의 선순환으로 이어집니다. 병렬 컴퓨팅 전문가 빌 달리 교수가 엔비디아의 수석과학자로 영입됩니다. 빅데이터 AI 시대를 선제적으로 준비하기 위해서였습니다. 그것이 반도체업계의 골리앗에 해당되는 인텔을 꺾은 원동력이 된 것이지요.

이런 인재 영입 사례는 실리콘밸리에서는 한도 끝도 없습니다. 대학과 연구소를 중심으로 수많은 인재가 배출되고 그 인재들이 IT기업으로 흘러 들어가거나 본인 스스로 창업에 나서기도 합니다. 이를 돕기 위한 벤처캐피털 같은 생태계도 잘 짜여있지요. 그러니 페이스북이나 아마존 같은 회사의 직원이 지난 10년 사이 100배나 늘어나게 되는 것입니다. 인재 영입에도

'무어의 법칙'이 작용하는 듯합니다.

기업에서의 현장 인력은 물론 대학교에서의 인재 양성도 우리는 걸음마 단계에 불과합니다. 미국은 말할 것도 없고 심지어 중국조차도 이 분야에서 벌써 저만치 앞서가고 있는데 말입니다.

# 4차 산업혁명 시대
# 교육과 대치동 엄마들

고백하건대 30년 가까운 기자 생활하면서 한 번도 '교육'을 주제로 글을 쓴 적이 없습니다. 그저 다른 이슈를 언급하면서 양념 정도로 묻어갔을 뿐입니다. 교육부를 출입한 적도, 사회부 생활을 한 적도 없어 그렇기도 하지만 무엇보다도 교육에 대한 글을 쓴다는 건 마치 잘 차려진 밥상에 반찬 한 가지 더 얹는 것 같은 느낌이 들어서였습니다. 아닌 게 아니라 대한민국 국민 모두가 교육에 관한 한 전문가나 다름없고 소위 '대치동 엄마'를 당해낼 재간이 없었습니다.

모든 정치인들이, 오피니언 리더들이 교육개혁을 말합니다. 특히 선거 때마다 그렇습니다. 극단적으로 교육부를 폐지하자는 방안, 대신 국가교육위원회를 설립하자는 방안, 5·5·2로 학제를 개편하자는 방안, 자사고, 특목고를 폐지하는 방안…. 지난번 대선 때도 이런 공약 많이 접했을 겁니다. 이밖에 대학 서열화 철폐, 사교육 폐지, 정시 비중 높이기 등 무수한 공약과 정책들이 쏟아집니다. 이런 교육제도 개편에 대한 국민적 열망이 가져온 결과가 무엇일까요? 국가교육과정이 시도 때도 없이 바뀐 게 그 결과라고 봅니다. 핀란드가 10년에 한 번 바꿀 동안 우리는 18번 개정했습니다. 그래도 여전히 우리 교육이 이렇게 고칠 게 많은가라고 다들 주장한다면 뭐가 잘못돼도 한참 잘못된 게 아닐까요?

그런데 분명한 점은 어떤 식으로 교육제도를 바꾸든 지금부터는 4차 산업혁명에 초점을 맞춰야 할 것 같습니다. 교육전문가라고 하는 사람들 모두가 4차 산업혁명 시대를 살기 위해선 지금의 교육을 송두리째 바꿔야 한다고 말합니다. 극단적으로 말하면 지금의 한국 교육은 앞으로 지구상에서 사라질 직업을 위한 교육일지도 모릅니다. 교사들은 쓸데없는 걸 가르치고 학생은 쓸데없는 걸 배우고요. 그럼 당장 이런 질문이 들어올 것입니다. 그럼 쓸데 있는 건 뭔데? 뭘 가르치면 되는데? 이에 대한 답은 없습니다. 정확히 말하면 질문이 잘못됐습니다. 무엇what을 물어야 하는 게 아니라 어떻게how를 물어야 합니다.

페이스북을 창업하고 SNS를 선도하고 있는 마크 저커버그가 한 말이 핵심을 찌릅니다. 그는 매년 개인적으로 배우려는 목표를 정한다고 했습니다. 그러니까 매년 뭔가를 새롭게 배운다는 말입니다. 구글 지주회사 알파벳의 에릭 슈미트 회장은 채용과 관련해 '학습동물learning animals'을 뽑겠다고 말했습니다. 배우려는 의지가 있느냐, 없느냐가 중요하다는 얘기입니다.

　글로벌 컨설팅회사 맥킨지의 분석도 시사하는 바가 큽니다. 맥킨지에 따르면 4차 산업혁명으로 전 세계 800여 개 직업이 수행하는 2,000여 개의 가치창출 활동 중 절반 가까이가 자동화될 수 있다는 것입니다. 그 결과 근로자의 86%는 업무의 20% 이상이 필요 없어지게 된다는 것이지요. 이제 일하는 시간이 줄어들고 잉여시간이 생긴다는 얘기입니다. 인간은 로봇이 할 수 없는 다른 일을 해야 합니다.

　그렇다면 앞으로 교육을 어떻게 바꿔야 하느냐에 대한 답은 나왔습니다. 어떤 것을 가르쳐도 좋습니다. 단, 배우는 데 흥미를 갖도록 교육해야 합니다. 평생을 배워야 하는데, 그렇게 해서 급변하는 시대를 살아야 하는데, 배움에 흥미를 잃으면 세상사는 데 적응이 되겠습니까? 100세까지 산다는데, 그동안 얼마나 많은 인생의 변화를 겪겠습니까? 전공 하나로 될 턱이 없습니다. 족히 3~4개는 돼야 합니다. 잘 배울 수 있는 사람이 미래형 인재입니다.

　한국 교육은 이 부분에 있어 낙제점입니다. PISA라고 학업성취도를 국제 비교연구하는 곳인데 여기서 나온 자료 중 읽기(글 이해력), 수학, 과학 능력의 수준을 연령별로 측정한 지표가 있습니다. 우리는 20대까지는 모든 부분에서 우위를 점합니다. 그리고 30대 정도부터는 수치가 떨어집니다. 속된 말로 '초장 끗발 개 끗발'입니다.

　평생학습을 위한 가장 좋은 모델이 되는 것이 소위 프로젝트 학습입니다. 그리고 프로젝트 학습은 4차 산업혁명과 딱 맞아 떨어지는 교육법이기도 합니다. 4차 산업혁명의 핵심은 연결과 융합이고 미지의 세계에서 문제를 해결하는 것인데 그런 능력을 갖기 위해선 프로젝트 학습이 필수적이라고 해도 과언이 아닙니다. 통상 프로젝트 학습은 팀을 구성해 문제 발견 능력을 기르고 목표 설정→계획→실행→평가의 단계를 거쳐 학생들을 훈련시킵니다.

이명박 정부 때 교육부 장관을 지낸 이주호 박사의 연구에 따르면 프로젝트 학습은 학생의 학업성취도, 소통, 협업 능력에 모두 긍정적 영향을 미치는 것으로 나타났습니다. 스스로 문제를 제안하고 해결책을 모색함으로써 비판적 사고와 창의성을 기를 수 있게 됐으며 다른 친구들과의 협력을 통해 소통 능력도 향상됐다는 게 이주호 박사의 분석입니다.

충격적인 자료는 OECD가 2008년부터 5년마다 세계 각국 중학교 교사들의 수업 방식을 조사하는 TALIS<sub>Teaching and Learning International Survey</sub> 설문조사 결과입니다. 이에 따르면 우리나라 중학교 교사의 프로젝트 학습 비중은 전체 비교 대상국 중 꼴찌입니다. 왜 이런 결과가 나왔는지는 모두가 다 압니다. 학생들에게 많은 지식을 외우게 해 선다형 문제에서 좋은 성적을 내도록 강요하는 교육과정과 입시제도 때문입니다. 교육부를 폐지하거나 사교육을 금지시킨다고 또는 자사고나 특목고를 없앤다고 교육혁명이 일어날 것 같지는 않습니다. 시험을 바꾸는 게 정답이라는 걸 모두가 압니다. 대한민국은 그 당연할 걸 못하고 있습니다.

# 애리조나대학의
# 교육

---

4차 산업혁명과 관련해 대학 한 곳을 소개하려고 합니다. 미국의 애리조나주립대학교ASU입니다. 4차 산업혁명 시대 교육혁명을 이야기하려면 이 대학을 보면 될 것 같다는 생각에서입니다.

제가 애리조나주 피닉스에 있는 이 대학을 방문한 건 꽤 오래전입니다. 지난 2002년이니 16년도 더 된 일입니다. 당시는 워싱턴특파원 시절이었습니다. 첨단 IT산업과 관련한 산학연 모델 사례를 본다고 취재를 했었는데 16년이 지난 지금 이 대학에서 4차 산업혁명의 불길이 번졌다는 게 참 놀랍고 신기합니다.

당시 저는 캠퍼스에 들어가자마자 코를 찌르는 향기에 정신을 잃을 뻔 했습니다. 저를 안내하던 사람이 캠퍼스에 즐비한 나무를 가리키며 저기서 나는 향기라고 말해줬는데 그게 오렌지나무였습니다.

짙은 녹색의 잎에 하얗게 꽃이 피어있었습니다. 가까이 가서 맡아보니 정말이지 다른 어떤 꽃하고는 비교가 되지 않을 정도의 강도였습니다. 나중에야 알게 된 사실이지만 16세기 향기를 너무나 사랑한 오르시니 드 네롤리 공작부인의 이름에서 딴 네롤리가 오렌지 꽃에서 나온 에센스라고 하더군요.

제가 ASU를 방문한 2002년 7월 이 대학에 변화의 불씨를 당긴 인물이 총장으로 부임하게 됩니다. 그가 마이클 크로우입니다. 이 괴짜 총장이 시골대학을 폭풍 속으로 몰아넣습니다. 그가 ASU에 오기 전에는 뉴욕 컬럼비아대학 부총장으로 있었는데 이때부터 디지털 경영 혁신의 선봉자였습니다. 대학교수, 학생, 직원 등이 갖고 있는 지적재산권을 대학에 귀속시키고 지재권을 법인화해서 벤처를 설립했습니다. 그 덕분에 컬럼비아대학은 매년 로열티 수입만 1억 달러 이상 벌수 있게 됩니다.

크로우 총장은 9세에 어머니를 여의고 해군 장교인 아버지를 따라 전국을 돌아다녔는데 고등학교 졸업까지 17개 학교를 옮겨 다녔습니다. 가정형편이 어려워 4형제 중 대학 졸업자는 본인 혼자였습니다. 그래서인지 그는 저소득층 가정 출신 학생 입학비율 높이기 위해 온라인 학위과정을 확대하고 수강료가 싼 수업을 위한 디지털화에 역점을 뒀습니다. ASU를 유명하게 만든 스타벅스와의 대학교육 연계 활동이 여기에 해당됩니다. 이게 어떤 거냐 하면 스타벅스 직원들이 ASU 온라인 과정을 수강할 경우 등록금을 환급해주는 제도인데 학비는 정부 기금과 스타벅스 직원 교육 기금에서 댑니다. 2015년 한 해 동안 1,500명의 스타벅스 직원이 수강을 했다고 합니다.

그로우 총장은 지난 2014년 ASU 발전방인으로 '뉴 아메리긴 유니버시티' 모델을 선포합니다. ASU를 울타리를 낮춘 공공리서치 대학으로 만들어 소수의 선택받은 학생을 교육하는 게 아니라 커뮤니티 전체를 교육하는 포용적인 모델로 아이비리그와 차별화를 시도한 거지요. 그 결과 〈US뉴스&월드리포트〉에서 2015~2016년 2년 연속 가장 혁신적인 대학 1위로 선정됩니다. 〈월스트리트저널〉은 기업의 인사채용 담당자들을 대상으로 조사해 가장 적합한 졸업생을 배출하는 학교를 선정하는데 ASU가 여기서 5위를 기록했습니다. 특히 혁신대학 분야에서 1위를 했는데 그 중심에 교육방식과 커리큘럼의 개혁이 있습니다.

도대체 어떻게 대학교육을 개혁했을까요? 먼저 모든 강의를 프로젝트 중심으로 바꿨습니다. 학생들이 지역 기업 또는 지역 사회의 문제점을 해결하는 프로젝트를 수행하게 해서 여기에 학점을 부여하는 겁니다. 철저한 산학협력, 지역밀착형 교육입니다. 그는 이렇게 말합니다. "지금 세계의 대학은 19세기 이후 점진적인 발전만 이루었지 기존의 틀에 갇혀 변화된 사회적 문제를 해결하고 공동체에 도움을 주는 연구를 하지 못했다."

그리고 지난 10년 동안 69개의 학과를 폐지했습니다. 우리나라에선 있을 수 없는 일이 벌어집니다. 교수들의 밥줄을 끊는 일인데 크로우 총장은 이걸 밀어붙였습니다. 예를 하나 들면 지질학과와 천문학과를 없애고 이를 합쳐 지구 및 우주탐사학부School of earth and space exploration를 만들었습니다. 어떤 결과가 생겼을까요? 기존의 교수들이 반발해 학교를 그만뒀습니다. 어떻게 그리 이질적인 학문인 지질학과 천문학을 합칠 수 있는가? 하나는 땅속을 연구하는 거고 다른 하나는 하늘 위를 연구하는 건데 같이 공부한다는 게 말이 되는가? 이런 논리였습니다. 그런데 정반대의 일도 벌어졌습니다. '그런 학문 나도 한번 연구하고 싶다', '지금 세계에서 ASU가 유일하게 그런 전공을 두고 있는 거 아니냐?' 그렇게 해서 우수한 교수들이 대거 ASU로 몰려들기 시작했습니다. 인류학과와 사회학과도 합쳐서 인간진화와 사회변화 학부School of Human Evolution and Social Change가 생겨났습니다.

이 대학에는 'eAdvisor'라는 게 있습니다. 온라인상으로 학생들에게 조언을 해주는 시스템입니다. 학생들이 자신의 관심 있는 분야와 전공을 찾을 수 있도록 데이터베이스를 이용해 도움을 주고 수강신청도 가장 효율적인 수업과 시간을 조언해줍니다. 온라인 공개수업인 MOOC와도 협약을 해서 여기서 공부한 것도 학점으로 인정해줍니다. 신원 확인하는데 45달러, 한 학점당 200달러만 내면 됩니다. 학생들은 연간 4,000 달러의 등록금을 절약할 수 있게 됐습니다.

이 정도면 그동안 대학이 가졌던 기득권을 거의 다 깨부수는 혁신 아닌가 싶습니다. 대학개혁을 하려면 이 정도는 해야 개혁이라고 말할 수 있을 것 같다는 생각을 해봅니다. 교육부와 대학의 카르텔 구조, 그 이면에 자리 잡은 끈끈한 경제적 동기. 교육개혁은 이런 기득권층의 고착화된 지대추구 구조를 혁파하는 데서 시작해야 할 것입니다. 그래야 한국에서도 애리조나주립대 같은 대학이 나올 수 있지 않을까요?

# 이상한 나라 앨리스와
# 붉은 여왕의 효과

4차 산업혁명 시대에 교육의 중요성을 강조하는 분들이 많습니다. 이런 글에는 많은 댓글이 달리는데 그만큼 대한민국 국민들이 교육에 관심이 많다는 방증이겠지요. 호평이든, 악평이든 관심을 갖고 본인의 의견을 밝혀주시는 건 모두 환영입니다.

대부분 전문가들이 지적하는 것처럼 "본격적인 4차 산업혁명 시대를 맞아 주입·암기식 교육의 혁신이 절실하다"는 점에 전적으로 공감합니다. 그리고 그것이 학교와 학원에서 하루 종일 정답만을 강요하는 낡은 학습방식에 기인한다는 점도 동의합니다. 그런 시스템하에서 창의적 인재가 나오기 힘들지요.

이런 질문을 던질 수 있을 겁니다. "그걸 알면 당신 아이는 다르게 교육시키면 되지 않나", "학교나 학원 교육에 매몰되지 말고 창의적으로 키워서 4차 산업혁명에 맞는 창의적 인재로 만들면 되지 않나?"
질문이 아니라 빈정대는 것 같기도 합니다.

그런데 과연 그게 가능할까요? 남들과 다르게 행동하기가 쉬운 일
인가요? 많은 사람들이 어렸을 적 읽은 동화 중에 《이상한 나라의 앨
리스》가 있습니다. 그 속편이 《거울 나라의 앨리스》이고요. 이 동화
속에서 붉은 여왕이 주인공인 앨리스에게 한 유명한 말이 있습니다.
"제자리에 있기 위해서는 끊임없이 뛰어야 한다." 뛰어가다 숨이 찬
앨리스가 여왕에게 왜 그래야 하냐고 묻자 붉은 여왕의 나라에서는
어떤 물체가 움직일 때 주변 세계도 그에 따라 함께 움직이기 때문에
끊임없이 달려야 앞으로 내디딜 수 있고 다른 사람을 앞서기 위해서
는 그 이상을 달려야 한다고 말해줍니다. 여기서 아이디어를 얻어 시
카고 대의 진화학자인 리 반 베일른 교수가 '붉은 여왕 효과'라는 말을
만들어 냈습니다.

우리나라 교육이 꼭 그런 것 같습니다. 마음 같아서는 아이 과외수
업 안 시키고, 학원 안 보내고 싶은데 안 그러면 다른 아이에게 뒤질
까 봐 영어학원 보내고 수학학원 보내고 논술학원도 보내는 거 아닙
니까? 붉은 여왕의 효과인거죠.

이런 안타까운 현실에서 어떻게 하면 벗어날 지에 대해 답은 다 압
니다. 그리고 그 답이 4차 산업혁명 시대 창의적 인재를 기르는 방법
인지도 알고요. 대학 입시를 바꾸는 거지요. 지금과 같은 방식의 입시
가 존재하는 한, 교사들은 학생들에게 보다 많은 지식을 외우게 하고,

선다형 문제에서 보다 높은 점수를 받는 기술을 가르치게 되지요. 교육부 폐지, 사교육 금지 이런 건 어찌 보면 다 변죽을 울리는 방법입니다. 핵심은 입시제도에 있습니다. 그래야 모든 것에 서열을 매기는 고질적 병폐가 사라지고 아이들을 입시지옥에서 벗어나게 할 수 있습니다. 창의적 인재는 이런 환경에서 보다 많이 나올 겁니다.

여담입니다만《이상한 나라의 앨리스》를 쓴 사람이 수학자인 걸 알고 놀랐던 기억이 납니다. 본명은 찰스 루트위지 도지슨인데 옥스퍼드 크라이스트처치 칼리지에 진학하여 수학을 전공하고 훗날 모교에서 수학 선생을 하지요. 우리나라에도 이런 융합형 인재들이 많이 나왔으면 하는 바람입니다.

# 4차 산업혁명,
# 세 개의 화살

몇 번을 생각해도 지난 2002년 월드컵 슬로건은 참 잘 만들었다는 생각이 듭니다. 다이내믹 코리아. 16년 전 우리는 역동적이고도 미래지향적인 한국의 이미지를 그렇게 세계만방에 알리고자 했습니다.

시간이 많이 지났지만 대한민국은 여전히 다이내믹합니다. 4차 산업혁명에 대한 뜨거운 열기를 보면 그렇습니다. 학습에 대한 열정과 속도가 한국처럼 강력하고 빠른 나라는 없을 것입니다. 광우병 사태 땐 전 국민이 광우병 전문가였고, 알파고와 이세돌 간의 바둑 대결이 펼쳐질 땐 전 국민이 인공지능 전문가가 됐습니다. 이제 동네방네 4차 산업혁명입니다. 정부는 4차산업위원회를 만들고, 기업들은 새로운 경영계획을 수립하고, 연구기관들은 하루가 멀다고 토론회와 워크숍을 개최합니다. 지난 19대 대선 때도 모든 후보들이 가만히 있지 않았습니다. 캠프에 전문가들을 참여시키고, 4차 산업혁명과 관련된 공약을 내걸었습니다. 머지않아, 아니 벌써 전 국민이 4차 산업

손현덕의 구석구석 4차 산업혁명 탐구

혁명 전문가가 된 것 같습니다.

정부의 포부와 목표는 명쾌합니다. 4차 산업혁명 선도국가. 여기서 한국의 미래를 찾겠다는 것이겠지요. 그동안 쏟아진 주요 인사들의 발언과 핵심내용을 추린다면 다음 3개의 문장으로 압축됩니다. ❶ 4차 산업 관련 기술에 대한 투자를 확대하고 ❷ 창의적인 인재를 양성하고 ❸ 이와 관련한 신산업을 발전시키겠다.

대한민국의 새로운 미래를 개척하겠다는 데 반기를 드는 사람은 없을 겁니다. 그러나 결론부터 말하면 백지에서 새로 시작해야 하고 지금까지 해왔던 방식을 180도 뒤엎는 전략이 필요하다고 봅니다. 국가와 민간이 힘을 합쳐서 죽을 둥 살 둥 매달려야 합니다.

먼저 우리 정부가 고백해야 할 것은 4차 산업혁명과 관련해 정신줄을 놓고 있었다는 점입니다. 미국(스마트아메리카, 2013년), 일본(4차 산업혁명 선도전략, 2016년), 독일(인더스트리 4.0, 2011년), 그리고 중국(중국제조 2025, 2015년)이 모두 4차 산업혁명과 관련한 정부차원의 계획을 수립했습니다. 계획 짜는 데는 둘째가라면 서러워할 한국이 뒤처졌다는 게 의외입니다. 이런 주장을 하면 2014년 우리도 제조업 혁신 3.0 전략을 추진했다고 반론을 펼지 모릅니다. 독일을 벤치마킹한 것인데, 제목만 맞지 내

용은 그야말로 허접하기 이를 데 없습니다. 스마트공장 건설하
는데 정부가 지원하겠다는 게 거의 전부입니다. 스마트공장을
깎아내릴 생각은 없습니다. 그러나 말만 스마트지 그냥 자동화
정도에 머무는 경우가 대부분입니다. 다른 나라는 그렇지 않습
니다. 전략적이고 방향이 확실합니다. 미국은 산업재배치고,
중국은 제조업 경쟁력 강화입니다.

세계는 줄달음쳤습니다. 4차 산업혁명 기반기술이라고 할 수
있는 분야에서 한국은 존재감이 없습니다. 인공지능, 빅데이
터, 로봇, 사물인터넷, 3D프린팅…. 이미 우리는 첫차를 놓쳤
습니다. 퍼스트무버first mover는 애당초 틀렸고, 빠른 추격자fast
Follower도 어렵다는 걸 솔직히 인정해야 할 겁니다. 4차 산업혁
명은 축적이 기본입니다. 축적을 해놓지 않았는데 무슨 재주로
추격을 한다는 말입니까. 그래서 먼저 인정해야 합니다. 우리
는 4차 산업혁명 시대의 낙오자임을. 이런 냉정한 현실 인식에
서 출발해야 합니다.

그렇기 때문에 지금부터는 남다른 각오로 뛰지 않으면 안 될
것 같습니다. 대충대충 모양 갖추기로는 될 턱이 없습니다. 4
차 산업혁명을 말하는 정치인들이나 정부 관계자들은 다음 3
개의 화살을 쏠 수 있느냐, 그리고 어떻게 쏠 것이냐에 답을 내
놓아야 합니다. 제대로 답을 못한다면 4차 산업혁명은 대한민

손현덕의 구석구석 4차 산업혁명 탐구

국에겐 저주가 될 수 있습니다.

핵심인재를 양성한다고 합니다. 중국이 고급인재 1만 명을 발굴해 지원하겠다는 이른바 '만인계획'을 발표했습니다. 인재 확보 전략, 이게 첫 번째 화살입니다.

교육을 뿌리부터 바꿔야 한다고들 합니다. 4차 산업혁명은 모든 걸 연결하는 것이고 교육도 그에 맞게 융합해야 합니다. 맞는 말입니다. 그러면 소위 '프로젝트 학습'을 하는 교사의 비중이 세계에서 꼴찌인 나라, 대학 학과 변경도 마음대로 못 하는 나라. 어떻게 바꿀 것인가? 교육혁명, 이게 두 번째 화살입니다.

4차 산업 기술이 있으면 뭐하나요? 비즈니스가 일어나야 합니다. 우리나라에서 자율주행차가 되고 원격진료가 되나요? 꽉 막힌 규제, 기득권층의 저항. 이 모든 걸 일거에 혁파하지 않으면 대한민국은 4차 산업혁명을 꽃피울 수 없습니다. 네거티브 규제시스템, 반드시 쏴야 할 세 번째 화살입니다.

**PART 6**

# 플랫폼 기업들이
# 판치는 세상

플랫폼 기업들이
판치는 세상

# 구글의
# 세상

---

지금 전 세계를 통틀어 4차 산업혁명의 선두주자가 누구지?

이런 질문을 던진다면 아마도 많은 사람들이 구글이라고 대답을 할 것 같습니다. 4차 산업혁명의 기반기술로 인공지능, 빅데이터, 사물인터넷, 이렇게 크게 세 개를 꼽는다면 어느 것 하나 뒤질 게 없는 회사가 바로 구글입니다. 그중 최근 들어 구글이 가장 역점을 두는 분야는 인공지능입니다. 알파고에서 이미 그 실력을 보여주었지요.

2017년 구글은 아시아, 태평양 국가의 기자 60여 명을 일본 도쿄에 있는 구글 재팬 오피스로 초청해 구글의 서비스를 선보이는 간담회을 가졌습니다. 그 행사 제목이 'Made With AI'입니다. 인공지능으로 만들었다는 말인데 이 행사에 제가 소속한 〈매일경제〉 기자도 다녀왔습니다. 저는 그 후배 기자로부터 구글이 설명해준 내용을 간접적으로 듣고 궁금한 점이 많아 구글 코리아를 직접 방문해 취재도 했습니다.

도쿄 행사에서 구글이 선보인 인공지능 서비스의 핵심은 크게 두 가지입니다. 하나는 '자연어 처리'이고 다른 하나는 '비전 인식'입니다. 제가 인공지능 편에서 소개한 소위 '인지컴퓨팅'의 핵심입니다. 사람이 말하는 걸 듣고, 사람이 보는 것과 같이 사물을 보는 것. 이걸 제대로 해야 인공지능이 되는 거지요.

먼저, 자연어 처리. 쉽게 말하면 음성인식입니다. 이에 대해 구글이 내놓은 제품이 '구글 어시스턴트'입니다. 여러분이 안드로이드 휴대폰을 쓰고 있다면 관련된 앱을 다운로드 받으면 바로 체험해볼 수 있습니다. 1분도 안 걸립니다.

그리고 대화를 하면 됩니다. 사람과 대화하듯 얼마나 편하게 대화할 수 있느냐가 경쟁력입니다. 말처럼 쉽지는 않습니다. 그건 기계가 얼마나 학습을 많이, 잘 했느냐에 달려 있습니다.

도쿄 출장 간 후배 기자는 이런 식의 대화를 나눕니다.

"도쿄 오늘 날씨 어때?" "흐리고 최고기온 18도입니다." "그러면 서울은?" "맑고 최고기온 8도입니다."

"내 항공일정 보여줘." 그러면 일정을 보여줍니다.

솔직히 말해 이 정도는 기본입니다. 그런데 지금은 머신러닝을 통해 AI의 음성인식과 대화 기술이 꽤나 좋아졌습니다. 인공지능이 사람이 말하는 문맥의 전환을 이해하기 시작했습니다.

"미국 대통령이 누구지?" 그럼 도널드 트럼프라고 답합니다. 그 다음 "무슨 대학 졸업했어?"이렇게 물으면 그게 도널드 트럼프가 주어라는 걸 안다는 것이지요.

음성인식과 자연어 처리를 혼용해서 썼는데 정확하게 구별하자면 기계가 사람의 목소리를 듣고 이를 판별하는 게 '음성인식'이고 그 의미와 맥락까지 파악해 인간 언어로 답을 주는 게 '자연어 처리'입니다. 대충 말을 해도 의도까지 짐작해 답변할 수 있다면 100점을 받는데 아직 그 정도는 아닙니다. 그러나 지금의 인공지능 학습 속도를 감안하면 결국 거기까지 갈 수 있다는 데 전문가들은 의견의 일치를 보고 있습니다. 문제는 시간입니다. 그리 오래 걸리지 않을 것 같습니다.

구글은 '구글 어시스턴트'라는 서비스를 통해 여러 가지를 합니다. 일정관리에서부터 궁금한 질문에 답하기는 물론 여행 갔을 때 필요한 정보까지 얻을 수 있습니다. 예컨대 이런 걸 물어볼 수가 있지요. 스페인에 가서 옷가게를 들렀습니다. 물건이 마음에 들어 사려고 하는데 점원과 말이 안 통합니다. 휴대폰에 대고 "이 셔츠 색깔 다른 거 있나요? 나한테 맞는 사이즈를 구할 수 있을까요? 이걸 스페인어로 번역해줘." 이렇게 하면 됩니다. 직접 한번 해보시지요. "강남역 근처 일식집 좀 알려줘!" 이렇게 물으면 어떤 답이 나오는지.

"엄마한테 5분 뒤에 도착이라고 문자 보내줘"하면 알아서 문자를 보내주고, "와이파이 좀 켜줘"하면 알아서 휴대폰을 최적화해 줍니다.

현재 어시스턴트는 영어, 한국어를 포함해 8개국 언어가 가능하니다. 앞으로는 전 세계 약 120개 언어를 다 인식할 수 있도록 한다는 구상입니다.

그 다음은 비전인식의 확장. 이제 보는 겁니다. 이미지 검색입니다. 사진이나 그림, 영상에 나타난 물체가 어떤 것인지 컴퓨터가 파악하는 기술입니다. 이를 활용한 대표적인 게 '구글포토' 서비스입니다. 사물의 이름이나 인물명, 상황에 따른 명령어 등으로 사진을 찾아줍니다. 100년 된 신문사가 있습니다. 그동안 얼마나 많은 사진을 찍었겠습니까? 그 사진을 제대로 찾을 수 있을까요? 한국 축구 국가대표팀이 월드컵에 출전해 골을 넣은 장면을 찍은 사진 모두를 보고 싶다고 합시다. 이걸 어떻게 찾지요. 만약 100년 동안 찍은 사진을 모두 색인 작업을 해놓았다면 가능할 겁니다. 그러나 그 작업이 얼마나 시간이 걸리고 품이 많이 드는 작업일까요? 만약 이미지를 인식한다면 말 한마디면 다 찾을 수 있습니다. 물론 기본적으로 사진이 전부 디지털화돼 있어야겠지요. 이제 색인을 만들 필요가 없습니다. 비전인식을 하면 되거든요.

영상도 가능합니다. 예를 들어 이런 겁니다. 오늘 내가 보고 싶은 농구 경기가 있습니다. 그걸 약속 때문에 못 봤습니다. 재방송을 볼 수도 있고 다시 보기 영상을 통해 시청할 수도 있습니다. 그런데 나는 덩크슛 장면만 모아보고 싶습니다. 그럼 그 경기서 덩크슛 장면 다 보여 달라고 명령을 내리면 됩니다.

이런 걸 하면 어디다가 쓸까요? 돈은 벌 수 있을까요? 구글은 이에 대해선 큰 관심이 없습니다. 큰 관심 없다고 하면 약간의 어폐가 있습니다만 어쨌든 누군가가 이런 걸 기반으로 비즈니스를 생각해낼 거라는 데는 확신이 있지요. 구글에겐 그게 돈이 된다는 거죠. 플랫폼 비즈니스의 핵심이 이런 겁니다. 앞서 언급했지만 플랫폼 기업들은 단기적인 이익에 큰 관심이 없습니다. 그보다는 얼마나 네트워크 규모를 키우느냐가 더 중요합니다. 데이터를 쌓아놓으면 그게 돈이 된다는 사실을 알고 있는 겁니다.

그런데 구글은 이 비전인식이 일단 의학 분야에 혁명적 변화를 가져온다고 확신합니다. 도쿄에서도 그걸 선보였습니다. 두 가지 사례를 소개했는데 당뇨성망막병증과 유방암의 진단에 이를 활용한 것입니다. 리 펭 구글리서치 의학 영상팀 프로젝트 매니저는 "주요 실명 원인 중 하나인 당뇨성망막병증은 1년에 한 번 안구 촬영만 해도 미리 발견해낼 수 있는데 인도처럼 의사가 부족한 나라에서는 이게 어려웠다"며 "13만 장의 망막 사진 등을 바탕으로 머신러닝을 진행해 진단시스템을 개발했는데 의사들의 진단과 거의 비슷한 수준으로 정확도가 높아졌다"고 설명했습니다. 앞으로는 어떻게 될까요? 의사들보다 훨씬 더 정확한 진단을 내릴 게 확실합니다. 많은 양의 사진 데이터를 사람은 인공지능보다 빠른 속도로 절대 판독할 수 없을 겁니다.

구글이라는 회사를 이해하려면 2004년 이 회사가 증시에 상장할 때 창업자가 투자자들에게 보낸 편지Founder's IPO Letter를 보면 됩니다. 그

때 기업경영 철학을 밝힌 대로 지금껏 해오고 있습니다.

구글은 광고회사입니다. 돈은 여기서 법니다. 알파벳이라는 지주 회사가 있고 ㄱ 아래 구글이 있습니다. 알파벳의 CEO는 창업자인 래리 페이지이고, 구글의 CEO는 인도 출신의 순다 파차이입니다. 돈은 구글에서 법니다.

그 유명한 7:2:1법칙이 있습니다. 7할은 돈 되는 비즈니스를 합니다. 그리고 2할은 가까운 미래에 돈을 벌 수 있는 일을 찾습니다. 그리고 1할은 얼토당토않은 비즈니스에 손을 댑니다. 리스크가 큰, 망할 가능성이 높지만 성공하면 그로 인한 보상은 엄청 큰 비즈니스입니다. 사실 이런 걸 하기 위해 알파벳이란 지주회사를 만든 것입니다.

사물인터넷 편에서 말한 적이 있지요. 구글은 2014년 1월 미국 '네스트랩스'란 기업을 인수합니다. 그리고 '웍스 위드 네스트Works with Nest'로 불리는 스마트 홈 플랫폼을 구축합니다. 이를 통해 관련 기업과 제휴함으로써 에너지 절약, 보안과 관련된 다양한 서비스 전개에 나서고 있습니다. 어떤 것들이 가능할까요? 몇 가지 예를 들어볼까요?

자동차를 몰고 귀가할 때, 집까지 도착 소요시간을 예측해 미리 실내온도를 적당하게 맞춥니다.

네스트의 연기탐지기가 연기를 탐지하면 스마트 조명이 색을 바꿔 문제 발생을 집주인에게 알립니다. 또 집주인이 여행 중에 집에 도둑이 드는 것을 방지하기 위해 조명을 평소처럼 자동으로 점등하고 소등합니다.

전기요금이 가장 싼 시간대에 세탁기와 건조기를 돌리고, 건조가 끝나면 자동으로 '송풍 리프레시 모드'로 바꿔 옷에 주름이 생기지 않도록 합니다.

스마트 알람 장치를 통해 사용자의 행동에 맞춰 기상시간을 자동으로 조절해줍니다. 다음날 방문하는 곳의 주소와 출발시간 등 상세 정보를 등록하면 스마트 알람은 그 시간대의 날씨와 교통정보, 소비자가 외출 준비를 하는 데 걸리는 시간까지 감안해 기상 시간을 설정해 알람을 울립니다.

벽면에 설치된 각각의 콘센트에 공급되는 전력을 자유자재로 조절합니다. 스마트 콘센트에도 다양한 센서가 탑재돼 있고, 네트워크에도 연결돼 있습니다. 집에 사람이 없으면 사용하지 않는 가전 플러그의 전기를 차단합니다.

2015년 5월 구글은 이런 것들이 가능하게끔 주택 내 모든 사물을 연결하는 플랫폼을 개발하는 '프로젝트 브릴로Project Brillo'를 발표했습니다. 브릴로는 일종의 사물인터넷의 운영체계라고 보면 됩니다.

미국 스탠퍼드대의 세바스찬 드런 교수는 '무인자동차 스탠리'를 개발한 인물입니다. 그가 2005년 미국 국방부 산하 고등연구원DARPA이 주최하는 무인자동차 대회DARPA Grand Challenge에 출전해 우승을 했습니다. 황야에서 운전자 없이 213km를 운행했습니다. 구글은 이 사람을 눈여겨보았습니다. 창업자인 래리 페이지가 그를 스카우트했습니다. 그리고 맡긴 임무가 자율주행차입니다. 그게 2009년입니다. 모든 자동차 회사들이 구글을 비웃었습니다. 그런데 지난 2014년 5월 장난감 같은 차가 하나 탄생했지요. 핸들과 엑셀, 브레이크가 없는 완전 자율주행차였습니다. 일종의 시제품이었지만 모든 자동차 회사들을 깜짝 놀라게 한 것입니다. 이제는 너도나도 자율주행차 개발 경쟁에 뛰어들었습니다. 그러나 구글을 따라잡지 못합니다.

스마트홈에서 구글이 노리는 것은 운영체계o/s입니다. 자동차도 마찬가지입니다. 안드로이드 오토라는 자율주행차 운영체계를 만들었습니다. 일종의 두뇌에 해당하는 거죠. 이걸 확실히 해놓으면 앞으로 자율주행차를 만들겠다는 자동차 회사들은 어찌 보면 껍데기만 만들고 핵심은 다 구글에 의존하는 상황이 오게 될지 모릅니다. 자동차 회사들은 구글의 O/S에 맞춰 제품을 생산할 수밖에 없게 되고 결국 구글이 시장주도권을 장악하게 됩니다. 우리나라도 지난 2015년 현대차의 '쏘나타 2015년형'에 구글의 O/S가 탑재됐습니다. 아쉽게도 우리나라에서 판매된 차는 아니고 전량 수출용 차량이었습니다.

삼성 휴대폰을 쓰는 사람들은 다 알겠지만 구글의 안드로이드 O/S가 깔려 있지요. 삼성이 이 안드로이드를 쓰는 데 돈을 낼까요? 안냅니다. 삼성은 안드로이드를 그냥 가져다 쓰고 휴대폰을 팔아 돈을 법니다. 그럼 구글은요? 삼성 휴대폰을 쓰는 고객들은 구글로 검색하고, 유튜브나 G메일을 씁니다. 구글은 이런 걸로 광고수익을 올립니다. 자율주행차와 스마트폰이 같은 개념이라고 보면 됩니다.

스마트홈과, 자율주행차는 사실 구글이 진행하는 프로젝트의 작은 부분입니다. 구글은 1998년에 설립된, 이제 20년이 채 안 된 기업입니다. 검색엔진으로 시작해 데이터로 세계를 지배한 기업에서 지금은 인간의 상상 속에만 머물렀던, 어쩌면 상상조차 하지 못하는 것들에 도전하는 '드림 컴퍼니'로 변해가고 있습니다. 구글의 행보를 보면 역사는 무모하리만치 도전하는 사람들에 의해 앞으로 나아가는 것 같다는 생각을 해봅니다.

래리 페이지가 이런 말을 했습니다.

"당신이 몇 가지라도 미친 짓을 하지 않는다면 그건 당신에게 무언가 문제가 있는 것입니다."

# 유통 괴물,
# 아마존

지난 2017년 여름, 미국 실리콘밸리에 출장 갔을 때 현지에서 벤처 기업가와 투자자들을 여러 명 만났는데 가장 많이 나오는 질문이 하나 있었습니다.

"구글, 페이스북, 아마존, 애플, 이 중 누가 글로벌 경쟁에서 승자가 될까?"

마치 초등학교 때 "우주소년 아톰과 마징가Z가 싸우면 누가 이길까?"와 같은 유치한 질문처럼 들려 실소를 금치 못했습니다.

그 질문이 과연 유치할까요? 실리콘밸리에서는 이보다 진지하고 핵심적인 질문은 없습니다. 그건 미래에 대한 통찰을 묻는 질문이고, 플랫폼 비즈니스의 전략을 파고드는 질문이기 때문입니다.

대답이 한 가지일 리 만무합니다. 사람마다 자신이 알고 있는 지식과 경험을 잣대로 다른 답을 내놓습니다. 그걸 프랜시스 베이컨은 '동굴의 우상'이라고 했던가요? 또 서로 다른 종류의 비즈니스인지라 질문 자체가 잘못됐다는 대답도 있습니다. 우문현답인가요?

그러나 실리콘밸리에서 4일 머무는 동안 이들에게서 대략 90% 정도의 공통된 답변을 끌어낼 수 있었습니다. 그건 '아마존을 주목하라'는 메시지였습니다.

헤지펀드에 다니던 30세의 젊은이 제프 베조스가 1994년 미국 시애틀에서 창업한 온라인 서점이 23년 만에 세계 초일류의 IT기업으로 성장했고 이제 전통 유통업까지 넘보는 괴물로 진화하는 상황입니다. 실리콘밸리의 비즈니스맨 모두는 아마존이 최근 저지른 두 가지 초대형 사건에 전율을 느낍니다.

첫 번째 전율. 2016년 12월말 '아마존 고'라는 무인식료품매장의 오픈입니다. 두 번째는 그 다음해인 2017년 6월 우리나라 돈으로 15조 원이 넘는 금액을 주고 유기농 슈퍼마켓인 홀푸드를 인수한 사건입니다.

아마존고에는 3가지가 없습니다. 직원이 없고, 계산대가 없고, 줄서기가 없습니다. 아마존이 유튜브에 올린 1분 49초짜리 홍보 동영상을 보면 그 개념이 확연하게 들어옵니다. 스마트폰에 앱을 깔고 마치 회사 직원이 출근할 때 보안대를 통과하듯이 휴대폰을 대고 들어가서 사고 싶은 물건을 고르면 됩니다. 그걸 장바구니에 담아 매장을 나오면 그걸로 끝. 나가자마자 휴대폰에 쇼핑내역이 뜨고 결제가 이

아마존이 개설한 무인점포 '아마존고'

뤄집니다. 이런 게 어떻게 가능할까요? 진열대마다 센서가 있고, 컴퓨터가 고객이 무슨 물건을 고르는지를 알아냅니다. 혹시 마요네즈와 토마토 케첩을 헷갈리지 않을까라고 질문하면 이 분야의 초짜입니다.

137억 달러를 주고 홀푸드를 인수한 것도 '아마존고' 오픈의 연장선상에서 보면 됩니다. 아마존이 모든 걸 파는 유통회사Everything Store를 지향하는 데 한 가지 걸림돌이 있습니다. 그게 식료품이었습니다. 다른 소비재와는 성격이 다릅니다. 부패가 쉽고 배송이 힘듭니다. 그래서 거의 모든 소비자들이 직접 가서 물건의 상태를 눈으로 확인하고 냄새도 맡아가면서 구매합니다. 이 시장이 큽니다. 아마존의 주력 분야인 의류의 2.5배나 되지요. 그래서 욕심을 냈습니다. 홀푸드는 미

## 아마존고 쇼핑 과정

 입장　•'아마존고' 앱을 켜 입구에서 QR코드 인식 후 입장

 쇼핑　•컴퓨터 시각화 기술·인식 센서·딥러닝 인공지능이 물품 자동 인식

 퇴장　•계산·줄서기 과정 없이 퇴장
　　　•아마존 고객 계좌에 금액 자동 청구·영수증 송부

국 전역에 440여 곳이 넘는 점포가 있는데 이게 배송의 거점이 됩니다. 그리고 여기에 아마존고의 개념을 적용하면 이 역시 무인점포로 운영될 것입니다. 우리나라 같으면 전통시장과 영세한 구멍가게를 다 죽일지 모른다며 난리를 칠 일이지만 아마존은 거침없이 진격합니다.

이 정도면 미국의 모든 유통기업들이 벌벌 떨 만한 충분한 이유가 될 것 같습니다. 유통 분야에서 천하통일을 했다는 월마트까지 아마존의 등장에 바짝 긴장하고 있습니다. 온라인 분야에서 오프라인 분야까지 호령하겠다는 아마존에 실리콘밸리 기업인이나 투자가들이

높은 점수를 준 건 하나도 이상할 게 없어 보입니다.

아마존의 진격에 취할 때가 아니지요. 넋 놓고 박수만 칠 일도 아닙니다. 아마존이란 괴물의 탄생을 가능케 한 원이을 파고들어야 합니다. 그게 4차 산업혁명입니다. 아마존이 자신의 덩치를 눈덩이처럼 불리고, 경쟁사들과의 격차를 하루가 다르게 벌리는 배경엔 인공지능과 빅데이터, 클라우드 컴퓨팅, 사물인터넷, 자율주행차, 드론과 같은 4차 산업혁명의 핵심 기반기술이 있습니다. 이용 가능한 모든 수단과 기술을 동원해 점점 더 똑똑해지고 힘도 세지는 아마존. 그런 거대 공룡기업에 앞에 선 한국의 기업들은 초라하고, 그런 거대한 흐름 앞에 굼뜨게 움직이는 정부가 답답합니다.

# 아마존 1492와
# 애들레이드

2017년 말 미국 현지 언론에 아마존과 관련해 굉장히 의미 있는 기사가 하나 실렸습니다.

세계 최대 전자상거래업체인 아마존이 미국 내 12개주에서 약국 면허를 취득했다는 내용입니다. 12개주는 앨라배마, 애리조나, 코네티컷, 아이다호, 루이지애나, 미시간, 네바다, 뉴햄프셔, 뉴저지, 노스다코타, 오리건, 테네시주입니다.

아마존이 온라인 약국 비즈니스를 통해 제약 시장에도 진출한다는 얘기인데 이 기사에 따르면 이들 12개주에서는 이제 환자가 병원에 가서 의사에게 처방전을 받으면 지역 약국 외에도 아마존에 주문해 해당 약을 배달받을 수 있게 된다는 말입니다.

참고로 미국에서 약을 지어본 사람들은 알겠지만 환자가 약 처방을 받으면 간호사가 환자가 원하는 약국으로 처방전을 전송하고 환자는 해당 약국에서 약을 찾는 시스템입니다. 의사가 처방한 약이 약국에 없으면 자칫하면 며칠씩 기다리는 경우도 있습니다. 이 시장이 연간 5,600억 달러에 달합니다. 우리나라 돈으로 약 640조 원이 됩니다. 눈독을 들일 만하겠지요.

개인적으로 아마존의 행보에 관심이 있어 관련 뉴스를 좀 추적해 왔는데 2017년 여름에 일부 언론에서 아마존이 비밀프로젝트를 가동한다는 기사가 나온 적이 있습니다. 이 비밀프로젝트 이름이 '1492'입니다. 창업자이자 CEO인 제프 베조스가 직접 이름을 지었다고 알려졌는데 짐작하셨겠지만 1492는 콜럼버스가 신대륙을 발견한 해입니다. 아마존이 신대륙을 개척한다는 의미로 받아들여집니다.

이 프로젝트를 한마디로 요약하자면 '원격진료를 위한 데이터 플랫폼' 사업입니다. 일반인들의 건강정보를 공유해 진료에 활용한다는 거지요. 온라인 약국사업은 그 1492프로젝트의 아주 작은 부분입니다. 본게임은 시작되지 않았습니다. 아마존은 이미 에코와 알렉사라는 서비스를 선보였습니다. 에코는 음성으로 제어되는 핸드-프리 스피커입니다. 이 에코를 작동시키는 음성서비스가 알렉사입니다. 아마 경험해본 분들도 있을지 모르겠는데 아직은 에러도 많고 서툴기도 하지만 그야말로 하루가 다르게 발전하는 음성인식기술입니다. 이게 어떻게 적용될 지는 짐작이 갑니다. 알렉사가 환자에게 "지금 약 먹을 시간입니다" 이렇게 알려주고 환자의 건강 정보를 실시간으로

## 아마존 약 배달 서비스 개요

현재

의사 만나 진료 | 병원이 약국으로 처방전 전송 | 약국 찾아가 약 받기 (며칠 소요될 수도 있음)

아마존 진출 후

의사 만나 진료 | 병원이 아마존으로 처방전 전송 | 집에서 약 받기 (당일 원하는 시간)

체크해 관리하는 한편 필요하면 "병원 가서 진료 좀 받아봐라", "이런 건강 보조식품 먹었으면 좋겠다"는 식으로 서비스하는 겁니다. 물론 환자와 의사 간에 원격진료도 가능하지요.

아마존은 이런 헬스케어 시장에 본격 진출하기 위해 회사 내 소비재팀에서 의약품 관련 연구를 하고 있으며, 보험약제관리 체제를 구축하기 위해 2017년 초 건강보험회사 출신의 핵심인재를 영입하기도 했습니다. 혈액검사만으로 암을 조기 진단하는 목표를 가진 그레일

Grail 등 유망 스타트업에 투자도 하고 있습니다.

다른 얘기입니다만 호주 남쪽 끝에 애들레이드Adelaide라는 도시가 있습니다. 인구가 150만 명 정도 되니 호주에서 결코 작은 도시는 아닙니다. 남호주州의 주도로, 세인트빈센트 만灣에 있고 남극해로 가는 요충지입니다. 호주횡단철도의 출발점이기도 합니다. 19세기 영국 국왕 윌리엄 4세의 왕비가 애들레이드인데 그녀의 이름을 딴 도시입니다.

이곳에서 지금 전 세계가 주목하는 프로젝트가 하나 진행 중입니다. 시 전체를 10기가 인터넷망으로 깔겠다고 나선 것입니다. 10기가 인터넷 기술이 뭐 새로운 건 아닌데 호주에서 그것도 남쪽 끝 도시에서 그런 걸 한다니 좀 신기합니다. 그런데 애들레이드의 진짜 속셈은 다른 데 있습니다. 그건 10기가 인터넷으로 해외와 연결해 전 세계를 대상으로 한 원격의료 서비스를 하겠다는 겁니다. 시정부가 연구개발비의 45%를 돌려주고 세금도 40% 가까이 감면해주고 있습니다. 아예 팔을 걷어붙이고 나섰습니다. 시의 비전은 세계 최초의 의료중심 도시입니다. 환자들이 애들레이드로 오지 않아도, 호주로 오지 않아도, 이 시에 있는 병원과 의료기업들이 환자들을 상대로 원격 진단하고 진료하고 치료하겠다는 거지요.

세계에서 둘째가라면 서러워할 우수 의료진과 IT 기술을 가진 한국이 아직도 원격진료 서비스 실시를 두고 탁상공론을 펼치고 있는 게 너무나 한심해 보입니다.

# 망한 회사의 간판을
# 떼지 않는 페이스북

---

2017년 여름 〈매일경제〉가 '4차 산업혁명 성공 가이드'라는 주제로 주관한 실리콘밸리 포럼에 참석했습니다. 이 포럼에서는 4차 산업혁명과 관련된 유익한 강연과 토론이 진행됐는데 개인적으로 실리콘밸리는 처음이었습니다.

그런데 이곳에 와서 참으로 인상 깊었던 것 중 하나는 페이스북 본사 방문이었습니다. 페이스북이야 대부분 사람들이 너무나도 잘 아는 회사입니다. 하버드대를 다니던 마크 저커버그가 기숙사에서 친구들과 함께 회사를 창업한 게 바로 페이스북입니다. 그의 나이 20세였습니다. 그는 대학을 중퇴하고 1년 뒤 실리콘밸리로 건너와 지금은 세계 최고의 기업을 일궈냈습니다. 페이스북이 어떤 회사인가를 소개하는 거야 말로 불필요하고 시간 낭비일 것 같습니다. 그는 "인간은

실리콘밸리에 있는 페이스북 본사의 간판 앞면

본능적으로 관계를 맺고 싶어 한다"는 생각에 그런 본능을 충족시켜 주는 기업을 만들었고, 그 꿈을 성취했습니다. 아니 아직도 진행 중이지요.

아직도 뇌리에 남는 건 페이스북의 간판입니다. 페이스북이 초고속 성장을 구가하면서 기업가치가 높아지자 사옥을 옮기는데 그게 2011년 일입니다. 캘리포니아주 팔로알토의 멘로파크라는 곳으로 이전했습니다.

이 부지가 선마이크로시스템스가 있던 곳입니다. 흔히 '썬'이라고 하지요. '네트워크가 곧 컴퓨터다The Network is the Computer'라는 슬로건으로 유명한 기업입니다. 컴퓨터 소프트웨어 개발 전문 회사인 썬은 2000년대 초 닷컴 붐이 일 때 지금 페이스북 본사가 있는 곳에 신사옥을

손현덕의 구석구석 4차 산업혁명 탐구

실리콘밸리에 있는 페이스북 본사의 간판 뒷면

오픈합니다. 그러나 닷컴 버블이 붕괴되면서 오라클에 인수되지요.

페이스북은 이 부지를 사들이면서 '썬'의 간판을 그대로 둡니다. 새로 둥지를 틀면 과거를 지우고 자신만의 색깔로 번듯하게 치장을 할법 한데 가장 중요한 간판을 그대로 둔다는 게 정말 이해하기 힘듭니다. 그런데 페이스북은 그렇게 했습니다.

페이스북 본사를 들어가면 입석 간판이 하나 있습니다. 앞면에 소위 '엄지 척' 마크가 큼지막하게 있습니다. 누가 봐도 페이스북이라는 걸 알 수 있습니다. 그 밑에 왼쪽에 페이스북이라고 쓰여 있고 오른쪽에는 1 Hacker Way라고 적혀 있습니다. 해커웨이 1번지라는 건데 좀 장난스럽습니다. 그 입간판 뒷면에 바로 선마이크로시스템스의 옛날 간판이 있습니다. 이걸 왜 해놨을까요? 이 부지가 다 망한 선마이크로시스템스 회사라는 걸 굳이 알릴 필요가 뭐 있겠냐 싶냐고 많은 사람들이 반문할 것입니다. 바로 그 때문입니다. "우리가 지금 망한 회사가 있던 곳에서 일한다. 우리도 계속 혁신하지 않으면 저렇게 선마이크로시스템스처럼 된다." 바로 경각심을 가지라는 이유에서입니다. 외부에서 사람이 찾아오면 페이스북이 보이고, 직원들이 일하는 곳에서는 '썬'이 보입니다. 묘한 건 페이스북 간판은 깨끗한데 뒤에 있는 '썬' 간판은 좀 지저분합니다.

페이스북이 창립 10주년을 맞아 저커버그가 시사주간지 〈타임〉의 테크놀로지 담당 에디터인 레브 그로스만과 인터뷰를 했는데 그때 "한때는 혁신의 아이콘이었던 '썬' 간판을 보면 직원들에게 지속적인 동기부여가 된다"고 언급했습니다.

페이스북 본사를 방문하면 마치 놀이공원에 온 것 같은 분위기가 납니다. 알록달록한 건물 색깔이며 건물을 따라 마치 유럽의 로드숍 같은 길을 만들고 곳곳에 직원들이 편히 쉴 수 있는 공간을 만들었습니다. 종류가 다양한 식당도 있고 커피숍도 있어서 이곳 직원들은 굳이 밖으로 나가 식사나 미팅을 할 이유가 없습니다. 그냥 본사에서 모든 걸 해결할 수 있습니다. 직원들끼리 서로 아무데서나 편하게 만나 아이디어를 공유할 수 있도록 사옥을 건설했다는 느낌이 듭니다.

저커버그는 그렇게 사옥 내외부를 모두 바꿨지만 선마이크로시스템의 간판은 떼지 않았습니다.

# 충돌을 장려하는
# 카카오의 조직문화

참 당찬 젊은이입니다. 99학번 임지훈. 카이스트를 졸업하고 컨설턴트, 벤처기업을 하다 카카오 대표를 지냈습니다. 그는 환갑이 훨씬 넘은 어른들이 꽉 찬 연회장에서 자신이 몸담고 있는 기업에 대해, 그리고 새로운 시대를 헤쳐나가기 위한 경영전략을 말하는 데 주저함이 없었습니다.

2017년 10월 경남 창원에서 열린 제16차 한상대회에서 만난 임 대표에게 기대했던 것은 4차 산업혁명 시대에 잘나가는 IT 기업의 경영 노하우였을 것입니다. 내가 하는 비즈니스도 어떻게 하면 카카오처럼 혁신할 수 있을까에 대한 답을 찾고자 했겠지요. 그러나 예상은 보란 듯 빗나갔습니다. 임 대표의 강연 메시지는 오히려 철학과 사상이었고 조직을 어떻게 이끌어야 하는지에 대한 리더십이었습니다. 세상을 살아도 그보다 두 배는 더 살았을 사람들이 받은 충격은 대단했을 겁니다.

임 대표가 말한 세 가지 핵심어가 청중 뇌리에 또렷하게 새겨졌습니다. '신뢰, 충돌, 헌신' 다 아는 말일 겁니다. 그런데 과연

"신뢰가 뭐지?" "헌신은 뭐야?"라고 물으면 답이 쉽지 않을 것입니다. 만약 전 조직원이 이런 질문에 대해 일치된 답을 내놓는다면 그게 바로 조직 역량일 것이고, 엄청난 폭발력으로 혁신하는 기업이 될 밑거름일 겁니다. 사장이 신뢰라고 말하는데 임원이나 부장이, 직원들이 다르게 말하면, 그리고 서로 생각이 다르다면 그 조직이 제대로 굴러갈 리 없지요. 카카오는 이에 대한 정의定義가 분명합니다.

❶ 신뢰 : 동료가 하는 얘기는 유저(고객)에게 더 좋은, 그리고 카카오에 더 좋은 얘기일 것이라는 믿음, 전제.

❷ 충돌 : 불편을 감수하고 솔직하게 의견을 나누는 행동.

❸ 헌신 : (내 생각과 다르더라도 충분히 충돌하고 의사결정자가 결정을 내린 사안이라면) 수용하고 적극적으로 실행에 옮김.

카카오에 근무하는 누구에게 물어보아도 토씨 하나 틀리지 않고 이런 답이 나옵니다. 세뇌교육이라도 한 걸까요? 그렇습니다. 세뇌교육입니다. 그리고 이것이 카카오라는 조직이 작동하는 원리입니다.

이 중 많은 사람이 특이하게 생각하는 게 아마도 '충돌'일 겁니다. 카카오는 충돌을 장려합니다. 임 대표는 이 부분에 대해 청중 머릿속에 쏙 들어올 수 있도록 아주 구체적으로 설명합니다. 일반 조직이라면 통상 이런 식으로 반론을 제기할 것입니다.

"사장님, 말씀드리기 외람되지만 지금 말씀하신 것이 모두 맞지만 혹시 이런 부분이 있지 않을까요? 제가 부족하여 맞는지는 모르지만 B라는 생각이 떠오르긴 했습니다." 동양적 예절을 듬뿍 담아 정중하게 다른 의견을 제시하는 거지요. 그런데 카카오는 이런 식의 태도를 철저하게 배격합니다. 이렇게 말하라고 합니다. "지미, 전 지미랑 생각이 달라요. B가 맞다고 생각해요." 전혀 다른 차원이지요. 아마도 대부분 회사에서는 건방지다고 눈 밖에 날 겁니다. 간이 배 밖으로 나온 거지요.

왜 이렇게 하라고 할까요? 그래야 서로 생각이 어떻게 다른지 확연하게 알 수 있고 이견을 조율해 결론을 낼 수 있기 때문입니다. 불편을 감수하고서라도 솔직하게 의견을 드러낸다면 적어도 뒷말은 없을 겁니다. "사실 나는 이렇게 생각하는데…"하면서 뒷말을 하는 게 조직에는 훨씬 해악이 된다고 보는 겁니다.

이런 방식을 장려하기 위해 카카오에선 전부 영어 이름을 하나씩 갖게 하고 퍼스트네임으로만 부릅니다. 지미는 임 대표의 영어 이름입니다. 존칭도 안 씁니다. '지미 대표께서는~' 이런 식으로 말하지 않습니다. '지미가~' '지미에게~' 이렇게 말합니다.

그 다음이 헌신입니다. 조직원들이 어떤 이슈에 대해 허심탄회하게 의견을 내고 결론이 도출되면 이제 모든 조직원은 거기에

임지훈
전 카카오 대표

따르는 겁니다. 그걸 카카오는 헌신이라고 정의 내린 겁니다.
카카오엔 결재 라인이 없습니다. 다음 카페를 생각하면 됩니
다. 어떤 사안에 대한 의사결정이 필요하다고 하면 이와 관련
된 사람을 카페에 초대합니다. 이걸 아지트라고 부릅니다. N분
의 1로 여기에서 대화를 나눕니다. 수평적 커뮤니케이션이지
요. 이는 수평적 기업문화로 연결됩니다. 회사 내에 별도의 임
원실이 없습니다. 사실 임원이란 구분도 없습니다. 특정 조직
을 이끄는 리더만 있습니다. 찬반 의견이 팽팽히 맞서면 최종
결정권자가 결론을 내릴 겁니다. 그게 리더의 역할이지요. 그
럼 그 결론에 헌신합니다.

이런 식으로 조직을 굴러가게 하기 위한 대전제가 바로 '신뢰' 입니다. 조직원이 개인적 이익을 위해 일하지 않는다는 신뢰, 그런 말을 하는 건 회사와 고객 이익을 위해서라는 전제 말입니다. 그래야 생산적 충돌이 가능하고 헌신이 이뤄질 수 있는 것이지요.

지금 대한민국은 사사건건 충돌합니다. 나라가 극한 분열로 치닫는 모습을 보이고 있어 걱정입니다. 카카오에 대입한다면 충돌이 나쁠 건 없습니다. 그런데 신뢰가 없이 충돌하는 거지요. 보수와 진보, 다 마찬가지입니다. 각자 자신들의 이익을 극대화하고 상대방을 해코지하기 위한 숨은 의도가 있다고 보는 것입니다. 또 제대로 된 충돌도 못하는 경우가 많습니다. 그러다 보니 헌신도 없는 것이지요.

대한민국 기업뿐만 아니라 대한민국 정치가, 대한민국 정부가 이 젊은 기업 카카오에 일하는 방식을 한수 배워야 할 것 같습니다. 사무실 벽에다 큰 글씨로 '신뢰, 충돌, 헌신'이라고 써놓는다고 될 일이 아닙니다. 4차 산업혁명이라고 아무리 떠들어봐야 정부나 기업의 조직문화가 4차 산업혁명을 받아들일 준비가 돼 있지 않다면 아무 소용없는 일입니다. 인공지능이니, 빅데이터니 하는 것보다 더 중요한 건 어쩌면 조직문화라는 생각이 듭니다.

# 플랫폼 최고수가 본
# 플랫폼 비즈니스

2014년 노벨경제학상을 수상한 장 티롤은 산업조직론과 게임이론의 대가입니다. 프랑스의 엘리트 교육기관인 에콜 폴리테크닉을 졸업하고 미국 매사추세츠 공과대학MIT에서 경제학 박사학위를 취득한 그는 평생 시장 독과점 문제에 대해 정부가 어떻게 접근해야 하는지에 대해 연구했습니다. 이 가운데 그의 독창적 연구 분야가 바로 최근 대세로 자리 잡은 플랫폼 비즈니스입니다.

전통적 경제학에서 흔히 시장이라고 하면 공급자와 수요자가 있고 이들 사이에 상품이나 서비스가 사고 팔리는 곳으로 정의됩니다. 공급자는 생산하고 수요자는 소비하지요.

그러나 플랫폼 비즈니스는 다릅니다. 그들은 전통경제학에서 말하는 시장에서 놀지 않습니다. 우버가 그렇고, 에어비앤비가 그렇습니다. 우버는 자동차를 보유하지 않고 자동차 영업을 하고 에어비앤비는 호텔을 소유하지 않고 숙박업을 합니다. 구글, 페이스북이 그렇고 우리나라의 네이버, 다음카카오가 그렇습니다.

생산하는 사람과 소비하는 사람은 모두 기업 밖에 있습니다. 기업은 마당을 깝니다. 플랫폼에서 소비자와 열차가 만나듯, 이 기업들이 깔아놓은 마당에서 서로 다른 두 개의 집단이 만나 그들끼리 상품이나 서비스를 사고파는 구조입니다. 장 티롤은 전통적 시장을 '단면시장', 그리고 플랫폼 기업들이 노는 시장을 '양면시장'이라고 정의 내립니다.

그동안 플랫폼 비즈니스가 없었던 게 아니지요. 신문도 일종의 플랫폼입니다. 여기서 독자와 광고주가 만납니다. 신용카드도 그렇지요. 그곳에서 카드 가맹업자와 신용카드 사용자가 만납니다. 그러나 지금 세계는 이 정도의 범위와 규모를 훨씬 넘어서고 있습니다. 세상의 중심이 띄엄띄엄한 물리적 공간에서 디지털 네트워크로 촘촘하게 얽힌 가상공간으로 이동하면서 무궁무진하고 어마어마한 비즈니스가 열리는 걸 목도하고 있습니다. 전 세계적으로 새로 창업하는 기업 10개 중 7개가 플랫폼 사업자입니다. 시가총액 기준으로 세계 상위를 모두 플랫폼 비즈니스를 하는 기업이 휩쓸고 있습니다. 글로벌 5대 기업이 모두 여기에 해당됩니다. 애플, 구글, MS, 페이스북, 아마존. 이른바 '시장 싹쓸이'에 대한 우려가 커지고 있고, 다른 모든 비즈니스는 플랫폼 의존적인 종속관계로 추락하고 있습니다.

노벨경제학상 수상자
장 티롤
© Ecole polytechnique
Universite Paris-Saclay

절대 강자가 되면 시기와 질투를 한 몸에 받게 되는 건 인간사의 이치인가 봅니다. 구글과 페이스북에 대한 본격적인 견제가 시작됐습니다.

2017년 10월 말 가짜뉴스를 무책임하게 유통해 선거 결과를 왜곡했다는 비난에 직면한 구글, 페이스북, 트위터 등 거대 플랫폼 기업 책임자들이 미국 상원 청문회장에 불려 나왔지요. 미 상원은 인터넷 기업에 적용되는 '게시물 책임법'을 통과시켰습니다. 독일 의회는 혐오 표현을 삭제하지 않으면 우리나라 돈으로 약 650억 원의 벌금을 부과하는 법안을 통과시키기도 했습니다. 이런 규제가 하루가 멀다고 나옵니다.

언론사들도 포문을 열었습니다. 미국의 2,000개가 넘는 언론사들이 연합해 거대 플랫폼인 구글을 상대로 공정한 수익 배분을 요구하고 나선 것입니다. 이들 매체들은 뉴스미디어연합이라는 단체를 만들었습니다. 여기에 〈뉴욕타임스〉와 〈월스트리트저널〉도 포함돼 있으니 언론 강자의 쪼그라진 위상을 실감하게 됩니다.

한국도 이제 예외일 수 없습니다. 그 중심에 네이버와 다음카카오가 있습니다. 우리나라 언론사들은 이들 포털에 기사를 제공하고 그 대가로 전재료를 받는 모델입니다. 그 대가가 정당하지 않다는 것이 언론의 불만입니다. 예를 들어 네이버는 2016년 매출이 4조 원으로 껑충 뛰었는데 대부분 언론사들은 거의 제자리 걸음이거나 마이너스를 기록했습니다.

이런 것들이 모두 플랫폼 사업자들이 세상을 지배하게 된 데 대한 반작용일 겁니다. 이른바 플랫폼 수난시대에 접어들었다고 할까요.

장 티롤은 이들 시장 지배적 플랫폼 기업에 대해 사실상 면죄부를 줬습니다. 전통적 시장에서는 대기업이 그들의 파는 상품이나 서비스에 대해 지나치게 낮은 가격을 책정하는 것이 경쟁사를 시장에서 내쫓으려는 불손하고 약탈적인 행위로 본 반면 플랫폼 기업은 심지어 마이너스 가격을 책정해도, 즉 보조금을 주더라도 그것은 기업의 이윤 극대화를 위한 정당한 가격으로 볼 수 있다는 것입니다. 이런 이유로 전통산업에 적용되는 규제를 그대로 채용해서는 안 된다는 주장을 폈습니다. 그렇다고 아예 규제를 없애자는 건 아니었습니다. 뭔가 다른 방식의 접근을 주장했는데 노벨상 수상 때까지는 그에 대한 구체적 윤곽이 드러나지는 않았습니다.

장 티롤의 저서 《Economics for
the Common Good》

그런 장 티롤 교수가 새로 책을 냈
습니다. 제목은 《*Economics for the
Common Good*》으로 번역하자면 공
공선을 위한 경제학입니다. 이 책은
과거 주장의 업그레이드 버전이라고
보면 됩니다.

그는 공룡 플랫폼 기업의 집중화
에 대한 우려를 크게 두 가지로 구분
했습니다. 하나는 네트워크의 외부
효과, 다른 하나는 규모의 경제.

먼저 네트워크의 외부효과입니다. 우리가 소통하고자 하는 사람이
있으면 우리는 그 사람과 같은 네트워크에 있어야 합니다. 이게 페이
스북 모델이지요. 친구들이 페이스북에 있으면 나도 페이스북에 있
어야 합니다. 내가 비록 다른 걸 좋아하더라도 어쩔 수 없이 페이스북
으로 이사를 가야 합니다. 여기서 많은 앱과 게임이 만들어지고 더 많
은 유저들이 서비스의 질을 높여줍니다. 그러므로 플랫폼 유저들은
다른 유저의 존재에서 이익을 얻게 됩니다. 다른 사람들과 직접적인
소통이 없다 하더라도 네트워크 때문에 제3자가 덕을 보는 상황. 이
것이 네트워크의 외부효과입니다.

두 번째는 규모의 경제입니다. 어떤 서비스는 막대한 기술투자가
필요합니다. 검색엔진을 디자인하는 것도 마찬가지입니다. 구글은

엄청난 돈을 들여 검색 서비스를 개발하고 이를 통해 막대한 양의 데이터를 끌어들입니다. 여기에 광고도 붙습니다. 자연스럽게 독점으로 흐르지요. 이것이 티롤 교수가 말하는 규모의 경제입니다.

네트워크의 외부효과와 규모의 경제 때문에 플랫폼 비즈니스는 승자 독식의 규칙이 적용될 수밖에 없습니다. 그리고 너무도 당연하게 경쟁 제한의 문제에 봉착합니다. 어느 한 기업이 시장지배적인 위치를 차지하게 되면 효율적이고 혁신적인 새로운 기업의 경쟁 진입을 막게 됩니다. 그래서 규제가 필요하다는 얘기인데 결론은 좀 애매합니다. 한 가지 방식으로는 안 되고 모든 사업자들이 개별적으로 어떻게 독과점을 형성하는지를 철저히 분석해 케이스 바이 케이스로 이뤄져야 한다는 것입니다.

우리는 이제 플랫폼이 지배하는 세계에 삽니다. 이 분야에 대한 매우 정교한 접근과 정책 개발이 시급한 것 같습니다. 경제학자들이 머리를 맞대고 보다 열심히 연구해야 할 분야입니다.

# 4차 산업혁명 천재 경제학자,
# 수전 애시 인터뷰

---

매년 1월 첫째 주 금요일부터 일요일까지 미국에선 전미경제학회 ASSA 연례총회가 열립니다. 도시를 돌아가면서 개최되는데 2018년에는 필라델피아였습니다. 이 행사에는 미국의 주요 경제학자들이 다 모입니다. 복도를 지나가다가 스치는 사람들이 내로라하는 경제학자들이고 인근 식당 옆 테이블에서 식사하는 사람들이 노벨상을 수상한 사람들입니다. 노벨경제학상을 탄 교수끼리 별도의 오찬행사도 갖습니다. 그런 유명 인사들과 편하게 만나 대화를 나누고 한마디 귀동냥하는 재미가 쏠쏠합니다.

저는 2017년에 이어 2018년에도 이 총회에 참석했는데 흥미로운 점을 하나 발견했습니다. 래리 서머스, 조지프 스티글리츠, 에드먼드 펠프스, 폴 로머 등 이름만 들어도 알만한 학자들이 거대담론을 나누는 자리보다 더 사람이 북적댄 세션이 있는데 그게 인공지능이나 빅데이터 같은 4차 산업혁명과 관련된 주제들입니다. 이들 4차 산업혁명 기반기술이 경제학 연구방법에 어떤 변화를 가져올 것인지, 로봇이 인간의 노동력을 얼마나 대체할지 등에 대한 논의가 활발했습니다. 제시간에 갔는데도 자리가 다 차 뒤에서 서서 들었는데 그 뒤로 사람들이 하도 밀려 들어와 서 있기조차 힘들었습니다.

그런 연사 중 한 사람이 스탠포드대 경영대학원 교수로 있는 수전 애시라는 젊은 여성 경제학자였습니다. 젊다고 해도 47세입니다만 행사장에서 단연 돋보이는 인물이었음엔 틀림없습니다. 그녀와 1시간 가까이 별도의 인터뷰를 하는데 어찌나 총알처럼 얘기를 하는지 다른 분과 인터뷰를 할 때보다 분량이 족히 2배는 될 정도였습니다.

인터뷰 내용을 소개하기 전에 수전 애시 교수가 어떤 사람인지 간략하게나마 설명하는 게 나을 것 같습니다. 그녀는 '예비 노벨경제학상'으로 불리는 존 베이츠 클라크 메달을 여성 최초로 수상한 인물입니다. 그게 2007년이니까 10여 년 전입니다. 보스톤에서 태어나 메릴랜드주 로크빌에서 자랐는데 어렸을 때부터 천재로 유명했습니다. 제가 인터뷰 말미에 아이큐가 얼마냐고 물어보니 "나는 그런 테스트 할 필요를 느끼지 못하겠는데요"라고 웃으며 질문을 피해 갔습니다. 16세에 듀크대학에 입학했는데 거기서 경제학, 수학, 컴퓨터공학을 전공하고 24세에 스탠포드 경영대학원 박사가 됩니다. 세계경제포럼 WEF에서 '영 글로벌 리더'로 선정했고 '가장 혁신적인 경영인물 100'에

도 뽑혔습니다. 교수가 무슨 경영인이냐 그러실지 모르겠는데 그녀
는 마이크로소프트 CEO인 스티브 발머가 수석 이코노미스트로 특채
를 했기 때문입니다. MS서 6년을 있었습니다 이 일이 있은 후 이베
이, 아마존, 페이스북 등 IT기업들이 경제학자를 채용하기 시작했으
니 애시 교수가 포문을 열었다고 봐야겠지요. 그리고 핀테크 기업의
이사로 재직 중이니 절반은 기업인이라고도 할 수 있겠지요. 박사학
위를 받은 뒤에는 MIT, 하버드에서도 교수로 모셨는데 그 정도면 그
녀의 실력을 알아줄 만합니다.

서론이 좀 길었습니다. 이제 그녀와의 대담 내용을 소개할까 합니
다. 질문은 인공지능, 빅데이터, 블록체인과 비트코인 등에 집중했는
데 요점만 추려서 정리했습니다.

 **요새 다들 인공지능의 급속한 진보를 말합니다. 인간의 뇌를 닮은 인
공지능을 만드는 게 목표인데 어디까지가 한계라고 보시나요?**

>> 인공지능은 인간의 지능과 아직 많이 다릅니다. 현재의 인공
지능은 굉장히 단순한 문제에만 적용됩니다. 체스 같은 게임
은 겉보기엔 단순하지 않은 것 같아도 단순한 패턴에 의존하
기 때문에 인공지능이 유용하죠. 정답이 존재하고 답이 맞는
지 틀렸는지 구분이 쉽다면 인공지능은 굉장히 빠르게 작동
하고, 실험을 통해 더 정확도를 높일 수 있습니다. 개와 고양
이를 구분하는 작업이 대표적입니다. 하지만 경험이 전혀 없

는 상황이나 시나리오 예측에는 인공지능이 성능을 발휘하기 어렵습니다. 알려진 구조가 없는 상황이기 때문인데요. 최근 인공지능의 빠른 발전에는 특정 주제에 관련된 데이터가 오래, 그리고 많이 축적되어 있었다는 이유가 있습니다. 기업의 각종 의사결정 같은 건 이론적으로는 알고리즘을 수없이 실험해봄으로써 정확도를 높일 수 있지만 아직은 매우 느리고 부정확합니다. 은행이 대출해준 고객들의 원금상환 여부를 예측하는 일은 인간이 훨씬 더 빠르고 정확합니다.

**Q** IBM의 왓슨은 의학적 측면에서 인간의 질병을 예측한다든지 엑스레이를 분석하는 등의 업무를 의사들보다 더 잘하지 않나요?

» 엑스레이 분석 같은 것은 간단한 작업입니다. 수많은 예가 이미 제공되어 있으니까 정답인지 오답인지 금방 실험해볼 수 있습니다. 그러나 아직은 제한적인 자동화일 뿐, 인간의 지능과는 거리가 있다고 봅니다.

**Q** 인공지능이 인간의 뇌신경을 모방하는 게 불가능한 일일까요?

» 불가능하지는 않겠지만, 아직 성공한 사례는 없습니다. 굉장히 특정된 상황에서만 유용합니다.

**Q** 그럼 애시 교수께서 보는 인공지능의 장기적인 발전 전망은 어떻습니까?

» 데이터와 모델링을 통해서 아직 모르는 시나리오를 예측하는 것은 어렵습니다. 기업의 인수합병 시 영향이라든지 가격 변동이 경제에 미칠 영향 같은 이슈 말이죠. 머신러닝 관련 박사 학위 소유자라도 가격 변동에 따른 결과를 예측해줄 수는 없습니다. 머신러닝이 현재 해결할 수 없는 과제입니다. 마이크로소프트의 엔지니어와 경제학자들이 최근 많은 연구와 혁신을 이루어냈지만 아직 머신러닝의 주류와는 거리가 멀다고 할 수 있습니다. 변동시키고자 하는 가격이 역사적으로 없던 가격이라면, 또는 역사적으로 존재한 적 없는 제품이라면 말입니다. 수많은 가격 책정이 이미 실험된 적이 있는 환경이라면 머신러닝이 유용할 수 있지만, 사전에 존재하는 데이터가 없는 상황은 기계가 해결해줄 수는 없습니다. 미래에는 무엇이든 가능성이 있겠지만, 현재로서는 인공지능은 아주 특정한 문제에서만 유용합니다.

**Q** 그렇다면 구글의 레이 커즈와일이 말하는 특이점Singularity에 대한 견해는 무엇입니까?

» 그건 대중의 오해가 있다고 봅니다. 현재까지의 인공지능 발전이 미래의 인공지능을 예측해줄 수 있는 것은 아닙니다.

손현덕의 구석구석 4차 산업혁명 탐구

**Q** 구글이나 아마존 같은 플랫폼 사업자들에 대한 규제 논의가 활발합니다. 규모의 경제나 네트워크의 외부효과에 대한 우려가 많은데 이들 사업자에 대한 규제가 필요하다고 생각하십니까?

» 전 세계적인 플랫폼 비즈니스는 소비자들에게 큰 이익과 복지를 제공하고 있습니다만 지나치게 집중되어 있다는 비판에 대해서는 동의합니다. 우려가 되는 부분입니다. 한 시장에 하나, 둘, 또는 셋 정도의 기업이 존재하는 상황이죠. 하나와 둘의 차이가 굉장히 크다고 생각하는데요. 하나보다는 적어도 둘은 존재하도록 노력해야 한다고 생각합니다. 수평적 통합을 피하기 위해 취하는 방법이 수직통합인데요. 예를 들어 구글은 최근 여행중개업이라든지 쇼핑몰 사업에도 진출했죠. 이로써 사용자 트래픽을 직접 만드는 사업자임에 동시에 그 트래픽의 목적지까지 돼버렸습니다. 매우 어려운 문제인데요, 구글의 경우 서비스에 투자해서 경쟁력을 기르느니 그냥 검색 트래픽을 만들어 버리면 되니까요. 수많은 기업들이 엄청난 금액을 연구개발에 투자하는데, 경쟁구도가 보장되지 않는다면 전반적인 질이 희생될 수 있습니다. 아직까지는 규제가 충분히 미래지향적이지 못한 면이 있습니다. 급속한 변화가 일어나는 기술에 당황하는 모습이죠. 거대한 규모의 인수합병이 산업 자체의 판도를 바꿀 수 있는데, 이런 상황에 어떻게 대처할지 의문입니다. 하지만 둘이나 셋 정도의 기업이

경쟁하는 구도라면 이익일 수 있습니다. 예를 들어 최근 저가 컴퓨팅 서비스의 경쟁이 엄청난데요. 이러한 경쟁은 어마어마한 소비자 잉여로 귀결됩니다.

**Q** 빅데이터가 화두입니다. 그런데 빅데이터는 시장의 중요한 진입장벽으로 작용한다고 보는데 이 장벽을 어떻게 극복할 수 있겠습니까?

» 어떤 면에서는 높아지고 있지만, 다른 면에서는 오히려 낮아지고 있다고 생각합니다. 클라우드 컴퓨팅이 해결책이죠. 아마존 웹서비스 등을 통해 굉장히 빠른 컴퓨팅에 접근할 수 있거든요. 특히 스타트업 업체들이 많이 이용하는 방법이고, 필요 자본이 굉장히 낮습니다. 자율주행차의 경우를 보면 검색엔진 경쟁이나 플랫폼 비즈니스의 사례에서 배울 점이 많습니다. 예를 들면 모든 자율주행차가 데이터를 공유하도록 입법할 수 있겠죠. 관련법 제정이 일찍 이루어진다면 유용한 데이터를 공통적으로 축적할 수 있고, 진입장벽을 크게 낮출 수 있을 겁니다.

**Q** 개인정보보호와 충돌하는 문제는 어떻게 보시는지요?

» 프라이버시 측면에서 개인의 움직임을 추적하는 위치정보는 민감한 데이터입니다. 국가안보나 공공이익 측면에서 여러

이슈가 발생할 수 있습니다. 사물인터넷이라든지, 드론, 자율주행차 등 많은 산업에서 축적되는 데이터가 그럴 겁니다. 이렇게 축적된 빅데이터를 어떻게 관리하고, 안전하게 보관할 것인가는 앞으로도 중요한 이슈로 대두될 겁니다.

**Q** 데이터 비즈니스와 관련해 한국에서는 민간기업이더라도 모두 사전 동의를 받아야 합니다. 이런 규제가 합리적일까요?

» 어떠한 국가도 아직 지각 있고 현명한 데이터 관련법을 제정하지 못하고 있다고 생각합니다. 보통 웹사이트에서 쿠키를 사용한다고 알려주는 것이 의무화된 경우가 많은데, 그것만으로는 소비자 입장에서는 선택의 여지가 없다고 느낍니다. 다른 방식이 있을 텐데요. 예를 들면 쿠키를 알려주는 창에서 '객관적인 사생활 침해 정도를 점수로 매겨서 알려준다든지', '당신의 위치정보 관리 수준은 이렇다', '신용정보 보호 수준은 이 정도다'처럼 말이죠. 그렇다면 소비자 입장에서는 정보보호가 잘 되는 사이트를 이용하려는 동기가 발생할 수 있습니다. 현재의 쿠키 사용 알림은 무용지물이라고 할 수 있죠. 제가 유럽에서 사생활 관련 규제의 손익분석에 대해 강의한 적이 있습니다만, 어떤 사람이 제게 한 말이 기억납니다. "애시 교수님은 지금 요점을 짚지 못하고 계십니다. 손익분석이 문제가 아니라 인권이 핵심"이라고 하더군요. 그러면 뭐 어쩌

란 말인가요? 모든 규제 법안에는 객관적이고 이성적인 손익 분석이 필요합니다. 사생활 이슈에 대한 토론은 너무 철학적으로 이루어지는데, 이것이 수비자에게 미치는 결과로 이어지지 않는다는 점이 안타깝습니다. 현재 시스템하에서는 기업들이 사생활 보호에 크게 신경 쓸 만한 인센티브가 없습니다. 소비자에게 기업을 판단할 정보가 주어지지 않습니다. 내가 구글을 사용하지 않고 다른 서비스로 바꾼다고 해서 제 사생활이 딱히 더 안전한 것도 아니지요.

**Q** 직접 정보를 제공하는데 동의하지 않더라고 개인의 정보는 유출되기 마련입니다. SNS에 올라오는 친구 리스트로도 나의 취향까지 파악됩니다.

» 맞습니다. 결국 소비자는 아무런 힘이 없는 것이죠. 다른 방도가 없다고 생각되니 포기하는 겁니다. 이런 상황에서 정부가 유의미한 입법을 통해 유용한 경쟁을 유도하는 변화를 주도해 나갈 필요가 있습니다. 단, 경제적 고려는 반드시 해야 합니다.

**Q** 그런 면에서 중국 기업들이 상대적으로 약한 규제로 경쟁력이 높지 않습니까?

» 그렇습니다. 사용자 입장에서 데이터 공개를 통해 이용할 수

수전 애시 교수(왼쪽)와 인터뷰하고 있는 저자

있는 서비스가 굉장히 인기 있다는 사실도 간과할 수 없죠. 개
인화된 서비스가 결국 더 유용한 건 당연합니다. 데이터에는
분명한 이익이 존재하고, 이게 바로 손익분석이 필요한 이유
입니다. 제가 MIT에서 연구한 케이스가 있는데, 학부생들에
게 SNS 정보공개를 대가로 비트코인을 지급하는 실험이었습
니다. 결과는 우스웠는데요, 겨우 피자 몇 조각에 친구들 이메
일 주소를 다 넘겨주더군요.

 **한국에선 비트코인이 이슈입니다. 거품이라고 보십니까?**

» 먼저 밝혀둘 것은 저는 리플 코인에 현재 이사로 재직 중입니

다. 두 가지 질문이 있을 것 같은데요. 첫째로, 암호화폐에 적정가라는 것이 있는가? 저는 의심 없이 있다고 말씀드리겠습니다. 저의 연구 과정에서도 비트코인과 같은 자산의 적정가를 계산하는 모델을 만듭니다만, 이는 특정 코인의 사용처가 있다고 가정했을 때 가능합니다. 어떤 사용처가 있을까? 간단합니다. 돈을 움직이는 것이죠. 예로 리플 코인은 국제송금을 염두에 두고 디자인되었습니다. 사용처가 있다고 가정한다면 공급 수요에 따라 이론적인 가치를 부여할 수 있습니다. 유동적인 시뮬레이션이지만 어느 정도 안정적인 가치 판단이 가능하다고 봅니다. 그런데 현재 암호화폐의 거래가격은 미래 가치 예측에만 기반한 것인데요. 이것은 당연히 예상이 불가능합니다. 현재 가격의 변동은 이 기대의 변동에서 오는 것입니다. 보안 문제라든지, 실제 사용 가능 여부라든지 하는 것도 이 기대에 영향을 미치겠지요. 비트코인의 경우 실사용이 거의 이루어지지 않습니다. 그냥 거래소와 거래소 사이에서 떠돌고 있는데, 이 때문에 가치 판단이 매우 어렵습니다. 송금 수요가 얼마일 것인가 하는 것들은 예측이 어느 정도 가능합니다. 인간의 믿음이 어디까지인지는 예측할 수 없습니다. 근본적인 이론만으로는 분석이 불가능하지요. 사실 이 문제 때문에 저는 지금까지 수십 건의 인터뷰를 거절했습니다. 제 모델이 실제 가격 예측에는 쓸모가 없기 때문이죠. 이번 인터뷰에서 처음 하는 말인데요. 어려운 일입니다. 하지만 저는 블록체인 기술의 영향력 자체에는 큰 기대를 하는 편입니다. 현존하는 금융 체계는 작은 은행이나 작은 통화에 매우 불리한 구조입니다. 한국이나 싱가포르 같은 국가는 국제 금융 시장에서 영향력을 기대하기 어렵지요. 국제송금을 할 때마다 추가 요금을 내야 하고요. 대체화폐 기술을 통해서 작은 은행이나 국가들이 중계자 없이 연결되고 있어 흥미롭습니다. 기존 유선송금을 하게 되면 전 세계적으로 세금이 붙죠. 시간도 2~3일은 걸립니다. 아직도 직접 현금 가방을 들고 비행기를 타는 것이 제일 빠른 국제송금 방법입니다. 이걸 디지털 방식으로 해결할 수 있다면, 엄청난 비효율을 피할 수 있을 겁니다.

 **암호화폐의 거래를 금지하는 등의 규제에 대한 견해는요.**

» 한국에 암호화폐 거래소가 있잖습니까? 여러 암호화폐 거래소들의 경우 사장이 누구인지도 나와 있지 않고 투자자가 누구인지도 공개하지 않습니다. 해당 국가 내에 거래소가 금지된다면, 소비자들은 외국의 거래소를 이용하는 것이 당연합니다. 무책임한 방법입니다. 외국 거래소에서 피해를 입는다면, 한국 정부가 개입할 가능성조차 없어져 버리는 겁니다. 암호화폐 거래를 막는 것은 불가능합니다. 이미 늦었죠. 전 세계

에서 단 한 국가만이라도 암호화폐 거래를 허락한다면, 그리고 반드시 한 국가는 허락할 것입니다만, 그 거래소에서 모든 거래가 이루어지겠죠. 균형 잡힌 규제가 필수적이고, 거래소를 허락하는 것이 정답입니다. 그렇게 해야 소비자 보호가 가능하니까요.

**Q** 한국에서 비트코인 거래소가 해킹당한 적이 있는데요. 블록체인이라고 다 안전한 것입니까?

» 블록체인 자체와 거래소는 다른 문제입니다. 어느 거래소든 기업이든 해킹은 일어날 수 있습니다. 해킹, 횡령, 부도가 날 수도 있고요. 특정 거래소의 보안 수준이 어떠한지에 대해서는 모르지만, 막대한 자본이 투자된 블록체인이 해킹당한 사례는 아직 없는 것으로 압니다.

# 손현덕의 구석구석 4차 산업혁명 탐구

**초판 1쇄** 2018년 3월 20일
**초판 3쇄** 2019년 3월 25일

**지은이** 손현덕
**펴낸이** 전호림
**책임편집** 임경은
**마케팅** 박종욱 김선미 김혜원

**펴낸곳** 매경출판㈜
**등록** 2003년 4월 24일(No. 2-3759)
**주소** (04557) 서울시 중구 충무로 2(필동1가) 매일경제 별관 2층 매경출판㈜
**홈페이지** www.mkbook.co.kr
**전화** 02)2000-2633(기획편집) 02)2000-2636(마케팅) 02)2000-2606(구입 문의)
**팩스** 02)2000-2609 **이메일** publish@mk.co.kr
**인쇄 · 제본** ㈜M-print 031)8071-0961
**ISBN** 979-11-5542-819-1(03320)

이 도서의 국립중앙도서관 출판예정도서목록(CIP)은 서지정보유통지원시스템 홈페이지(http://seoji.nl.go.kr)와
국가자료공동목록시스템(http://www.nl.go.kr/kolisnet)에서 이용하실 수 있습니다.
(CIP제어번호: CIP2018005123)